CONSCIÊNCIA FONOLÓGICA NA EDUCAÇÃO INFANTIL E NO CICLO DE ALFABETIZAÇÃO

ARTUR GOMES DE MORAIS

CONSCIÊNCIA FONOLÓGICA NA EDUCAÇÃO INFANTIL E NO CICLO DE ALFABETIZAÇÃO

6ª reimpressão

autêntica

Copyright © 2019 Artur Gomes de Morais
Copyright desta edição © 2019 Autêntica Editora

Todos os direitos reservados pela Autêntica Editora Ltda. Nenhuma parte desta publicação poderá ser reproduzida, seja por meios mecânicos, eletrônicos, seja via cópia xerográfica, sem a autorização prévia da Editora.

EDITORAS RESPONSÁVEIS
Rejane Dias
Cecília Martins

REVISÃO
Carla Neves

CAPA
Alberto Bittencourt (sobre imagem de Alexander Limbach/Shutterstock)

DIAGRAMAÇÃO
Guilherme Fagundes

Dados Internacionais de Catalogação na Publicação (CIP)
(Câmara Brasileira do Livro, SP, Brasil)

Morais, Artur Gomes de
  Consciência fonológica na educação infantil e no ciclo de alfabetização / Artur Gomes de Morais. -- 1. ed.; 6. reimp. -- Belo Horizonte : Autêntica, 2025.

  ISBN 978-85-513-0518-8

  1. Alfabetização 2. Consciência fonológica 3. Educação infantil I. Título.

19-24777   CDD-616.855

Índices para catálogo sistemático:
1. Consciência fonológica : Fonoaudiologia e educação 616.855

Iolanda Rodrigues Biode - Bibliotecária - CRB-8/10014

GRUPO **AUTÊNTICA**

Belo Horizonte
Rua Carlos Turner, 420
Silveira . 31140-520
Belo Horizonte . MG
Tel.: (55 31) 3465 4500

São Paulo
Av. Paulista, 2.073 . Conjunto Nacional
Horsa I . Salas 404-406 . Bela Vista
01311-940 . São Paulo . SP
Tel.: (55 11) 3034 4468

www.grupoautentica.com.br
SAC: atendimentoleitor@grupoautentica.com.br

INTRODUÇÃO 7

CAPÍTULO 1
O QUE É A CONSCIÊNCIA FONOLÓGICA? QUAL SEU PAPEL NO
APRENDIZADO DA ESCRITA ALFABÉTICA? 29

CAPÍTULO 2
O QUE TEMOS DESCOBERTO AO PESQUISAR SOBRE A CONSCIÊNCIA
FONOLÓGICA DE CRIANÇAS BRASILEIRAS? 77

CAPÍTULO 3
COMO PROMOVER, NA SALA DE AULA, A CONSCIÊNCIA FONOLÓGICA
DE CRIANÇAS FALANTES DO PORTUGUÊS? 131

EPÍLOGO 221

REFERÊNCIAS 229

INTRODUÇÃO

Apresentando o livro

O tema que trataremos neste livro é tão cheio de matizes, e ainda suscita tantas polêmicas no campo da alfabetização no Brasil, que, a fim de melhor situar o leitor, optamos por fazer uma introdução "ampliada", na qual esclareceremos, de início, como surgiu nosso vínculo com o conceito de consciência fonológica e rememoraremos nossas primeiras tentativas de colocá-lo em prática nas salas de aula de alfabetização.

Num segundo momento, enfocaremos as divergências epistemológicas que cedo percebemos entre os que defendiam a teoria da psicogênese da escrita e aqueles que pesquisavam e pesquisam a consciência fonológica. A discussão dessas diferenças nos parece fundamental para superarmos preconceitos, como já anunciamos em obra anterior (Morais, 2012). Após essa primeira busca de esclarecimento, elencaremos alguns pontos de partida ou princípios que norteiam a nossa forma de ver o papel da consciência fonológica na alfabetização, tanto do ponto de vista psicolinguístico como do didático-pedagógico.

Concluiremos anunciando, brevemente, o que será discutido em cada uma das seções em que o livro está organizado e agradecendo às muitas pessoas e instituições que nos ajudaram a tecer as ideias que tentamos resumir ao longo de todo o texto.

Retomando o que vivemos: nossos primeiros contatos com a consciência fonológica na teoria e na prática de alfabetização

Se voltarmos no túnel do tempo, veremos que o tema "consciência fonológica" tem constituído para nós um objeto de reflexão – e complicado mistério por desvelar – desde 1980. Estávamos no final da graduação em Psicologia na Universidade Federal de Pernambuco (UFPE) quando a professora Terezinha Nunes, recém-chegada de seu doutorado na Universidade de Nova York, trouxe novas teorizações sobre o aprendizado da leitura e da escrita. Em substituição às velhas habilidades psiconeurológicas (discriminações visual e auditiva, memórias visual e auditiva, coordenações motoras "fina" e "grossa", lateralidade etc.), as novas perspectivas que ela apresentava falavam em conceitos como "realismo nominal" (Carraher, 1977). Como veremos no Capítulo 1 deste livro, o conceito ou construto teórico que hoje chamamos de "consciência fonológica" de início não tinha esse nome de batismo no campo daqueles que praticam e discutem o ensino e o aprendizado da escrita alfabética.

Lembramos bem de, em 1981, em nosso estágio de final de graduação, realizado na área de psicologia escolar juntamente com a colega Noêmia de Carvalho Lima, ao assumirmos a tarefa de fazer o diagnóstico de "prontidão para a alfabetização" dos alunos de uma turma de final de educação infantil que acompanhávamos, termos introduzido as provas de avaliação do "realismo nominal" que as professoras Terezinha Nunes e Lúcia Browne Rego (Carraher; Rego, 1981) acabavam de apresentar à comunidade acadêmica e aos educadores brasileiros, apontando a superação (ou não) daquele realismo como uma variável fundamental para explicar o sucesso ou o fracasso de nossos estudantes no processo de alfabetização.

Tratava-se de uma grande mudança de perspectiva epistemológica, já que, numa clara visão de tipo cognitivo, o que se passava a investigar e valorizar como explicação para o processo de alfabetização no realismo nominal eram capacidades que o aprendiz desenvolvia para poder *compreender* o objeto de conhecimento que buscava aprender (a escrita alfabética) e que tinham a ver com as propriedades daquele mesmo objeto: no caso da escrita alfabética, o fato de as sequências de letras substituírem partes das palavras que pronunciamos, independentemente de seus significados. Enfim, as novas explicações tinham um tom bem "construtivista" ou, no mínimo, queriam "desvendar a mente das crianças". Diferenciavam-se, portanto, das avaliações que, observando apenas condutas externas, desvinculadas do sistema de notação alfabética, mediam se as crianças "sabiam reproduzir ou recortar figuras geométricas" ou se "decoravam listas de palavras estranhas", como exigiam os testes de prontidão (como o ABC e o Metropolitano) ao prometerem poder dar um veredito seguro sobre se um aluno estaria ou não "pronto" para ter o direito de se alfabetizar.

Durante o curso de mestrado em Psicologia Cognitiva na UFPE, desde o primeiro ano – 1982 –, conhecemos trabalhos de diferentes autores que criaram o conceito de "consciência fonológica" e, ao concluir nossa dissertação (Morais, 1986), apontamos o que nos parecia uma contradição: em língua inglesa, ao mesmo tempo que se tratava o desenvolvimento da consciência fonológica como um fator causal para o sucesso no aprendizado da leitura (Bradley; Bryant, 1983), se dizia que, naquela língua, os alfabetizandos leriam as palavras usando estratégias visuais (de reconhecimento global, sem converter letras em sons) e que só para escrever empregariam estratégias fonológicas, convertendo sons em letras (Kimura; Bryant, 1983). Isso nos parecia incoerente e, ao termos constatado, em nossa dissertação, que os aprendizes brasileiros usavam estratégias fonológicas tanto para ler como para escrever, vimos a necessidade de continuar estudando a tal "consciência fonológica".

Terminada aquela etapa de nosso percurso acadêmico, em maio de 1986, ao sermos chamados para assessorar a formação continuada dos formadores de professores do recém-criado "ciclo de alfabetização" da rede pública municipal de Recife, juntamente com a colega Noêmia de Carvalho Lima e nossa coordenadora, Eliana Matos de F. Lima, buscamos trazer para o debate com as docentes dos dois anos iniciais do antigo primeiro grau as mais recentes contribuições dos campos da psicologia, da linguística e da didática da língua para o ensino de alfabetização. Assim, ao mesmo tempo que discutíamos a necessidade de trabalhar com os alunos as práticas de leitura-compreensão e produção de textos reais, aqueles que verdadeiramente circulam em nossa sociedade, já apostávamos na necessidade de um ensino sistemático da escrita alfabética e trazíamos para os encontros com nossas alfabetizadoras as novidades dos estudos sobre realismo nominal e consciência fonológica, bem como as então recentes descobertas da teoria da psicogênese da escrita, de Ferreiro e Teberosky (1979). Este é um dado interessante, que retomaremos em outras passagens deste livro: há mais de trinta anos víamos a necessidade de conciliar as evidências dos estudos sobre consciência fonológica a uma visão construtivista de aprendizado do alfabeto, tal como a formulada pela psicogênese da escrita.

Também rememorando essa etapa de atuação profissional (1986-1988), vemos como tínhamos claro, desde então, a necessidade de discutir as práticas reais que os professores desenvolviam em suas salas de aula. Ao lado da apresentação de novas propostas didáticas e teóricas, sem nenhum preconceito com quem nos acusava de querermos "passar receitas", vivíamos com as formadoras de alfabetizadores (supervisoras escolares que deixavam de ser "fiscais de professores") propostas de planejamento do que fazer a cada semana e, ao reencontrá-las nas duas jornadas de formação continuada que tínhamos a cada semana, reservávamos momentos para "resgatar" o que tinham vivenciado com os professores e os alunos das turmas que acompanhavam e discutíamos suas impressões e reflexões sobre como se tinha ensinado e aprendido. Antes de ler Donald Schön (1996) ou Isabel Alarcão (2001), numa busca de coerência entre teoria e prática, intuitivamente já tornávamos reais, nas situações coletivas de formação continuada, conceitos como "tematização da prática", "reflexão sobre a ação" etc.

Bolávamos materiais e procedimentos didáticos que levávamos para os encontros, discutíamos com as formadoras e, geralmente, testávamos em algumas salas de aula, para sugerirmos às professoras responsáveis pelas turmas do ciclo de alfabetização. Desse conjunto de orientações e materiais auxiliares, confeccionados e reproduzidos em mimeógrafos a óleo, resultou, em 1988, a coletânea *A língua aqui não termina, a língua aqui principia: o texto nas séries iniciais do 1º Grau – um sonho a perseguir* (RECIFE, 1988). Nela, ao lado de temas como a leitura e a produção de diferentes "tipos de textos"[1] nas salas de aula, propúnhamos a discussão dos temas "realismo nominal" e "análise fonológica". Este último e singular termo se instalou na prática e no imaginário dos professores daquela rede municipal, de modo que, até o momento da produção deste livro, muitos ainda se referiam às atividades de *consciência fonológica* como de *análise fonológica*.

A coletânea mencionada trazia propostas de atividades e jogos de consciência fonológica construídas juntamente com as supervisoras-formadoras com quem trabalhávamos. Como se pode ver nas figuras 1 e 2, a seguir, as situações propostas já se preocupavam em levar as crianças a refletir sobre diferentes dimensões das palavras, comparando-as, a fim de identificar quais eram maiores ou tinham mais sílabas, quais começavam de forma parecida, quais rimavam etc. Havia um cuidado em levar as crianças não só a reconhecer, mas também a dizer/produzir palavras que tivessem aquelas características, a fim de ampliar sua capacidade de reflexão.

Quando vemos, em retrospectiva, a didatização então concebida e praticada nos breves três anos de existência do ciclo de alfabetização da rede púbica de Recife, encontramos as contingências que vivíamos, então, no campo da alfabetização na hora de querer abandonar os velhos métodos (silábicos, fônicos etc.). Se a teoria da psicogênese nos mostrava claramente o quanto aqueles métodos tinham uma visão distorcida e limitada sobre os processos vividos pelo aprendiz, por outro lado, não apontava uma metodologia de ensino que os substituísse. Vivíamos, nas situações de formação inicial e continuada

---

[1] Ainda não falávamos de "gêneros textuais". Tudo é história e, naquela época, mesmo os especialistas em linguística e alfabetização se referiam a "textos significativos", "textos do mundo real" bem como aos "usos" e às "funções sociais" da leitura e da escrita.

de professores, a constante apresentação e discussão das fases (pré-silábica, silábica, silábico-alfabética e alfabética) evidenciadas pela teoria, mas ficávamos em dúvida sobre o que fazer para ajudar as crianças a avançar naquele percurso evolutivo.

Nessa batalha, já víamos duas decisões como importantes. A primeira consistia em ajudar as crianças que ainda não tinham uma hipótese alfabética a refletir sobre as partes orais das palavras, isto é, criar situações que promovessem a sua consciência fonológica, no intuito de compreenderem que a escrita nota a sequência de partes orais das palavras. E, desde então, já defendíamos que a reflexão sobre as "partes orais" viesse acompanhada da notação escrita das palavras, tema que enfocaremos no Capítulo 3 deste livro.

O segundo ponto que nos parecia obrigatório era garantir um ensino sistemático das correspondências som-grafia no processo de alfabetização para as crianças que já tivessem uma hipótese silábico-alfabética ou alfabética, mesmo que para isso a escola se valesse, ainda, do ensino de famílias silábicas... Enfim, não aceitávamos que a escola se omitisse no ensino das relações letra-som e na promoção de um automatismo no uso destas, já que nossa meta era ter alfabetizandos capazes de ler e escrever textos com autonomia.

Repetindo o que é comum na história da educação púbica em nosso país, com a mudança de gestores e partidos, gerada pela eleição municipal, no fim de 1988 o ciclo de alfabetização de nossa cidade foi abortado e só retomado onze anos depois, quando toda a educação básica de Recife foi reorganizada em ciclos. Nosso interesse por pesquisar a consciência fonológica, contudo, permaneceu e continua sendo posto em ação até hoje, assim como nossa aposta na adequação de criarmos situações que ajudem as crianças a, cedo, desenvolverem aquela consciência.

Antes de tratar das investigações que realizamos, tema do Capítulo 2 deste livro, parece-nos necessário pontuar nossa interpretação sobre as desavenças entre os que estudam a consciência fonológica e aqueles que defendem uma perspectiva psicogenética de aprendizado da escrita.

> ATIVIDADES QUE ENVOLVEM A REFLEXÃO SOBRE A PALAVRA
> ENQUANTO SEQUÊNCIA SONORA.
>
> > Estas sugestões foram organizadas a partir da colaboração das professoras, instrutoras e assessores do 1º e 2º semestres do Ciclo de Alfabetização em 1986.
>
> I- ATIVIDADES QUE ENVOLVEM A COMPARAÇÃO DE PALAVRAS QUANTO À SEMELHANÇA DE SONS.
>
> JUSTIFICATIVA TEÓRICA:
>
> Como sabemos, toda palavra falada é constituída por dois aspectos: por uma sequência sonora e por um significado. Ao iniciar seu convívio com a língua escrita porém, as crianças nem sempre conseguem pensar sobre a palavra considerando aqueles dois aspectos. Assim, quando uma criança diz que as palavras abelha e mel são parecidas, elas estão, provavelmente, pensando apenas em seus significados. (por ex.: justificando que a abelha faz mel, e deixando de atentar para a sequência sonora que compõe cada palavra).
> Na medida que em nosso sistema de escrita o <u>que representamos são os sons das palavras</u>, é necessário que a criança, para se alfabetizar, descubra que, além de um significado, a palavra também é composta por uma sequência sonora, que pode ser representada por letras.
> Caso a criança esteja pensando sobre a linguagem apenas a partir dos objetos do mundo real que ela representa, ela terá muita dificuldade em compreender a relação entre a fala e a escrita.
> Se durante o Período Preparatório realizarmos com nossos alunos apenas exercícios do tipo "cópia", onde eles aprenderiam, por exemplo, o nome das vogais e treinariam o seu traçado, não

Figura 1: Exemplo de material didático produzido pela Secretaria de Educação e Cultura de Recife, entre 1986 e 1988, em que propúnhamos às professoras investir na "Análise Fonológica das Palavras".
Fonte: RECIFE (1988).

> *os estaríamos ajudando a compreender os mecanismos de representação próprios de nosso sistema de escrita alfabética. A criança estará sendo incentivada a realizar as tarefas de leitura e cópia apenas na base da visualização: sem atentar para a palavra enquanto sequência sonora, sem compreender que as letras (por ex: as vogais), representam partes da palavra falada.*
>
> *A realização de atividades de análise de semelhança fonológica entre palavras, durante o Período Preparatório, é portanto de extrema importância para a aprendizagem da leitura e da escrita, na medida em que auxilia a criança a pensar sobre as palavras não só como unidades de significado, mas também como sequências sonoras.*
>
> *Alguns exemplos de atividades:*
>
> *a) Fazer um barquinho de papel e dizer: "Lá vai um barquinho carregado de arroz", passando-o a uma criança que deve encontrar uma palavra iniciada com o som a e passá-lo a um colega, dizendo, por exemplo, "lá vai um barquinho carregado de apito". E assim por diante. (Esta atividade também pode envolver a solicitação de palavras que terminem com determinado som; ou de palavras em que o som pedido apareça numa posição intermediária).*
>
> *É importante atentarmos se as crianças estão indicando ou reconhecendo palavras semelhantes considerando o <u>som da sílaba inicial</u> (em nosso exemplo arroz e apito) ou se as estão apresentando (ou escolhendo) pelo fato de estabelecerem uma relação entre elas (ex.: arroz e feijão) que leva em conta a <u>aparência física</u> ou <u>utilidade</u> existente entre <u>os objetos do mundo real que as palavras denominam</u>.*
>
> *b) O mesmo encaminhamento apresentado em a) pode ser empregado usando-se brincadeiras populares como Boca de Forno e Passarás, por exemplo. Afinal, quanto mais lúdicas forem as tarefas, mais motivantes elas se tornarão!*
>
> *Um jogo como Boca de Forno também pode envolver a exploração do nome próprio, solicitando-se às crianças que digam nomes que comecem (ou terminem) parecido com o nome de determinado colega da sala.*
>
> *c) Pedir às crianças que procurem ou desenhem figuras cujos nomes comecem com determinado som; ou que localizem (ou desenhem) figuras cujos nomes terminem com estes sons; ou em que eles apareçam no meio da palavra.*

Figura 2: Continuação de exemplo de material didático produzido pela Secretaria de Educação e Cultura de Recife, entre 1986 e 1988, em que propúnhamos às professoras investir na "Análise Fonológica das Palavras".
Fonte: RECIFE (1988).

Recordando as desavenças teóricas que cedo observávamos entre estudiosos da consciência fonológica e da psicogênese da escrita

Ainda nos anos 1980 (cf. Morais; Lima, 1989), percebíamos que as duas novas linhas teóricas que tratavam do aprendizado da escrita alfabética então difundidas – a psicogênese da escrita e os estudos sobre consciência fonológica – não dialogavam entre si. E avaliávamos que isso tinha a ver com as diferenças epistemológicas subjacentes às duas perspectivas. Se Ferreiro e seu grupo insistiam em tratar a escrita alfabética como um sistema notacional e não como um código (cf. Ferreiro, 1985; Tolchinsky; Teberosky, 1992), o inverso ocorria – e, pensamos, continua ocorrendo – com a maioria dos estudiosos da consciência fonológica, tanto no exterior como no Brasil.

Em outros textos já tratamos mais sistematicamente da distinção entre reduzir a escrita alfabética a um código ou concebê-la como um sistema notacional (cf. Morais, 2005, 2012; Morais; Leite, 2012), e aqui retomaremos o tema apenas de forma breve.

Em todos os países, a maioria dos estudiosos da consciência fonológica diz, frequentemente, que para se alfabetizar a criança precisa *compreender o princípio alfabético*, o que, para eles, significaria *compreender que as letras substituem fonemas*. Por trás dessa formulação aparentemente simples – e que para muitos não deveria suscitar controvérsias – encontra-se subjacente uma concepção associacionista de aprendizagem que revela duas limitações: simplifica a análise do complexo trabalho conceitual construído/vivenciado pelo aprendiz e adota uma visão adultocêntrica sobre como a criança aprende o alfabeto.

Nessa visão associacionista, cuja versão mais atual seria o conexionismo (cf. Brown; Chater, 2004; Ehri, 2013; Cardoso-Martins, 2013), a criança avançaria à medida que fosse capaz de isolar os fonemas das palavras e de associar/conectar a cada fonema o grafema correspondente. Adotando como explicação a repetição dessas associações (ou conexões), os pesquisadores dessa linha não analisariam se o aprendiz precisa vivenciar a mudança de esquemas mentais que construiu sobre a escrita, através de um processo que, paulatinamente, leva à compreensão das propriedades do alfabeto, passando por uma sequência de etapas evolutivas, tal como demonstraram Ferreiro e Teberosky (1979). Uma vez capaz de isolar fonemas, a criança *acumularia* informações sobre os grafemas correspondentes, a partir, por exemplo, das aulas que receberia de um adulto que usa um método fônico.

O alfabeto seria um *código*, ler seria *decodificar*, e escrever, *codificar*. Se pensamos na situação em que um sujeito já alfabetizado, como você ou eu, aprende a usar um código – por exemplo, o código Morse, inventado para o envio de telegramas –, o problema fica mais evidente: como já dominamos a "lógica", isto é, as propriedades de funcionamento do sistema alfabético, nossa tarefa, de fato, se restringe a memorizar as formas dos símbolos que, no código Morse, substituem as letras do alfabeto, cujo funcionamento compreendemos e cujas convenções já dominamos muito bem. A "facilidade" por nós vivida decorre de trazermos para a nova situação – a de aprendizagem do código Morse – conhecimentos sobre as propriedades do sistema de notação alfabética de que não dispúnhamos antes de nos alfabetizarmos. Conhecimentos que são tratados por nós, superalfabetizados, como se sempre tivessem existido em nossa mente. Entre eles, temos as ideias de que as letras substituem partes das palavras orais que pronunciamos; que essas partes não são as sílabas, mas sons menores (fonemas) com os quais as sílabas são formadas; e que há letras com mais de um valor sonoro e há sons que são notados por mais de uma letra.[2]

Porém, para internalizar tais propriedades sofisticadas, que tendem a ser as únicas que os estudiosos da consciência fonológica consideram ao falar do tal *princípio alfabético* e tratar a escrita como um *código*, as crianças precisam dar conta de várias outras propriedades, algumas bem antes de entender que as letras representam sonzinhos

---

[2] Em Morais (2012) tratamos mais exaustivamente dessas propriedades.

no interior das sílabas (isto é, que *as letras substituem os fonemas*, na visão dos pesquisadores adultos). Meninos e meninas vão, aos poucos, desvendando questões que para muitos adultos podem parecer bizarras, mas que são bem reais e que as pesquisas psicogenéticas e os professores de crianças pequenas reiteram todo ano. Os aprendizes precisam entender, por exemplo, que:

- as características (tamanho, formato, finalidade) dos objetos a que as palavras se referem não influenciam a maneira como usamos as letras (de modo que, por exemplo, a palavra "janela" vai ter mais letras que a palavra "casa");
- as letras não podem ser inventadas e são diferentes de outros símbolos como números e sinais de pontuação;
- a ordem das letras na escrita de uma palavra não pode ser mudada;
- uma mesma letra pode ser repetida numa palavra e palavras diferentes compartilham as letras do alfabeto;
- as letras são classes de objetos cuja aparência pode variar (P, p, $\mathcal{P}$, $\mathcal{p}$, ℙ, ℙ), mas que, como membros da mesma categoria de letra, têm o(s) mesmo(s) valor(es) sonoro(s);
- certas letras só aparecem junto de outras (o "Q" junto do "U", por exemplo) e nem sempre podem aparecer em todas as posições (por exemplo, o "RR" não aparece no começo de palavras, e a sequência "QU", em português, não aparece em final de palavras sem uma vogal seguinte).

A visão associacionista, ao negar tudo isso usando a solução "alfabeto = código", cria uma simplificação incapaz de nos fornecer adequadas explicações teóricas sobre como a criança se apropria do sistema de notação alfabética. Assim, o adultocentrismo a que Ferreiro (1985) se refere decorre exatamente de se achar que a mente do aprendiz funcionaria como a dos adultos já alfabetizados. Isto é, a compreensão das propriedades do alfabeto – *o que a escrita nota* das palavras orais e *como a escrita nota aquilo que substitui* das palavras orais – já estaria pronta na mente do aprendiz que, para ser alfabetizado, bastaria somente ser treinado a segmentar palavras em seus fonemas e a memorizar os grafemas correspondentes.

Mesmo concordando com todas essas críticas, que à época não estavam tão nitidamente organizadas em nossa compreensão, observávamos que havia por parte das autoras da teoria da psicogênese da escrita, bem como por parte de seus seguidores, uma negação do papel da consciência fonológica na alfabetização. E tal negação nos parecia inaceitável. Na primeira pesquisa que desenvolvemos sobre a consciência fonológica de crianças durante a alfabetização, já explicitávamos:

> Observamos, nos últimos anos, a aparição de duas vertentes teóricas, cujas proposições visam a explicar as competências cognitivas que uma criança precisa desenvolver para aprender a ler e a escrever com o alfabeto. Por um lado, diversos estudiosos têm buscado compreender as possíveis relações causais entre a capacidade de análise fonológica da criança e seu sucesso/ insucesso na alfabetização. Adotando uma perspectiva psicogenética, outros pesquisadores (Ferreiro e colaboradores) têm investigado as concepções da criança sobre como a língua oral é representada na escrita e o modo como aquelas concepções ou hipóteses se desenvolvem.
>
> Entendemos que essas duas linhas paralelas de pesquisa têm um ponto de interseção: o sujeito que desenvolve habilidades de analisar as palavras de sua língua, certamente, lança mão dessa capacidade, ao elaborar hipóteses sobre a escrita enquanto sistema simbólico, pois, como poderia ele entender a lógica subjacente aos símbolos de uma escrita alfabética, se não pudesse pensar nas palavras enquanto objetos que, além de veicular significados, têm uma dimensão de sequência sonora?
> (Morais; Lima, 1988, p. 51)

Nos diferentes capítulos em que este livro está organizado, retomaremos esse tema, tentando esclarecer as possíveis "negociações" que, a nosso ver, precisam ser feitas para, sem abandonar certos princípios, chegarmos a explicações teóricas mais ajustadas e a procedimentos didáticos menos "doutrinários". Sim, o fato de termos insistido sobre pesquisar e promover a consciência fonológica das crianças já fez com que, em diferentes ocasiões, fôssemos acusados de estar defendendo o uso de métodos fônicos e outras soluções que nunca abraçamos.

Uma anedota real pode ilustrar o quanto os partidarismos científicos, misturados a fundamentalismos pedagógicos, podem criar modos inusitados de lidar com o tema deste livro. Durante uma sessão de formação de alfabetizadores conduzida num município de Pernambuco por um grupo que seguia muito fielmente os ensinamentos do PROFA (BRASIL, 2001), ao ser indagada por uma professora sobre por que aquela metodologia de ensino não tratava de consciência fonológica, a formadora explicou que "[...] essa história de consciência fonológica é invenção de Artur Morais e tem a ver com uma visão que valoriza os aspectos de discriminação perceptiva na alfabetização". Corria o ano de 2004, mas, passado tanto tempo, o preconceito ainda campeia entre vários fiéis dos dois grupos: estudiosos da consciência fonológica, por um lado, e da psicogênese da escrita, por outro.

Como se fosse pouco, há ainda outro grupo de estudiosos que vê com reservas o fato de alguém que estuda/ensina alfabetização se preocupar com o tema da consciência fonológica. São aqueles para quem a solução é "letrar alfabetizando". Como parecem não considerar que a escrita alfabética constitui em si um objeto de conhecimento (cf. MORAIS, 2015a), não veem a necessidade de ela, a escrita alfabética, ser ensinada sistematicamente aos alfabetizandos e apostam que, através da simples vivência diária de práticas de leitura e produção de textos, as crianças espontaneamente entenderiam como as letras funcionam e dominariam as convenções letra-som do português. Assumindo o que denominamos "ditadura do texto" (MORAIS, 2006a), se para esse terceiro grupo trabalhar com palavras estaria proibido, imaginemos quão inadequado lhes pareceria refletir sobre sílabas orais, rimas e quaisquer outros "fragmentos" destituídos dos significados que só podem ser construídos no âmbito dos textos! Confessamos que, sim, nos parece difícil dialogar com quem não considera a escrita alfabética como algo que as crianças têm direito de aprender a partir de um ensino sistemático, um ensino que a trate como objeto a ser explicitamente analisado na sala de aula.

Esclarecendo nossos pontos de vista: sobre perspectivas construtivistas, sobre as relações entre desenvolvimento e aprendizagem na alfabetização, a respeito dos antigos métodos sintéticos (fônicos e silábicos) e da opção por alfabetizar letrando

Todos esses imbróglios, ligados a partidarismos científico-pedagógicos, fazem com que julguemos necessário iniciar nossa caminhada "colocando certos pingos nos is". Vamos, incialmente, explicar por que optamos por teorias e didáticas de alfabetização de tipo construtivista para, em seguida, explicitar que não vemos a promoção da consciência fonológica como a solução para nossos problemas de alfabetização e que nunca defendemos os métodos sintéticos (fônicos, silábicos) como o elixir salvador para um bom ensino da escrita alfabética.

Um primeiro ponto a esclarecer, como já demos a entender na seção anterior, é que *temos optado por perspectivas construtivistas* ao estudar o ensino e a aprendizagem dos conteúdos escolares, tanto por razões filosófico-ideológicas como por razões epistemológicas. O primeiro tipo de motivos já examinamos em outro texto (MORAIS, 2012, p. 114-115), no qual insistimos que a adoção de didáticas de orientação construtivista[3] é essencial se quisermos formar pessoas não conformistas, que lutam por seus direitos e por justiça social, que não só repetem o que lhes transmitem, mas recriam e inventam, tendo seus ritmos de aprendizagem e singularidades respeitados.[4]

---

[3] Falamos de construtivismos no plural porque são vários nos campos da filosofia e da psicologia, não podendo ser reduzidos à epistemologia genética de Piaget, e porque entendemos que não existe uma única maneira de se alfabetizar adequadamente, sendo importante respeitar a diversidade de saberes que os alfabetizadores acionam em suas práticas de ensino.

[4] Estamos falando de políticas públicas. É óbvio que ter recebido uma educação escolar transmissiva e memorística não produz, necessariamente ou apenas, pessoas conformistas. Do mesmo modo, é comum encontrarmos pessoas que frequentaram escolas "progressistas" e optaram por posicionamentos políticos liberais e pouco preocupados com as desigualdades sociais. Agradecemos a Anne-Marie Chartier por ter feito essa advertência ao ler uma versão anterior deste texto.

No segundo âmbito, o da explicação epistemológica, vemos que, por trás da maioria das situações que envolvem mudança nos conhecimentos do ser humano, este, na condição de sujeito cognoscente, para aprender coisas novas, precisa transformar os esquemas de que dispunha até então, ou criar novos esquemas, produzindo saltos qualitativos em lugar de apenas acumular informações recebidas prontas do exterior, como defendem as abordagens associacionistas-empiristas. No caso do aprendizado da escrita alfabética, vemos também que, a cada etapa, o aprendiz formula ideias próprias ao processar as informações (*input*) que encontra em seu meio. E aqui há dois aspectos importantes a observar.

O primeiro é que tal processamento não aparece aos olhos do adulto se este não deixa a criança revelar seus conhecimentos, podendo ler e escrever espontaneamente, podendo formular perguntas e falar enquanto lê e escreve *ao seu modo*. Se não deixarmos as crianças lerem e escreverem *ao seu modo*, nunca vamos ver, por exemplo, que, numa fase inicial, várias acham que é preciso pôr poucas letras ou letras pequenininhas para escrever palavras que designam objetos pequenos. Ou que, em certa etapa, muitas acham que escreveram a palavra "jabuti" ao colocar "A", "U" e "I", traçando aquelas vogais para cada sílaba oral que pronunciaram. Ou que, diante do rótulo da marca X, que nomeia um pote de iogurte, leem "iogurte", porque interpretam que o que está escrito na superfície de um objeto é o que ele é. Tudo isso que Ferreiro e Teberosky (1979) nos ensinaram ainda é desconsiderado por alguns pesquisadores e educadores que se dedicam à alfabetização.

Quando permitimos que as crianças não só copiem e repitam respostas corretas que lhes damos, constatamos que, às vezes, os conhecimentos do aprendiz são muito pouco conscientes, mas revelam um importante trabalho mental de análise e organização do que ele vê escrito em seu mundo. Assim, por exemplo, ao querer imitar o irmão, que já conseguia escrever palavras convencionalmente, uma menina chamada Gabriela, aos 4 anos e meio, participando da brincadeira que fazíamos com letras plásticas móveis, montou para cada palavra (que anunciava que ia escrever) cadeias com várias letras que, apesar de parecerem aleatórias, tinham uma característica interessante: a tendência era ela colocar consoantes e vogais, alternadamente, ao escolher as letras que selecionava para escrever ao seu modo. Se observarmos bem, na língua portuguesa a sílaba consoante-vogal aparece bastante nas palavras que lemos e escrevemos no dia a dia. E ela tinha descoberto tal princípio, mesmo sem o saber e sem que nenhuma professora ou outro adulto lhe tivesse dito.

Ao reconhecermos que as crianças não são receptores que aprendem a escrita alfabética apenas reproduzindo o que os adultos lhes dizem e mostram pronto, "na forma correta", julgamos que elas precisam ter um bom *input* do meio para poder pensar sobre como a escrita funciona. Dessa forma, a qualidade do que a escola lhes oferece para pensar é fundamental para que elas tenham boas reflexões. Concordando com Ferreiro e Teberosky (1979) que o domínio dos aspectos conceituais (as propriedades do sistema de notação alfabética) é necessário para o aprendizado dos aspectos convencionais (quais letras substituem quais sons), vemos que, se a escola não ajusta seu ensino para ajudar o aluno a descobrir e aprender aqueles aspectos (conceituais e convencionais), o aprendiz vai ter que viver tal processo de forma solitária, até o dia em que o adulto o vê lendo ou escrevendo "de forma correta" e acha que o menino (ou a menina) em questão "deu um estalo".

E aí chegamos ao segundo aspecto da questão epistemológica, ao pensarmos, a partir de uma ótica construtivista, em como realizar o ensino na escola e, mais especificamente, o ensino de alfabetização. Diferentemente de certas interpretações ortodoxas de aplicação do construtivismo piagetiano (cf. COLL; MARTÍ, 2004), *acreditamos que as crianças não precisam descobrir tudo sozinhas, sem que os adultos lhes deem informações*. Não achamos que é só resolvendo tarefas em duplas (ou em pequenos grupos) de crianças, com níveis de compreensão próximos sobre como o sistema de escrita funciona, que nossos alunos avançam. A realidade da maioria das salas de aula do planeta, em que tal arranjo pedagógico não ocorre, parece atestar que não é só assim que elas avançam.

Seguindo as ideias de Pozo (2002), julgamos que, nas situações de ensino e aprendizagem dos conteúdos escolares, a interação entre aprendizagem e desenvolvimento é bem maior que o preconizado por Piaget (cf. PIAGET; GRECO, 1975).[5] Pensamos que o sistema de notação alfabética – assim como outros conteúdos escolares, especialmente na área de língua – é uma invenção cultural que tem uma "lógica" (com todas as aspas, porque não contém propriedades obrigatórias, no sentido de necessidade lógica), mas em que as convenções se entremeiam com as propriedades do sistema.

Entendemos que, no caso do objeto de conhecimento *sistema de escrita alfabética*, ocorre muita interação entre *aprendizagem* (a partir da instrução que a escola oferece sobre palavras, letras e seus valores sonoros) e *desenvolvimento* (da compreensão de como o alfabeto funciona). Por exemplo, o fato de em línguas como o português e o espanhol haver vogais designadas por nomes que coincidem com os sons que elas notam nas palavras permite que, ao se deparar com aquelas letras, as crianças não tenham apenas "nomes e traçados (de cinco letras) a associar", mas uma fonte de reflexão para compreender como as letras funcionam. Isso não quer dizer, contudo, que defendamos que a escola ensine primeiro as vogais, para depois ensinar outras coisas, como ficará evidente ao longo deste livro. Mas nos faz pensar que a escola pode direcionar a reflexão das crianças, ajudando-as, por exemplo, a ver que palavras que começam (ou terminam) de modo parecido quando falamos tendem a ser escritas com as mesmas letras. Não vemos ganho em deixar nossos alunos terem que descobrir isso sozinhos.

---

[5] A posição piagetiana sempre foi bastante estrita no sentido de submeter as aprendizagens ao desenvolvimento das estruturas lógicas a elas vinculadas. Isso fica muito evidente no caso da noção de número entre certos seguidores de Piaget que atuam no campo da didática da matemática. Tendem a priorizar o papel das estruturas operatórias (conservação, seriação, inclusão de classes) na compreensão do conceito de número e a negligenciar o tratamento da numeração decimal como um sistema notacional em si, com propriedades que a criança tem que dominar (como o "valor de posição"). Em Morais (2015c), discutimos a necessidade de considerarmos que muitos dos conteúdos ensinados e aprendidos na escola não têm o caráter de necessidade lógica dos conceitos estudados por Piaget.

Chegamos agora ao ponto em que precisamos declarar nosso segundo princípio geral. Se não temos preconceito em trabalhar com todas e quaisquer palavras que interessem às crianças, em suas formas orais e escritas, temos muito claro que *nosso propósito é alfabetizar letrando*. Sim, *os textos precisam estar nas salas de aula desde o começo da educação infantil*. E quais gêneros textuais? Assim como as palavras, todos os gêneros textuais que possam interessar às crianças.

Se tratamos a escrita alfabética como um objeto de conhecimento em si, que exige um ensino sistemático, que deve incluir a promoção da consciência fonológica, defendemos que, atualmente, é obrigatório reconhecermos que os conceitos de alfabetização e de criança alfabetizada exigem o domínio das competências de ler/compreender e produzir textos (Morais; Leite, 2012). Assim, propomos que, de segunda a sexta-feira, a escola permita às crianças viver práticas de leitura e produção de gêneros textuais diversificados (e que no último ano da educação infantil e no ciclo de alfabetização assegure também momentos diários de reflexão sobre a notação alfabética).

Se não vemos a consciência fonológica como uma panaceia para as lacunas de nossas teorizações sobre o aprendizado da escrita alfabética nem para nossas didáticas de alfabetização, *não temos nenhuma razão para defender métodos fônicos, métodos silábicos ou outros* que conhecemos tão bem e que foram inventados antes de todas essas evidências de pesquisa a que nos referimos, num tempo em que, sim, nada sabíamos sobre o complexo trabalho de reconstrução mental implicado no aprendizado do velho bê a bá. Já há algum tempo temos sido radicalmente favoráveis a metodologias de alfabetização que conciliem as práticas de letramento com o ensino sistemático da notação alfabética (cf. Morais, 2004; 2006a; 2012; 2015b). Mas desde então – e sempre – temos criticado ferrenhamente os métodos sintéticos que querem se apresentar como a vacina salvadora para o fracasso de nossas redes públicas em alfabetizar. As evidências de pesquisa psicolinguística revisadas no Capítulo 2 e as considerações pedagógicas formuladas no final deste livro ajudarão a compreender por que temos tão pouco apreço pelos que querem obrigar nossos professores a usar aqueles velhos materiais.

Anunciando o plano do livro

Depois dessa alongada introdução, o leitor encontrará três capítulos, que buscam expor nossos pontos de vista sobre consciência fonológica tanto numa perspectiva teórica, psicolinguística, como no âmbito didático, do que-fazer pedagógico.

No Capítulo 1 enfocaremos o que é consciência fonológica, retomando a origem do conceito, os estudos pioneiros sobre ele e as diferentes explicações sobre seu papel na alfabetização. Depois de analisar a complexidade das muitas habilidades que estão por trás do rótulo *consciência fonológica*, faremos algumas reflexões que nos parecem essenciais, como o que estamos tratando como conhecimentos "conscientes" e qual a influência do registro escrito das palavras no desenvolvimento da consciência fonológica, e defenderemos a necessidade de considerarmos as singularidades de cada língua ao buscarmos explicar quais habilidades de consciência fonológica são importantes no aprendizado do sistema de escrita alfabética (SEA).

No Capítulo 2, revisaremos uma série de pesquisas que desenvolvemos e orientamos, desde os anos 1980, com o intuito de compreender o papel da consciência fonológica na alfabetização de crianças falantes do português, tanto no final da educação infantil como no primeiro ano do ensino fundamental. Dialogando com outros estudos feitos em nosso país, examinaremos as relações entre o avanço na psicogênese da escrita e o desenvolvimento de certas habilidades fonológicas. Veremos, também, como algumas habilidades de consciência fonêmica parecem excessivamente complexas (e desnecessárias!) para as crianças se alfabetizarem. Analisaremos as relações entre aprendizado da ortografia e consciência fonológica e, excepcionalmente, abriremos espaço para falar de jovens e adultos alfabetizandos da EJA[6] ao revisar um estudo em que investigamos a consciência fonológica destes.

O Capítulo 3 discutirá a proposta de ensino que defendemos para promover a consciência fonológica de nossas crianças, na escola,

---

[6] Como o leitor verá, nosso foco primordial será o aprendizado de crianças no final da educação infantil e no primeiro ciclo do ensino fundamental.

no final da educação infantil e no início do primeiro ciclo do ensino fundamental. Após elencar certos princípios didáticos norteadores, descreveremos e discutiremos atividades já postas em prática com professores das redes públicas de ensino com os quais temos trabalhado. Elas envolvem, sobretudo, a exploração de textos poéticos da tradição oral (quadrinhas, cantigas de roda, parlendas, trava-línguas) e jogos explicitamente elaborados para ajudar os principiantes a, de forma lúdica, encontrar palavras dentro de outras palavras, refletir sobre rimas, sobre palavras que começam de forma parecida etc. Ao final, dedicaremos alguma atenção à avaliação da consciência fonológica como parte do ensino de língua, na escola, desde o final da educação infantil.

No Epílogo, faremos breves considerações, retomando nossa defesa de uma alfabetização que conjugue letramento e ensino da escrita alfabética, e recordaremos ao leitor que a consciência fonológica, por si só, não é suficiente para uma criança vir a dominar o sistema de notação alfabética. Lembraremos, mais uma vez, que métodos fônicos ou afins não parecem constituir solução para alfabetizarmos nossas crianças, e criticaremos o autoritarismo de certas propostas baseadas naqueles métodos, que querem padronizar o ensino de alfabetização, transformando o professor num mero executor de atividades (geralmente pouco significativas), e que não respeitam a diversidade de ritmos e conhecimentos dos alfabetizandos.

Agradecendo (na primeira pessoa do singular)

As pesquisas e propostas aqui apresentadas são fruto da convivência com pessoas que influenciaram meu modo de conceber a língua escrita, seu ensino e aprendizado, que me ensinaram a pesquisar ou colaboraram com as investigações e práticas realizadas em diferentes escolas de meu estado natal.

Agradeço às professoras Silke Weber, Terezinha Nunes e Ana Teberosky que, como orientadoras, me ensinaram o que é pesquisar, o que é fazer universidade com rigor. Também às professoras Anne-Marie Chartier e Magda Soares que, de outros modos, também me orientam e me inspiram como modelos de erudição e sensibilidade para o que ocorre nas escolas, nas salas de aula, nas pesquisas sobre alfabetização e ensino de língua, sem deixar de adotar um olhar respeitoso ao discutir as práticas dos professores.

Agradeço a Maria Eliana Matos de F. Lima e a Noêmia de Carvalho Lima, com quem comecei, na rede pública municipal de ensino de Recife, a buscar alternativas para promover a consciência fonológica das crianças que estão se alfabetizando. Aquela experiência vivida no ciclo de alfabetização de Recife entre 1986 e 1988 foi muito marcante e sempre traz boas lembranças e reflexões.

Também sou muito grato às alunas de graduação, mestrado e doutorado com quem desenvolvi, na UFPE, tantos estudos sobre consciência fonológica. Recordo, agora, das parcerias com Sílvia Aragão, Tânia Leite, Ana Catarina Cabral, Adriett Marinho, Jane Rafaela Silva, Karla Cavalcanti, Ana Paula Soares, Edna Granja, Cláudia Costa e Patrícia Menezes. Preciso incluir nesse grupo aquelas que hoje são minhas colegas de departamento na UFPE, Eliana Albuquerque e Maria Emília Lins e Silva, minhas primeiras alunas de iniciação científica, que em 1988 e 1989 participaram da segunda pesquisa sobre consciência fonológica que coordenei sozinho. E os hoje também colegas Ana Cláudia Pessoa e Alexsandro da Silva, com quem também partilhei pesquisas sobre o mesmo tema.

Preciso ainda registrar meu profundo agradecimento às crianças, às coordenadoras pedagógicas e às professoras que participaram das muitas situações de aplicação de jogos, brincadeiras com cantigas e sessões de diagnóstico de consciência fonológica nas escolas da rede pública de Recife.

Mais agradecimentos vão para aqueles e aquelas que leram versões parciais e iniciais deste texto, ajudando-me a detectar problemas conceituais, lacunas, questões a serem aperfeiçoadas etc. Assim, digo muito obrigado a Magda Soares, a Anne-Marie Chartier, a Maria José Nóbrega, a Ana Ruth Miranda, a Alexsandro da Silva, a Sílvia Aragão, a Beth Baldi e a todos os alunos que cursaram comigo a disciplina Alfabetização, no segundo semestre de 2015 no Programa de Pós-Graduação em Educação da UFPE, quando eu estava começando a escrever este texto. Agradeço também a Tarciana Almeida e a Gabryella Nascimento pela ajuda com as tabelas e figuras que aparecem nos diferentes capítulos. Cabe ressaltar que é completamente minha a responsabilidade pelos problemas que o leitor possa identificar nesta versão final do livro.

Agradeço, ainda, aos colegas do Centro de Educação da UFPE, em especial aos meus pares do Departamento de Psicologia e Orientação Educacionais e dos Programas de Pós-Graduação – em Educação e em Educação Contemporânea – de que participo na mesma universidade. E, muito especialmente, também na UFPE, aos colegas do Centro de Estudos em Educação e Linguagem (CEEL). Julgo que tenho sorte – e um grande orgulho – de trabalhar com pessoas tão comprometidas com a qualificação da educação praticada em nossas redes públicas de ensino.

Para fechar esta Introdução, que parece não ter fim, reproduzo um trecho do poema "O tempo", de Mário Quintana, com o qual Maria José Nóbrega me presenteou, num dos muitos e-mails que trocamos durante a tessitura deste volume:

> *A vida é o dever que nós trouxemos para fazer em casa.*
> *Quando se vê, já são seis horas!*
> *Quando se vê, já é sexta-feira!*
> *Quando se vê, já é natal...*
> *Quando se vê, já terminou o ano...*
> *Quando se vê, perdemos o amor da nossa vida.*
> *Quando se vê, passaram 50 anos!*
> *Agora é tarde demais para ser reprovado...*
>
> "O tempo", de Mário Quintana

CAPÍTULO 1
O QUE É A CONSCIÊNCIA FONOLÓGICA? QUAL SEU PAPEL NO APRENDIZADO DA ESCRITA ALFABÉTICA?

Apresentação

Nosso propósito, nesta segunda etapa, é discutir o conceito de consciência fonológica, examinando as diferentes e variadas concepções que vêm sendo formuladas em relação a este, quando os estudiosos buscam explicar seu papel no processo de apropriação da notação alfabética. Após uma primeira ilustração de situações nas quais uma criança espontaneamente revela estar refletindo sobre as palavras da língua, faremos um breve histórico do surgimento do conceito de consciência fonológica no exterior e em nosso país. Situando a consciência fonológica no conjunto das demais habilidades metalinguísticas, analisaremos o quanto ela é, de fato, uma "constelação" de habilidades variadas, em função das unidades linguísticas envolvidas, da posição que estas ocupam nas palavras e das operações cognitivas que o indivíduo realiza ao refletir sobre "partes sonoras" das palavras de sua língua. Enfocaremos, também, as posições explicativas que tratam do papel da consciência fonológica no aprendizado da escrita alfabética. Situando-nos numa perspectiva construtivista, discutiremos certas posições que privilegiam apenas a consciência fonêmica, tratando como meras "sensibilidades" as várias outras habilidades fonológicas que envolvem sílabas, rimas etc. Para isso, discutiremos certos reducionismos na forma como, via de regra, os fonemas são concebidos como "unidades mínimas" e questionaremos a inadequação de tomar respostas em que as crianças pensam sobre letras como indicadores de consciência fonológica. Por fim, após revisar estudos que analisam os efeitos da notação escrita sobre o desempenho de crianças ao resolver tarefas de consciência fonológica, faremos breves comentários sobre como cada língua tem suas especificidades, o que nos aconselha a sermos cautelosos na hora de importar para o português os resultados de pesquisas obtidos entre crianças falantes de outros idiomas.

A título de ilustração: cenas de uma criança refletindo sobre as palavras e sobre suas partes orais

Para começar, vamos apresentar alguns registros de comportamentos que Pedro, um menino de classe média, revelou enquanto brincava, passeava e fazia outras atividades, entre os 2 anos e 5 meses e os 5 anos e meio. Esclarecemos que a escola que a criança frequentava desde a idade de 1 ano e 4 meses não fazia tarefas de "treino de consciência fonológica" nem ensinava "famílias silábicas", "vogais" ou "consoantes" na educação infantil. Como o leitor poderá ver, em muitas das "cenas" descritas a seguir fica evidente que a criança era capaz de pensar sobre as palavras ou usá-las não apenas para se comunicar. Vejamos:

Cena 1

Aos 2 anos e 5 meses, ao repreender Pedro por ele ter feito algo inadequado, a tia Gigi lhe disse:
– Aliás, Pedro, você está muito desobediente.
O menino virou-se e perguntou:
– Tia Gigi, o que é "aliás"?

Cena 2

Aos 3 anos e 8 meses, brincando de massinha na sala de jantar da casa da bisavó, Pedro disse, de repente, sem que ninguém lhe perguntasse:
– Vou fazer um bicho que começa com [ka]: "cavalo"!

Cena 3

Aos 4 anos e 2 meses, Pedro comentou com a mãe, chamada Alice:
– Mamãe, tem [ali] dentro de "Alice", não é?

Cena 4

Aos 4 anos e 4 meses, Pedro, sentado no banco de trás do carro, ia para a natação com a mãe. De repente ele começou a ter uma série de *insights* sobre palavras e sobre a escrita destas, e foi falando:
– Mamãe, veja: [ma]-[ri]-[a]! "Maria" tem três letras. [Obs.: Maria é o nome de uma prima.]
A mãe achou engraçado e explicou:
– Veja, Pedro, pra fazer um som, às vezes a gente junta mais de uma letra. O [ma] de "Maria" tem um "M" e um "A"; o [ri] tem um "R" e um "I", e depois tem um "A". Então, "Maria" tem cinco letras.
– Desculpe, mamãe, mas você está errada! "Maria" tem três letras.
– Pepeu, mamãe só está explicando como é, mas por que você não pergunta para a tia Jô [professora da escola]?
– Mamãe, eu estou te falando: "Maria" tem três letras e pronto!
Continuando suas reflexões metalinguísticas, Pedro disse:
– Mamãe, "chicote" é "Chico" com um "T". [Obs.: Chico é o nome de um coleguinha na sala de aula.]
– É, Pepeu, você tem razão. Muito bem!
Pedro continuou falando o nome das coisas que via pela janela, enfatizando as divisões das palavras em sílabas (*mã - gue - ra, ar - vo - re, far - ma - cia*).
Ao passar diante da farmácia, e depois de ter escandido a palavra em três sílabas orais, falou:
– Mamãe, "farmácia" é parecido com "Márcia", mas não é igual.
– Muito bem, meu filho! Você está sabido mesmo!

No mesmo fim de semana, brincamos com Pedro de "escrever palavras do jeito que a gente sabe". Ele produziu, então, as notações que aparecem a seguir, na Figura 3, e que demonstravam que, apesar de ter avançado muito em suas habilidades de refletir sobre partes orais das palavras, ele continuava com uma hipótese pré-silábica de escrita (conforme a teoria da psicogênese da escrita de Ferreiro e Teberosky, 1979). Chamamos a atenção do leitor para o dado de que, numa etapa inicial, crianças usam termos como "sílabas", "letras" e "palavras" com interpretações diferentes daquelas que os livros e os adultos lhes ensinarão no ensino fundamental. Portanto, mesmo insistindo sobre o fato de que "Ma-ri-a" teria "três letras", Pedro provavelmente estava pensando em sílabas orais. O curioso é que ele ainda não era capaz de associar uma letra a cada sílaba oral, como se constatou na brincadeira de escrita espontânea de que participou.

Figura 3: Escrita espontânea de Pedro aos 4 anos e 4 meses, quando ainda apresentava uma hipótese pré-silábica.
Fonte: Arquivo pessoal.

Cena 5

Aos 4 anos e 6 meses, Pedro passou correndo pela portaria do seu prédio, que estava em reforma, para se dirigir ao carro, onde sua avó o esperava. Ao chegar na calçada, parou e comentou com o avô:
– Vovô, "portaria" parece com "porcaria", não é?

Cena 6

Aos 4 anos e 7 meses, Pedro chegou na casa do avô propondo uma brincadeira:
– Eu digo e você fala uma palavra. Diga uma palavra começada com /su/.
E o avô perguntou:
– Como assim?
Ao que ele respondeu:
– "Suco", /su/ /súku/.
Assim continuaram brincando. O avô trocou de turno e pediu:
– Me diga uma palavra começada com /pa/.
Pedro respondeu:
– "Palito", "palavrão".
[Obs. 1: o avô ficou assustado com o raciocínio metalinguístico, que permitia tratar "palavrão" como solução, já que é uma palavra sem referente palpável no mundo.]
[Obs. 2: Pedro continuava com uma hipótese pré-silábica de escrita, usando várias letras de seu nome para escrever as mesmas palavras numa situação de escrita espontânea, tal como tinha feito na ocasião ilustrada pela Figura 3.]

Cena 7

Aos 5 anos e 1 mês, o avô pediu a Pedro para escrever, da forma como soubesse, a palavra "picolé". O menino falou:
– [pi] (colocou "I") - [kó] (colocou "O") - [lé] (colocou "E", resultando na sequência "I O E").
Quando o avô pediu para escrever a palavra "pera", ele hesitou e falou:
– [pê]... Pode ser com "E"?

O avô perguntou:
– O que é que você acha?
Ele balançou a cabeça, dizendo que sim, e notou uma letra "E". Depois pronunciou "- [ra]", e colocou um "A", comentando:
– Eita, é só duas!
Quando o avô pediu para escrever a palavra "pá", ele falou:
– /a/.
Depois traçou um "A" e disse:
– É só um "A".

Nos meses seguintes, Pedro migrou naturalmente para uma hipótese alfabética de escrita. Aos 5 anos e 6 meses, escreveu as palavras "borboleta", "picolé", "sacola", "gaveta", "pá" e "nó", como se pode ver a seguir, na Figura 4.

BOBOLETA
PICOLE
ZACOLA
GAVETA
PA
NO
PEDRO

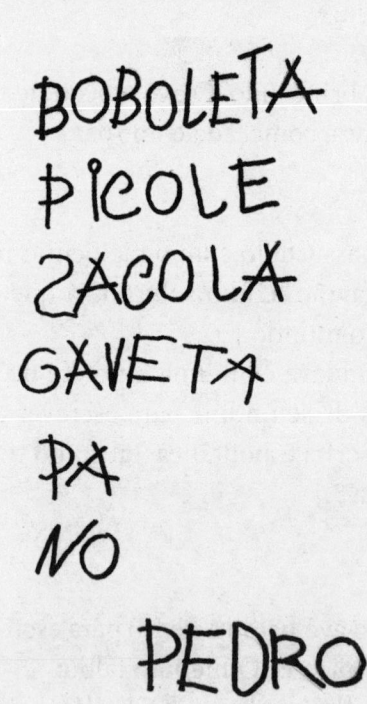

Figura 4: Escrita espontânea de Pedro aos 5 anos e 6 meses, quando já apresentava uma hipótese alfabética.
Fonte: Arquivo pessoal.

O que as situações anteriormente descritas nos ensinam? Em primeiro lugar, que certas crianças têm uma curiosidade natural sobre as palavras da língua. Vejam que fantástica e precoce foi a pergunta de Pedro, aos 2 anos e 5 meses, sobre o sentido da palavra "aliás"! Como defenderemos ao longo deste livro, pensamos que, se entre alguns meninos e meninas tal curiosidade metalinguística ocorre espontaneamente, cabe à escola despertá-la e alimentá-la entre todos os aprendizes, de modo que todos possam vir a brincar com as palavras, tomando-as como objetos de reflexão no cotidiano, sem que para isso tenham que ser submetidos, na educação infantil, a um ensino sistemático de alfabetização ou a treinos de pronúncia de fonemas isolados.

Uma segunda lição que essas cenas nos trazem é que nossas crianças podem refletir cedo sobre as partes orais das palavras, brincando com sílabas, com rimas e pensando sobre qual relação aqueles pedaços orais têm com as letras que usamos ao escrever. Pedro, antes dos 5 anos, já pensava nas sílabas iniciais das palavras (/ka/ de "cavalo", /pa/ de "palavrão"), já detectava a presença de uma palavra dentro de outra (/ali/ dentro de "Alice") e já produzia palavras que rimavam ("'portaria' parece com 'porcaria'"). Tudo isso quando ainda usava letras sem qualquer convencionalidade!

A terceira lição ou evidência que esses dados nos sugerem é que, mesmo tendo desenvolvido tais habilidades, a criança em foco, até os 5 anos de idade, continuava sem compreender como as letras substituíam as partes orais das palavras que ela conseguia analisar. Por um lado, vemos que Pedro não era nenhum prodígio que já lesse ou escrevesse convencionalmente muito cedo. Mesmo quando teimosamente dizia para a mãe que "Ma-ri-a" tinha "três letras", ele não conseguia usar esse tipo de conhecimento quando lhe pedíamos para escrever aquela palavra. Vemos, assim, que suas habilidades de reflexão fonológica não asseguravam, automática e mecanicamente, uma compreensão de como funciona o alfabeto e um domínio de suas convenções letra-som. Noutras palavras, e esse é um ponto sobre o qual insistiremos em todas as seções em que está organizado este livro, a consciência fonológica não parece constituir condição suficiente (ou um remédio miraculoso) para uma criança dominar nosso sistema alfabético.

Por outro lado, quando, aos 5 anos e 1 mês, Pedro escreve "I O E" para "picolé", "E A" para "pera" e "A" para "pá", fica evidente que ele estava usando sua capacidade de analisar fonologicamente as sílabas orais daquelas palavras para buscar letras que julgava adequadas para notá-las. Um detalhe que merece atenção, nesse caso, é que o fato de usar tais conhecimentos fonológicos lhe permitia, inclusive, superar o que a teoria da psicogênese da escrita (FERREIRO; TEBEROSKY, 1979) identificou como "hipótese de quantidade mínima"[7]: a criança, naquela ocasião, mesmo se surpreendendo, aceitou escrever as palavras dissílaba e monossílaba, respectivamente, com duas letras e uma letra só. Como esclareceremos no Capítulo 2 deste livro, pensamos que desenvolver algumas habilidades de consciência fonológica constitui uma condição obrigatória para que uma criança sem deficiência auditiva avance em seu aprendizado de um sistema de escrita alfabética. Antes, contudo, precisamos recuperar um pouco da história do conceito de consciência fonológica, situá-lo no conjunto das habilidades metalinguísticas e avançar em certas questões de definição.

Afinal, quando começamos a falar em *consciência fonológica*?

No mundo dos periódicos científicos de língua inglesa, alguns trabalhos são identificados como precursores ou fundadores da linha de teorização que passou a estudar a consciência fonológica e seu

---

[7] Como Ferreiro e Teberosky (1979) detectaram, numa etapa inicial, antes de chegar a uma "hipótese silábica" estrita, em que coloca uma letra (com ou sem valor sonoro convencional) para cada sílaba oral da palavra, a criança tende a achar que notações com poucas letras (duas ou uma) não podem ser lidas e que, portanto, para escrever, mesmo palavras como "rã" ou "pá", é preciso "pôr mais letras". Essa forma de raciocinar, que as autoras denominaram "hipótese de quantidade mínima", foi observada por numerosos estudos posteriores realizados com meninos e meninas falantes de diversos idiomas além do espanhol (como o português, o catalão, o italiano e o francês).

papel na alfabetização.⁸ Escolheremos alguns que tiveram um lugar de destaque na discussão do tema pelas descobertas anunciadas e pelas posições teóricas (interpretações assumidas).⁹ Em seguida, trataremos dos primeiros estudos brasileiros que abordaram a questão.

Já na primeira metade da década de 1970, num estudo pioneiro, Isabelle Liberman e sua equipe (LIBERMAN *et al.*, 1974) fizeram um experimento no qual pediam a crianças para bater sobre uma mesa a cada vez que pronunciassem as sílabas (ou os fonemas) de palavras que lhes eram ditas e para contar tais unidades. Os autores constataram que as crianças de 5 anos, ainda não iniciadas no ensino formal de leitura, se saíam melhor quando se tratava de pronunciar e contar as sílabas das palavras. No grupo de crianças de 6 anos, que estavam sendo alfabetizadas na primeira série, os resultados na tarefa com fonemas eram significativamente superiores aos dos seus colegas com 5 anos e, entre alunos de segunda série, já alfabetizados, os índices de acertos eram ainda mais altos. Concluíram, portanto, que a análise explícita de segmentos sonoros silábicos era anterior à segmentação em fonemas e que esta última parecia consolidar-se apenas com a alfabetização.

Poucos anos mais tarde, estudando adultos portugueses analfabetos, José Morais e seus colaboradores (MORAIS *et al.*, 1979) constataram que aqueles indivíduos tinham muita dificuldade em resolver tarefas nas quais lhes era pedido para adicionar ou subtrair fonemas no início de palavras que lhes eram ditas uma a uma, diferentemente de outros adultos alfabetizados. Concluíram que a "consciência da fala como uma sequência de sons" seria um resultado da escolarização formal,

---

[8] Nunes, Buarque e Bryant (1992) fazem um interessante histórico sobre estudos que, antes do surgimento da conceituação em torno da consciência fonológica, buscavam em outros fatores (discriminação visual, memória verbal, inteligência verbal, dominância de um dos lados do cérebro etc.) a explicação para certas crianças terem dificuldade em aprender a escrita alfabética.

[9] Não temos nenhuma intenção de fazer um histórico dos estudos que colaboraram no avanço da compreensão sobre as relações entre consciência fonológica e alfabetização. Eles são muitos, e ao leitor interessado recomendamos a leitura de sínteses como as propostas por Correa (2001) e Defior (2004).

uma habilidade cognitiva necessária para que alguém se alfabetizasse, mas que não se desenvolveria naturalmente como decorrência da maturação biológica.

Chamamos a atenção para o fato de que, se Liberman e seu grupo ainda falavam de "*explicit syllable and phoneme segmentation*" (isto é, segmentação explícita de sílabas e fonemas), José Morais e sua equipe já usavam o termo "consciência" ao se referir à habilidade pouco desenvolvida entre os adultos analfabetos que estudaram.

Em 1983, Bradley e Bryant publicaram um estudo que também se tornou clássico, intitulado *Categorizing Sounds and Learning to Read – A Causal Connection*.[10] Aliando o acompanhamento longitudinal do desempenho de pré-escolares em tarefas de leitura a um estudo de treinamento em consciência fonológica, os autores analisaram a evolução de crianças com idades entre 5 e 6 anos, distribuídas em quatro grupos. As participantes do primeiro grupo recebiam um treinamento na identificação de palavras que rimavam ou que tinham o mesmo fonema inicial (aliteração), enquanto os alunos de um segundo grupo viviam a mesma experiência, mas, ao identificarem as palavras que soavam de forma semelhante, eram ajudados a escrever com um alfabeto móvel os nomes das figuras (que compartilhavam, portanto, muitas letras iguais). Os dois outros grupos, que constituíam grupos-controle, vivenciaram, no mesmo período, duas outras situações: não tiveram nenhum ensino adicional ao da sala de aula regular ou um treinamento com mesma carga horária da vivida pelos grupos 1 e 2, mas receberam orientação em categorização de palavras por grupos semânticos (animais, brinquedos etc.), desenvolvendo, portanto, uma habilidade que, em princípio, não tinha nenhuma relação com os aspectos linguísticos envolvidos no aprendizado da leitura.

---

[10] O livro *Children's Reading Problems*, dos mesmos autores (BRYANT; BRADLEY, 1987), traduzido e publicado no Brasil em 1987 como Problemas de leitura na criança, descreve, minuciosamente, o trabalho original de 1983 e detalha bem mais os encaminhamentos metodológicos e didáticos subjacentes aos treinos de consciência fonológica que algumas crianças vivenciaram.

Os resultados dessa pesquisa (BRADLEY; BRYANT, 1983; BRYANT; BRADLEY, 1987) demonstraram que as crianças do primeiro e do segundo grupo apresentavam, ao final, um desempenho em leitura superior às que não tinham recebido o treinamento em consciência fonológica de identificação de palavras com segmentos sonoros semelhantes. Mas foram as crianças do grupo 2, que tinham escrito com um alfabeto móvel as palavras sobre as quais refletiam, as únicas que apresentaram diferença estatisticamente significativa em relação às demais. Diante desse quadro, os autores concluíram que a consciência fonológica era um fator causal, necessário para o aprendizado da escrita alfabética e um bom preditor do sucesso na alfabetização. Vemos, portanto, que é já na década de 1980 que o conceito de "consciência fonológica" (*phonological awareness*, em inglês) e o exame de suas relações com a alfabetização começam a se difundir fora do Brasil.

Entre nós, os primeiros trabalhos a tratar do tema parecem ter sido aqueles desenvolvidos por Terezinha Nunes Carraher e Lúcia Browne do Rego (1981) e por Vilma Bezerra (1981), sob a orientação de Terezinha Nunes Carraher.

Em 1981, Carraher e Rego publicaram o artigo "O realismo nominal como obstáculo na aprendizagem da leitura", que, à época, se tornou um clássico em nosso país. As autoras solicitaram a 43 crianças de classe média, que frequentavam a série de "alfabetização",[11] que resolvessem diferentes tarefas de realismo nominal, nas quais deviam: a) dizer palavras grandes e dizer palavras pequenas; b) identificar entre duas palavras qual a maior ou dizer uma palavra maior que outra; c) julgar se duas palavras começavam de forma parecida (com a mesma sílaba); d) dizer uma palavra que começava com a mesma sílaba que outra. As crianças também resolveram uma tarefa de "análise fonêmica" (em que deviam decompor cada palavra ouvida em seus fonemas), uma tarefa de "habilidade de leitura" (de frases), além de uma prova piagetiana de conservação

---

[11] Recordemos que, à época, a alfabetização das crianças de classe média se dava, oficialmente, no último ano da "pré-escola", antes de entrarem no "primeiro grau" (atual "ensino fundamental").

de quantidades. Os resultados foram contundentes, no sentido de mostrar que as capacidades de leitura e de análise fonêmica dependiam da superação do realismo nominal. Assim, as crianças que não tinham conseguido se desprender do "significado" (e diziam, por exemplo, que as palavras "cadeira" e "sofá" são parecidas "porque servem para sentar", ou que "trem" é uma palavra maior que "telefone", "porque o trem é muito grande") revelaram um progresso na aprendizagem da leitura bastante inferior aos demais alunos que pensavam no significante oral, isto é, nas partes sonoras das palavras, independentemente do tamanho, da forma ou da funcionalidade dos objetos que tais palavras designavam.

No mesmo ano, Bezerra (1981) defendeu uma dissertação intitulada *Reflexão metalinguística e aquisição de leitura em crianças de baixa renda*. Naquele estudo, noventa crianças de meio popular, com idades entre 4 e 11 anos, resolveram tarefas que requeriam: a) comparar palavras quanto ao tamanho; b) separar palavras em suas sílabas; c) contar as sílabas de palavras; d) identificar palavras que compartilham a mesma sílaba ou o mesmo fonema em três posições (início, meio e final da palavra); e) contar o número de palavras de uma frase; e f) definir o que é uma palavra. Também foi aplicada uma tarefa de leitura de texto. Após cuidadosas análises qualitativas e estatísticas, a autora constatou que separar e contar sílabas tendia a ser algo fácil para todas as crianças, mas que várias tarefas que exigiam identificar quais palavras compartilhavam sílabas ou fonemas iguais (em determinada posição) apresentavam uma relação significativa com o progresso em leitura. Um resultado alarmante indicava que as crianças de baixa renda iniciavam a série de alfabetização com muita dificuldade de refletir sobre a dimensão fonológica das palavras e pareciam muito dependentes da escolarização para desenvolver as habilidades implicadas em tal capacidade que, tal como afirmado pela autora, "[...] parece fundamental para a aquisição de leitura" (BEZERRA, 1981, p. 5).

Podemos ver, portanto, que, embora o termo "consciência fonológica" ainda não estivesse sendo usado para designar aquilo que "parecia fundamental para a aquisição da leitura", há mais de 35 anos já investigávamos o tema em terras tupiniquins. De lá para cá os estudos sobre consciência fonológica têm se multiplicado muitíssimo, tal como revelam as pesquisas feitas por Maluf, Zanella e Pagnez (2006) e Maluf e Zanella (2011).

"Consciência fonológica" como uma das dimensões de nossa consciência metalinguística

Antes de discutir o conceito de consciência fonológica, parece-nos adequado situá-lo num âmbito de conhecimentos mais amplos, aqueles que compõem nossa "consciência metalinguística".

Embora alguns estudos que tratam de habilidades das crianças para pensar sobre certas unidades da língua (como os morfemas) tenham sido feitos desde a década de 1950, foi a partir dos anos 1980 que alguns estudiosos começaram a teorizar, de modo mais sistemático, sobre o que passamos a designar como "consciência metalinguística". Passamos a enxergar, então, que, ao usar a linguagem, as crianças tendem não só a tratá-la como um meio para interagir com os outros membros da cultura ao seu redor, pedindo ou fornecendo informações, expressando sentimentos ou interesses, mas também *pensando sobre a língua, analisando-a, tratando a própria linguagem como objeto de reflexão*. O exemplo de Pedro, que abre a seção anteriormente apresentada, perguntando à sua tia, quando tinha 2 anos e 5 meses, o significado da palavra "aliás" é um bom atestado de que, sim, desde cedo podemos desenvolver uma atitude curiosa em relação à linguagem, além de usá-la numa perspectiva "utilitarista".

Praticar uma conduta metalinguística é, portanto, refletir sobre a linguagem. Essa reflexão pode se vincular a diferentes dimensões da língua: seus sons, suas palavras ou partes destas, as formas sintáticas usadas nos textos que construímos, as características e propriedades dos textos orais e escritos. Autores como Tunmer, Pratt e Herriman (1984) e Gombert (1992), há mais de 25 anos, e com algumas variações, já conceituavam e organizavam os diferentes tipos de comportamento metalinguístico que podemos observar nos seres humanos desde a infância.

Com o intuito de situar a consciência fonológica no conjunto mais abrangente de habilidades de consciência metalinguística, criamos o Quadro 1, apresentado abaixo, no qual tentamos resumir brevemente diferentes tipos de habilidades metalinguísticas que nós, seres humanos, desenvolvemos ao longo da vida e que têm um impacto na forma como lidamos com a linguagem escrita.[12]

Quadro 1: Diferentes dimensões de nossas habilidades metalinguísticas e sua relação com o domínio da linguagem escrita e de sua notação

Diferentes dimensões ou habilidades metalinguísticas estão implicadas tanto em nossos *conhecimentos no âmbito do letramento*, acionados quando buscamos compreender ou escrever gêneros textuais escritos, como em nossos *conhecimentos sobre a notação alfabética*, ao lermos e escrevermos palavras. Elas incluem:

Habilidades metatextuais: dizem respeito a nossa capacidade, na hora de produzir textos escritos, de decidirmos sobre o gênero a ser escrito, de respeitarmos a "estrutura" e o léxico próprios para aquele gênero, levando em conta quem será nosso interlocutor e quais são nossos objetivos. Como leitores, elas nos ajudam a julgar a qualidade dos textos lidos, vendo, por exemplo, se revelam coerência, se respeitam as propriedades do gênero textual que o autor quis produzir, se o autor disse tudo que se esperaria que tratasse num texto daquele gênero etc.

---

[12] Não vamos analisar as diferentes formas de classificar as habilidades metalinguísticas que autores estrangeiros e brasileiros têm proposto nas últimas décadas. Tampouco incluiremos algumas categorias de habilidades metalinguísticas ("metapragmática", "metalexical") em nossa curta explanação. Soares (2016) faz uma exaustiva e muito cuidadosa análise das classificações propostas por diferentes estudiosos. Para os interessados no tema, sugerimos também a leitura de Maluf e Zanella (2011).

Habilidades metassintáticas: possibilitam que analisemos a correção gramatical e a pertinência dos períodos e das orações que empregamos na hora de escrever e com que nos deparamos ao ler os textos produzidos por outros. Além de usarmos esse tipo de reflexão para julgar, por exemplo, se um enunciado está conforme a gramática de prestígio, dele lançamos mão para ajustarmos nossa forma de expressão a situações mais ou menos formais. Assim, por exemplo, ao falar num espaço familiar, podemos nos permitir não fazer a concordância nominal de todos os elementos de uma oração (e dizer "os menino já chegaro"), mas, ao escrever para alguém menos íntimo, buscamos adotar a concordância socialmente prestigiada ("os meninos já chegaram").

Habilidades metamorfológicas: com elas pensamos sobre os morfemas, isto é, identificamos as "partes" que compõem unidades de significado das palavras e refletimos sobre a função gramatical dessas partes, analisando que tipo de informação veiculam. Ao ler, podemos usar tais habilidades para deduzir o significado de uma palavra desconhecida, inferindo, por exemplo, que "brixômetro", na frase "João consertou o brixômetro", pode ser um instrumento que mede algo, porque o morfema "metro" aparece em palavras como "taxímetro" e "termômetro". Ao escrever, esse tipo de reflexão nos permite saber que "avareza" e "estreiteza" se escrevem com "Z", porque todos os substantivos terminados com o sufixo [eza] que são derivados de adjetivos se escrevem com aquela letra ("beleza", "tristeza", "ligeireza" etc.).

Habilidades metafonológicas: permitem que observemos, por exemplo, que "casa" e "cavalo" "começam de forma parecida" ou que "bola" e "gola" rimam, o que é fundamental para compreendermos por que compartilham, no começo ou no final, as mesmas sequências de letras (C-A, O-L-A) e nos apropriarmos daquelas correspondências som-grafia. Por serem sinônimo de consciência fonológica e constituírem o foco deste livro, tais habilidades serão detalhadas nas seções seguintes.

Como o leitor pode ter percebido, ao usarmos a língua escrita, lendo ou escrevendo palavras e textos, lançamos mão, simultaneamente, de variadas habilidades metalinguísticas. O curioso é que, muitas vezes, não temos consciência de que estamos acionando aquelas formas de funcionamento cognitivo... consciente! Fazemos isso de maneira "automática", sem necessariamente sabermos que temos aquelas habilidades metalinguísticas.

Alertamos para o fato de que, no Brasil, a partir dos anos 1980, em alguns círculos de pesquisadores que discutem o ensino de língua, o termo "metalinguístico" passou a ter um significado bastante restrito. Passou-se a tratar "metalinguagem" como sinônimo de ensino da terminologia da gramática pedagógica tradicional, que cedo cobrava (e cobra!) dos estudantes a memorização de termos e conceitos pouco úteis, como "substantivo sobrecomum" ou "locução adverbial de modo". A crítica ao ensino que priorizava "metalinguagem" tornou-se, desde então, uma bandeira de luta compreensível, já que decorar as nomenclaturas e classificações da gramática tradicional nunca produziu pessoas capazes de compreender ou produzir textos escritos.

Porém, se desde a década de 1980 temos defendido aquela destronização da "decoreba gramatical escolar", pensamos que é preciso restituir o significado rico que as palavras "metalinguagem" e "metalinguístico" têm na literatura psicolinguística. Neste livro, e em todas as publicações que produzimos nas últimas décadas, temos adotado a concepção mais ampla de "metalinguagem" e "metalinguístico", aquela que, ao significar "reflexão sobre a linguagem", torna-se ingrediente fundamental para inovarmos o ensino de língua portuguesa, não só na alfabetização, mas em toda a educação básica. Neste livro, vamos nos ater a discutir o papel das habilidades metafonológicas para o aprendizado da escrita alfabética.

Como os estudiosos têm conceituado consciência fonológica? Ela seria causa ou consequência da alfabetização?

Para começar, convidamos o leitor a conhecer ou rever algumas definições de consciência fonológica formuladas no exterior e em nosso país:

> Consciência fonológica – Toda forma de conhecimento consciente, reflexivo, explícito, sobre as propriedades da linguagem. Esses conhecimentos são suscetíveis de ser utilizados de maneira intencional. A consciência fonêmica é a forma de consciência fonológica referente aos fonemas (MORAIS, 1996, p. 309).
>
> A habilidade metafonológica corresponde àquela [habilidade] de identificar os componentes fonológicos em unidades linguísticas e de intencionalmente manipulá-los (GOMBERT, 1992, p. 15).
>
> Frequentemente, o termo consciência fonêmica tem sido usado como equivalente ao termo consciência fonológica. Para sermos precisos, a consciência fonêmica se refere a uma compreensão sobre as menores unidades sonoras que compõem a cadeia falada: os fonemas. A consciência fonológica engloba unidades sonoras maiores, tais como sílabas, ataques e rimas (IRA, 1998, p. 3).
>
> É a consciência dos sons que compõem as palavras que ouvimos e falamos (CARDOSO-MARTINS, 1991, p. 103).
>
> De forma genérica o termo consciência fonológica tem sido utilizado para referir-se à habilidade em analisar as palavras da linguagem oral de acordo com as diferentes unidades sonoras que as compõem. Operacionalmente, a consciência fonológica tem sido estudada a partir de provas visando avaliar a habilidade do sujeito, seja para realizar julgamentos sobre características sonoras das palavras (tamanho, semelhança, diferença), seja para isolar e manipular fonemas e outras unidades suprassegmentares da fala, tais como sílabas e rimas (BARRERA; MALUF, 2003, p. 492).

As diferentes definições elencadas anteriormente apresentam alguns pontos em comum e preocupações diferentes demonstradas pelos estudiosos ao resumir uma conceituação para "consciência fonológica". Como se pode ver, se todos tendem a se referir a um *conhecimento consciente*, uma capacidade de *analisar os sons que compõem as palavras*, observamos diferenças, entre os autores, quanto a precisar ou não *um nível de consciência* ("explícito", por exemplo) e quanto a precisar *os tipos de unidades sonoras* e *operações* sobre tais unidades (*isolar, manipular*) que o conceito englobaria. O cuidado de distinguir (ou não) "consciência fonêmica" de "consciência fonológica" também nos parece outro importante ponto de variação nos diferentes olhares dirigidos ao conceito que estamos analisando.

Vemos, assim, que o exame daquelas definições indica que há uma série de detalhes complexos no controvertido debate sobre "consciência fonológica e alfabetização" e, segundo nosso ponto de vista, a discussão clara desses diferentes detalhes é necessária para "colocarmos os pingos nos is". Antes de nos aprofundarmos em questões como "qual o nível de consciência necessário para uma atividade ser tratada como exemplo de consciência fonológica?", que constituirão temas de seção posterior, vamos voltar um pouco no tempo, para vermos como tem evoluído a compreensão dos pesquisadores, em geral, sobre consciência fonológica.

Quando os primeiros estudos começaram a analisar as relações entre consciência fonológica e aprendizado da leitura,[13] seus autores usavam diferentes tarefas para avaliar aquele tipo de consciência. Como vimos, Isabelle Liberman e seus colaboradores (LIBERMAN *et al.*, 1974) usaram tarefas que pediam às crianças para segmentar palavras em sílabas e fonemas e para contar (sílabas e fonemas). Bradley e Bryant (1983), por sua vez, usaram tarefas de identificação de rimas e aliterações. Já José Morais e sua equipe (MORAIS *et al.*, 1979) empregaram tarefas que mediam as habilidades de subtrair

---

[13] De fato, até hoje, a grande maioria das pesquisas tem investigado a relação entre o aprendizado da *leitura* e o desenvolvimento da consciência fonológica, sendo muito menos frequentes os estudos que se dedicam a ver, especificamente, como a evolução da capacidade de escrever com o alfabeto se relaciona à consciência fonológica (cf. VERNON, 1998; FERREIRO, 2003; MORAIS, 2004; 2015a). Certamente isso reflete uma tradição anglo-saxã de ensinar a ler antes de ensinar a escrever e de não se investigar como, numa etapa inicial, o ato de registrar palavras e textos por escrito tem um papel fundamental para o aprendiz compreender como as letras funcionam, como se relacionam aos sons que substituem. Voltaremos a esse tema na seção iniciada na p. 59.

ou adicionar fonemas no início das palavras. Ora, essa variação do que se estava tomando como medida para detectar o que se concebia como consciência fonológica criava dificuldades na hora de comparar os resultados e de discutir se a tal da consciência fonológica (CF) era algo que antecederia a aprendizagem da leitura ou se seria uma consequência dela. Sobre essa questão, no início dos anos 1980, três posições entraram em disputa:

1) a CF seria um fator causal da alfabetização e, portanto, precisaria se desenvolver para que a criança se apropriasse do sistema alfabético (cf. BRADLEY; BRYANT, 1983);

2) a CF seria uma consequência da alfabetização, já que a instrução formal em leitura e escrita é que faria as habilidades metafonológicas aparecerem (MORAIS *et al.*, 1979);

3) a CF seria um fator facilitador da alfabetização, de modo que crianças que a tivessem desenvolvido avançariam mais rapidamente na aprendizagem do sistema alfabético, mas as demais poderiam desenvolvê-la a partir do ensino de alfabetização (YAVAS, 1989).

Como o leitor atento pode perceber, naquela ocasião falávamos de consciência fonológica no singular, como "coisa una", e isso, como veremos, foi em seguida revisto. Antes, porém, cabe assinalar possíveis ou reais problemas que temos observado em função da adoção das três posições explicativas anteriormente listadas.

No caso de atribuirmos *uma relação causal da CF para a alfabetização* e de a tomarmos, inclusive, como um fator preditor de sucesso (ou não) na alfabetização, o perigo é alimentarmos uma mentalidade semelhante à dos defensores dos testes de prontidão e cobrarmos que as crianças tenham um determinado desenvolvido de consciência fonológica para terem o direito de frequentar turmas nas quais se pratica o ensino sistemático de alfabetização. Em alguns países, como os EUA, isso resultou na proliferação de testes padronizados de avaliação da consciência fonológica e sua aplicação desde os 3 anos de idade, a fim de detectar se a criança estava "fora da faixa de risco" (de fracasso) e, caso não, de "tratá-la" com treinamentos de consciência fonológica (ou fonêmica) o mais cedo possível. Assumindo certa visão maturacionista,[14] como se o desenvolvimento da consciência fonológica fosse algo que ocorreria "de forma natural", independentemente de oportunidades sociais, tal posição impulsiona a multiplicação de diagnósticos de "dislexia" e a culpabilização dos indivíduos por algo – não ter desenvolvido consciência fonológica – que, como defenderemos, nos parece responsabilidade da escola. No afã de evitar fracassos, encontramos, muitas vezes, um treinamento precoce de complexas habilidades fonêmicas que, como demonstraremos no Capítulo 3 deste livro, nos parecem desnecessárias para uma criança se alfabetizar.

Quando tratamos a *consciência fonológica como mera consequência da alfabetização*, podemos incorrer em dois problemas. Um primeiro, que no Brasil ocorre em certos contextos educativos construtivistas ortodoxos, levaria a desvalorizar-se um ensino que promova certas habilidades metafonológicas no final da educação infantil (e no primeiro ano do ensino fundamental), deixando o aluno viver sozinho as transformações cognitivas que permitem que suas habilidades de consciência fonológica evoluam, de modo que ele possa avançar na compreensão do sistema alfabético. Isto é, para chegar a uma hipótese silábica, escrevendo, por exemplo, "I" O "E" para "picolé", o aprendiz teria que, sem a ajuda dos adultos, descobrir que pode (e precisa) analisar as partes sonoras das palavras que busca escrever.

Outro tipo de problema ligado à segunda posição é, mais uma vez, a valorização exagerada de habilidades de consciência fonêmica e seu treino, já que os estudiosos desse grupo parecem tender, ainda

---

[14] Alguns psicólogos, fonoaudiólogos e educadores parecem tratar questões de aprendizado da leitura e escrita como algo que ocorreria "naturalmente", seguindo a maturação orgânica (ou "relógio biológico"), o que os leva a falar, por exemplo, na "compreensão leitora da criança de 8 anos", como se o que diferentes crianças de 8 anos conseguem ler e compreender não dependesse das muito variadas oportunidades que têm (ou não) de conviver com diferentes gêneros textuais escritos e de participar de práticas nas quais aqueles textos escritos são efetivamente usados, na escola e fora dela. O mesmo ocorre quando falam, por exemplo, da "consciência fonológica das crianças de 6 anos", baseando-se nas médias estatísticas de pesquisas que ignoram as diferentes oportunidades geralmente vivenciadas por meninos e meninas de classe média e de meio popular, quando se trata de refletir sobre a língua e sobre textos e palavras escritos.

mais, a conceber a escrita como mero código: como as letras substituem fonemas, seu ensino deveria se fazer acompanhar do treino em tarefas de segmentação fonêmica.

Finalmente, a solução de tratar a *consciência fonológica apenas como fator facilitador para o aprendizado do sistema alfabético* nos parece frágil em dois sentidos: do ponto de vista teórico, não ajuda a "limpar o terreno" das explicações, já que não examina se certas habilidades de consciência fonológica seriam indispensáveis para o aluno dominar o sistema de escrita alfabética (SEA). Do ponto de vista didático-pedagógico, aquela perspectiva também permitiria interpretar-se que seria adequado praticarmos um ensino de alfabetização no qual os alunos não seriam sistematicamente ajudados a evoluir em suas habilidades de reflexão fonológica.

Nos capítulos 2 e 3 deste livro, detalharemos nossa posição: sim, algumas habilidades de consciência fonológica são necessárias para que o aprendiz avance em sua compreensão das propriedades do SEA e no domínio das relações som-grafia. Porém, defendemos que a consciência fonológica não é suficiente para que a criança domine o SEA. Antes de detalharmos tal perspectiva, retomemos a própria evolução das concepções que os estudiosos vieram elaborando sobre consciência fonológica.

Que habilidades compõem nossa consciência fonológica? Como elas se diferenciam quanto ao nível de dificuldade que representam para as crianças?

Ainda nos anos 1980 (cf. STANOVICH, 1986; MORAIS *et al.*, 1987), foi se tornando consensual a compreensão de que é interativa (ou de mútua influência) a relação entre desenvolvimento da consciência fonológica e alfabetização: se algumas habilidades de consciência fonológica permitem avançar no aprendizado inicial da leitura e da escrita, o domínio do SEA faz com que o indivíduo passe a ser capaz de fazer certas operações sobre as unidades sonoras das palavras que ele não conseguia realizar antes de alfabetizar-se.

Nessa mesma época e nos anos seguintes, deixamos de ver a consciência fonológica como "uma" coisa que a criança "tinha ou não tinha" e passamos a tratá-la como uma "constelação" de habilidades (GOUGH; LARSON; YOPP, 1995) com graus de dificuldade variados e distintos momentos de aparição, à medida que as crianças avançavam em seu aprendizado do sistema de escrita alfabética. De fato, as diversificadas habilidades metalinguísticas envolvidas por trás do rótulo *consciência fonológica* se diferenciam, claramente, quanto:

- à *unidade sonora* que é objeto de reflexão: pode ser um fonema, uma sílaba, uma rima de palavra,[15] um segmento intrassilábico contendo um ou mais fonemas[16] ou uma palavra inteira dentro de outra.[17] Em diferentes línguas, estudos têm demonstrado que as crianças tendem a apresentar mais dificuldade em operar sobre fonemas isolados que sobre sílabas e rimas. Em português, temos evidências de que as crianças têm mais facilidade em identificar palavras que começam de forma parecida que palavras que rimam (cf. CARDOSO-MARTINS, 1995; FREITAS, 2003, 2004a, 2004b). Já em inglês, a habilidade de identificar rimas se revela mais precocemente (GOSWAMI; BRYANT, 1990).

---

[15] Enfatizamos que a rima de palavra, em português, pode ser algo que envolve apenas um som final ("sofá"/"cajá"), uma sílaba final ("tatu"/"pitu") ou segmentos maiores que a sílaba final ("gola"/"bola") ou que englobam várias sílabas ("chupeta"/"capeta"; "madeira"/"mamadeira").

[16] Refletimos sobre segmentos intrassilábicos quando, por exemplo, identificamos que "trastes" e "trigo" começam de forma parecida. Segundo a Teoria Métrica da Sílaba de Selkirk (1982), consoantes que antecedem a vogal da sílaba (no caso, /tr/) são chamadas *ataque*. As vogais seguintes (/a/ e /i/, no início das palavras "trastes" e "trigo") constituem o núcleo da primeira sílaba. Tais vogais e eventuais outros fonemas (vocálicos ou consonantais) que venham depois da primeira vogal constituiriam, junto com esta, a *rima da sílaba* (seria o caso de /as/ e /i/ nas primeiras sílabas das palavras "trastes" e "trigo"). Observe o leitor que, nessa teoria, a noção de *rima da sílaba* não tem a ver, necessariamente, com *rima de palavras*. Só em certos monossílabos ("pá"/"chá", "mão"/"pão", "bar"/"mar", por exemplo) rima de palavra e rima de sílaba seriam sinônimos em português.

[17] Insistimos que palavras inteiras podem constituir, em si, unidades de reflexão fonológica quando as crianças observam a existência de uma palavra no interior de outra ("argola"/"gola"; "serpente"/"pente"; "luva"/"uva").

- à *posição* que a unidade sonora ocupa no interior da palavra (início, meio, fim). Estudos em diferentes línguas têm demonstrado que as crianças teriam mais facilidade em identificar sílabas ou fonemas no começo das palavras, depois no final, sendo a posição medial a mais difícil.
- à *operação cognitiva* que o indivíduo realiza sobre aquelas unidades sonoras. O Quadro 2 resume as principais operações metafonológicas avaliadas por pesquisas desde os anos 1970.

Quadro 2: Principais operações (ou atividades) de consciência fonológica adotadas na pesquisa, na clínica psicopedagógica ou no ensino da escrita alfabética

Na "constelação" de atividades de consciência fonológica avaliadas ou ensinadas nas últimas décadas, os aprendizes têm sido chamados a resolver tarefas nas quais devem:

- identificar palavras com unidades iguais (sílabas, fonemas, rimas);
- produzir (isto é, dizer em voz alta) palavras com a mesma unidade (sílaba, fonema, rima) de uma palavra ouvida;
- identificar ou produzir palavras maiores (ou menores) que outras;
- segmentar palavras em unidades (sílabas ou fonemas);
- contar quantas unidades (sílabas ou fonemas) uma palavra contém;
- sintetizar unidades (sílabas ou fonemas) para formar uma palavra;
- adicionar, substituir ou subtrair uma unidade (sílaba ou fonema) de uma palavra ouvida;
- isolar a sílaba ou o fonema inicial (ou final) de uma palavra;
- inverter a ordem de unidades de uma palavra (por exemplo, substituindo a sílaba ou o fonema inicial por aquele(a) que aparece ao final).

Analisando as muitas possibilidades listadas, vemos que, se o tipo de unidade sonora e sua posição na palavra, por si sós, fazem variar o nível de dificuldade da atividade metafonológica, o tipo de operação cognitiva também implica maior ou menor dificuldade. Note-se, por exemplo, que para segmentar uma palavra em sílabas a criança precisa apenas pronunciar, sequencialmente, o que concebe como "pedaços orais" daquela palavra. Já para subtrair o fonema inicial de uma palavra, o indivíduo precisa guardar a palavra em sua memória de curto prazo, identificar e isolar seu fonema inicial e pronunciar em voz alta o que resta após a extração daquele som inicial. Fica evidente que certas operações exigem não só guardar itens na memória, mas também realizar operações intermediárias e verbalizar algo ao final.

Além dos fatores agora comentados, chamamos a atenção para o fato de que uma tarefa de consciência fonológica pode ser mais complexa que outra em função:

- do *tamanho das palavras* envolvidas (por exemplo, segmentar a palavra "chocolate" em fonemas, em princípio, é mais difícil que segmentar a palavra "lua");
- do *tipo de fonemas* envolvidos: no âmbito dos fonemas, sabemos que alguns (como /p/, /b/, /t/, /d/, /k/, /g/) são mais difíceis de pronunciar que outros (como os fricativos /f/, /v/, /s/, /z/), mesmo se considerando que todos os fonemas consonânticos só podem ser articulados acompanhados de uma vogal. No caso do português, os fonemas vocálicos constituem sílabas isoladas (como os iniciais de "abelha" e "ilha") e são, portanto, mais fáceis de isolar e pronunciar em voz alta. Note-se que, ao pronunciarmos uma sílaba com consoante e vogal, por exemplo [pi], podemos alongar a vogal – no caso, [i] –, o que faz com que os fonemas vocálicos sejam mais "observáveis";
- do *tipo de estrutura silábica* na qual se encontra o segmento sonoro sobre o qual o indivíduo vai refletir e da *frequência de ocorrência daquele tipo de sílaba* na língua. Assim, no caso do português, parece menos complexo uma criança responder à solicitação de dizer uma palavra começada por sílaba composta

por consoante-vogal (como a sílaba "ta") que uma palavra iniciada por sílaba formada por consoante-consoante-vogal-consoante (como a sílaba "tras").

Ademais, em várias pesquisas, investigadores têm usado "pseudopalavras", isto é, palavras que não existem, na intenção de obrigar o indivíduo pesquisado a focar sua atenção exclusivamente sobre a estrutura sonora da "palavra", sem poder valer-se de qualquer pista semântica ou conhecimento prévio. Assim, temos percebido que subtrair o primeiro fonema de uma pseudopalavra (por exemplo, [kati]) pode ser mais difícil que subtrair o primeiro fonema de uma palavra real (especialmente se o que se obtém após a subtração é uma outra palavra real da língua, por exemplo, [luva] -> [uva]).[18]

Testes e baterias psicométricas que avaliam habilidades de consciência fonológica tendem a incluir várias tarefas, medindo muitas atividades metafonológicas que operam sobre sílabas, rimas e fonemas (cf., para o português brasileiro, MOOJEN, 2003; CAPOVILLA; CAPOVILLA, 1998). A partir de questões que levantaremos nas duas seções seguintes e das pesquisas que revisaremos no Capítulo 2 deste livro, o leitor verá que questionamos a pertinência de medir-se algumas habilidades fonêmicas, não só porque nos parecem não constituir requisito para o aprendizado do sistema alfabético, mas também porque interpretamos que, para conseguir resolver tais provas, o indivíduo tende a pensar na sequência de letras, e não na sequência de fonemas das palavras.

Portanto, desde já, anunciamos o que nos parece uma questão fundamental para a escola (cf. MORAIS, 2006b; 2012; LEITE; MORAIS, 2012b) e que aprofundaremos neste livro: quais são as habilidades de

---

[18] Em nossa experiência (cf. MORAIS, 1998; ARAGÃO; MORAIS, 2013) temos visto que o emprego de pseudopalavras em pesquisas, apesar de partir de uma justificativa racionalmente plausível, cria para o examinando complicações adicionais, simplesmente porque ele não consegue discriminar a sequência sonora que lhe é dita, trocando consoantes surdas por sonoras e vice-versa (por exemplo, ao lhe dizerem /fatipa/, escuta /vatipa/), ou porque tende a assimilar a pseudopalavra ouvida a outra que existe de fato (ante a sequência /póla/, escuta /bóla/).

consciência fonológica que precisamos, de fato, ajudar nossos alunos a desenvolverem para que tenham sucesso na alfabetização?

Nossa resposta para tal questão será fundamentada nas pesquisas que temos realizado com crianças brasileiras e que revisaremos e discutiremos no Capítulo 2 deste livro. Antes, contudo, temos ainda que tentar "pôr certos pingos nos is", esclarecendo nossa posição sobre temas como "consciência fonológica explícita", "redução da consciência fonológica à consciência fonêmica" e "papel da notação escrita no desenvolvimento da consciência fonológica". Trataremos desses assuntos nas próximas seções.

Problemas ligados ao que estamos chamando de "consciência" e da redução de consciência fonológica à consciência fonêmica

Na literatura psicológica, a partir dos anos 1980, algumas dicotomias começaram a ser amplamente usadas para descrever o funcionamento cognitivo humano. Elas implicam a oposição entre conceitos e termos como "explícito" *versus* "implícito", "declarativo" *versus* "procedural", "consciente" *versus* "inconsciente". No campo dos estudos de consciência fonológica, uma questão importante, portanto, é o que estamos chamando de *consciente* e, em alguns casos, de conhecimento *explícito*. Tratemos, agora, desse tema.

Sensibilidade versus *consciência*, *implícito* versus *explícito*

Para diferenciar habilidades de consciência fonológica que os pesquisadores consideram mais simples, porque tendem a aparecer mais cedo, quando investigam o desenvolvimento metalinguístico das crianças, alguns autores passaram a usar a expressão "sensibilidade fonológica" para designar, por exemplo, as habilidades de identificar palavras que rimam ou que apresentam aliteração (sílabas ou fonemas iguais no começo), sugerindo que tais conhecimentos metafonológicos seriam menos importantes para a criança se apropriar do sistema de escrita alfabética. Nessa mesma linha de julgamento, tais autores passaram a reservar o termo "consciência fonológica" para habilidades que envolvem exclusivamente fonemas e que implicariam algum tipo de "manipulação" sobre as palavras orais (por exemplo, segmentar, adicionar ou subtrair fonemas) e a verbalização das formas finais alcançadas (pronunciar em voz alta cada fonema ou a palavra resultante da adição ou subtração operadas). Tanto do ponto de vista da teoria psicolinguística como da ação pedagógica, temos ressalvas em relação a essa perspectiva, pelas razões que agora vamos elencar.

Em primeiro lugar, no âmbito teórico, ela nos parece embutir uma visão adultocêntrica e que pouco valoriza o sentido evolutivo da aprendizagem da escrita alfabética. Adultocêntrica porque julgaria o que é fácil ou difícil segundo as capacidades do adulto letrado, não se colocando no lugar do aprendiz principiante, que tem tudo por aprender em termos de sistema alfabético. Se, como veremos no Capítulo 2 deste livro, identificar uma palavra oral maior que outra é algo que a maioria das crianças consegue fazer antes mesmo de escrever segundo uma hipótese alfabética, isso não significa que tal atividade seja sempre fácil para qualquer criança. Como verificaremos, muitos alfabetizandos que conseguem separar, oralmente, as sílabas das palavras e contar quantas sílabas contêm ainda encontram dificuldades na hora de julgar, por exemplo, se a palavra "janela" é maior que a palavra "casa".

Por outro lado, quando dizemos que a posição teórica que reduziria tal habilidade à mera "sensibilidade fonológica" tem uma perspectiva não evolutiva ou não construtivista, é porque ela tende a não reconhecer o fato de que, para vir a revelar habilidades "mais sofisticadas" de refletir sobre fonemas, manipulando-os, uma criança brasileira necessita, antes, pensar sobre as sílabas das palavras, sem o que não compreenderá como as letras substituem segmentos orais. Inspirados em Correa (2001, p. 51), interpretamos que, ao assumirmos que a consciência fonológica é multidimensional, envolvendo variadas habilidades, precisamos passar a enxergar que certas habilidades "menos complexas", segundo o julgamento do adulto, não só seriam adquiridas mais cedo como seriam precursoras para o aparecimento de competências fonológicas mais complexas.

Em lugar de adotar a oposição *implícito/explícito* para analisar conhecimentos infantis sobre a linguagem, desde os anos 1990 (cf.

Morais, 1995; 1996; 1998) temos optado por empregar o *Modelo de Redescrição Representacional* de Karmiloff-Smith (1992, 1996). Além de reservar o termo "implícito" para aquelas condutas que o indivíduo realiza de maneira mecânica, seguindo uma rotina fixa, porque os conhecimentos que adota não estão disponíveis para ele acessar na mente, a autora sugere uma distinção entre três níveis de explicitação: *inicial, consciente* e *consciente verbal*. O Quadro 3, publicado originalmente em outro livro de nossa autoria (Morais, 1998), ilustra como o processo de explicitação progressiva se caracteriza em cada um daqueles quatro níveis (*implícito, explícito, explícito consciente, explícito consciente verbal*), tomando como exemplo os progressos de um aprendiz de piano.

Se pensamos no campo de conhecimentos ligados à consciência fonológica, julgamos que, mesmo quando uma criança revela habilidades que aparecem mais cedo, como as de contar o número de sílabas de uma palavra ou identificar entre duas palavras qual a maior (porque tem mais sílabas), ela está operando de modo explícito sobre a linguagem. Usando a teorização de Karmiloff-Smith (1992, 1996) anteriormente resumida, não poderíamos dizer que aquelas habilidades têm um modo de funcionamento "implícito", porque a criança, ao acionar suas capacidades (de separar e contar as sílabas das palavras em jogo) para responder aos dois tipos de tarefa, *o faz por deliberada opção*.

Quadro 3: Aprendizagem como redescrição (ou reelaboração) de conhecimentos

> Segundo o modelo de "redescrição representacional" (RR), em qualquer área de conhecimento, num primeiro momento de aprendizagem, o indivíduo age de forma limitada, mecânica, rotineira, por possuir em sua mente apenas conhecimentos formulados num nível implícito. Em fases posteriores, esses conhecimentos passam por um *processo de explicitação*, que se traduz em compreensão e domínio crescentes "das partes" e "relações entre as partes" do que ele está aprendendo. A progressiva flexibilidade cognitiva adquirida pode alcançar um nível *explícito consciente* (no qual o sujeito não só sabe o que faz, mas sabe os porquês)

e ainda um nível *explícito consciente verbal* (no qual o sujeito é capaz de verbalizar esses porquês). Para ilustrar esse processo, tomemos o exemplo de alguém que estava aprendendo piano.

Numa primeira fase, João, nosso aprendiz de piano, ainda não dominava bem a leitura de partituras, nem tinha um automatismo com relação ao que via escrito na pauta musical e o que tocava no teclado. Agia de forma muito rotineira, limitada. Se alguém o interrompesse, precisava voltar ao começo da música e repetir tudo outra vez, pois seus "conhecimentos de piano" só estavam elaborados num nível implícito. Mas... nosso aprendiz continuou estudando, praticando, até que certo dia, quando interrompido, não precisou voltar ao começo da música. Essa mudança, aparentemente pequena, tem, no entanto, um significado especial: ele pôde continuar tocando, a partir do ponto em que tinha parado, porque, então, seus antigos conhecimentos (sobre partituras etc.) tinham sido reelaborados num nível explícito e, portanto, já se encontravam disponíveis para que ele os "manejasse mentalmente".

Com mais treino e experiência, um dia nosso aprendiz de piano decidiu que precisava repetir uma passagem da melodia, porque achou que a havia tocado rápido demais. Essa decisão, também aparentemente simples, revela que ele pôde "acompanhar" conscientemente sua ação. E isso só foi possível porque ele, então, já possuía conhecimentos (de piano) reelaborados num nível explícito consciente.

Por fim, algum tempo depois, João encontrou Maria, que estudava violão, e resolveram treinar uma mesma música juntos. Quando, durante a brincadeira, João disse que tocaria "uma oitava acima", demonstrou que seus conhecimentos musicais já estavam bem sofisticados. A capacidade de expressar a Maria essa intenção se deveu ao fato de que alguns de seus conhecimentos (de piano) já tinham alcançado o nível explícito consciente verbal.

Tal como no exemplo acima, segundo o modelo RR, avançamos numa determinada área de conhecimento devido à crescente explicitação de nossos conhecimentos específicos nessa área.

Fonte: MORAIS, 1998, p. 40.

O mesmo modelo teórico também nos sugere que é inadequado reservarmos o adjetivo "consciente" apenas para as habilidades em que a criança, para responder, tem que verbalizar algo, tal como um sujeito já alfabetizado (ou melhor, especialista em fonética e fonologia) seria capaz de fazer. Em nossa experiência, temos visto que o tipo de verbalização avança à medida que a criança evolui numa habilidade de consciência fonológica.

Como o leitor verá no Capítulo 2, ante uma tarefa que avalia, por exemplo, a identificação de palavras que começam com o mesmo fonema, numa fase inicial, um aprendiz pode escolher, corretamente, os pares de palavras com aliteração no fonema inicial e, ao ser solicitado a dizer o porquê, afirmar apenas "porque começam igual" ou "porque começam parecido". Isso equivale a, por exemplo, diante das gravuras de um telhado, um caderno e uma gaveta, ele escolher a palavra "telhado" como aquela que começa com o mesmo som que a palavra "tijolo", mas não ser capaz de verbalizar o fonema inicial isoladamente. Numa fase posterior, a tendência que temos encontrado é a de essa mesma criança, ante a mesma situação, ao fazer a escolha correta, nos explicar "porque é /tê/ e /ti/", pronunciando as sílabas iniciais das duas palavras. Isso ocorre com crianças que já alcançaram uma hipótese alfabética e que já dominam as relações som-grafia em jogo, podendo ler e escrever aquelas palavras. Quando tais crianças (já com hipótese alfabética e conhecimento de muitas relações som-grafia) não respondem mencionando as sílabas iniciais, o que fazem é nos dizer que "as duas [palavras] começam com 'T'", referindo-se a letras, mas indicando que não conseguem pronunciar fonemas isolados (ao menos, não demostram, espontaneamente, serem capazes de fazê-lo).

Ante evidências tão contundentes, perguntamos: o que nos permitiria afirmar que aquelas crianças têm uma mera "sensibilidade fonológica" ou que a habilidade fonológica atestada não atingiu um nível "consciente"? Por que não seria *consciente e explícito* o raciocínio de quem sabe por que fez uma escolha, mas não sabe verbalizar a razão desta conforme uma exigência imposta pelo teórico pesquisador (que esperaria que a criança pronunciasse fonemas isolados)? A verbalização de letras em lugar de fonemas é um detalhe, a nosso ver nada desprezível, que enfocaremos na subseção a seguir.

Problemas ligados a como estamos interpretando "os fonemas" de que os aprendizes precisam tomar consciência para se alfabetizar

Quem desvaloriza habilidades fonêmicas consideradas "mais simples", porque não implicam *manipular* fonemas isoladamente,[19] geralmente concebe que, para entender o "princípio alfabético", a criança tem que ser capaz de *isolar* as "unidades orais", que são os fonemas, para poder associá-las às unidades gráficas, que são as letras ou grafemas, numa visão de escrita alfabética como código, tal como discutimos na Introdução deste livro. Para nós, o enfoque associacionista-empirista subjacente à visão de escrita alfabética como código implica três reducionismos. O primeiro se reflete na forma de descrever os objetos que a notação alfabética substitui, isto é, os fonemas. O segundo, no modo de descrever como as crianças, em processo de aprendizagem da escrita, compreenderiam as "unidades fonêmicas". O último reducionismo, que trataremos a partir da p. 62, se revela no modo de conceber o formato mental das "unidades" representadas, ao considerar-se letras e fonemas como "equivalentes".

Quanto ao primeiro equívoco ou reducionismo, propomos que, ao teorizar sobre o aprendizado da notação alfabética, é necessário revisarmos o que estamos interpretando ao afirmar que os fonemas "são as unidades sonoras menores que constituem as palavras". No mundo dos objetos não linguísticos, a noção de *unidade* remete a exigências que precisam ser relembradas. No campo da matemática, por exemplo, o conceito de *unidades discretas* remete a coisas que têm

---

[19] As atividades que implicam manipular fonemas seriam, por exemplo, aquelas nas quais o indivíduo precisa realizar a adição ou a subtração de fonemas de uma palavra, ou precisa sintetizar fonemas ouvidos para dizer uma palavra por eles formada ou, ainda, segmentar um a um os fonemas de uma palavra.

uma identidade própria, porque podem ser fisicamente separadas umas das outras e que, por isso, podem ser diferenciadas e isoladas de outras unidades iguais ou diferentes, podem ser agrupadas, contadas. No mundo das substâncias químicas, podemos identificar as moléculas que constituem um material, como a água, isolando os átomos que compõem cada uma delas, porque cada um, em si, tem uma identidade própria e independente.

O mesmo não se aplica aos fonemas. Como já apontava Roy Harris (1992) ao discutir a notação alfabética, os fonemas não constituem unidades com uma identidade que lhes é inerente. Fonemas só existem em oposição a outros fonemas. Como define Matzenauer (2004, p. 36), "consideram-se fonemas de uma língua aqueles sons que são pertinentes para a veiculação de significado, isto é, os sons que distinguem significados entre as palavras da língua".

Como aprende qualquer aluno de uma disciplina de fonologia num curso de graduação (de Letras ou Fonoaudiologia, por exemplo), é só contrastando palavras que podemos descobrir se um determinado "som" constitui ou não um fonema, em determinada língua. Isso é analisado no Quadro 4, que aparece em seguida.

Quadro 4: Refletindo um pouco mais sobre o conceito de fonema e sobre sua relação com a escrita das palavras

> É só quando a substituição de um segmento sonoro "mínimo" por outro faz surgir uma palavra com um significado diferente que podemos afirmar que aquele "segmento sonoro mínimo" constitui um fonema em determinada língua.
>
> A palavra que designa a irmã de meu pai (ou de minha mãe), em português, é pronunciada por um carioca como [tchia] e por um pernambucano como [tia], sem que tal variação faça com que o /tch/ constitua um fonema em português. Já em espanhol, as sequências sonoras [tchino] e [tino] se referem a palavras bem diferentes ("*chino*" = "chinês"; "*tino*" = "tina") porque, naquele idioma, a substituição de /tch/ por /t/ cria mudanças de significados.

No caso do português, os fonemas iniciais das palavras "bote" e "vote" são considerados diferentes, e afirmamos que /b/ e /v/ são "fonemas distintivos" em nossa língua porque, se trocamos um pelo outro, temos palavras com significados diferentes. Mas, no espanhol, temos apenas o fonema /b/, já que as mesmas palavras, "vote" e "bote", são pronunciadas de modo idêntico, com um som equivalente a /b/ no começo. Portanto, um fonema que temos no português, o /v/ de "vela", não existe, hoje, em certas línguas também derivadas do latim.

Esse exemplo nos leva a reconhecer, ainda, que em cada língua temos palavras homófonas, isto é, com mesma pronúncia e significados diferentes, e que, portanto, nem sempre é a distinção sonora que "produz significados diferentes". Se um espanhol só escuta um /b/ no começo das palavras cujas escritas correspondem a "vote" e "bote" e tem que diferenciá-las, um brasileiro tem que fazer o mesmo, por exemplo, ao escutar as palavras [kõ'sertu] e ['kawda] nas expressões escritas "conserto do carro", "concerto de flauta", "calda de chocolate" e "cauda do cachorro".

Nas línguas naturais temos, além disso, o fenômeno de polissemia, em que uma mesma palavra tem significados completamente diferentes, apesar de ser formada pela mesma sequência de fonemas (por exemplo, "cabeça", nas expressões "dor de cabeça", "cabeça da rebelião" e "bom de cabeça"). Nesses casos, não é uma distinção fonêmica que produz significados diferentes.

Se tomamos consciência dessa complexidade, vemos que é muito reducionista dizer-se que os fonemas constituem as "unidades" mínimas das palavras que veiculam significados e que as letras "codificam" aquelas "unidades". Como veremos mais adiante, tal simplificação se torna ainda mais grave se considerarmos que, na maioria das línguas com escrita alfabética, não se obedece ao "ideal alfabético", segundo o qual cada fonema seria substituído por uma única letra e cada letra só se prestaria para notar um único fonema.

Ora, tal reflexão que nos faz constatar que os fonemas não são "unidades" com identidade clara nos permite discutir o segundo tipo de reducionismo mencionado, que tem a ver com a explicação sobre como os fonemas são identificados pelos falantes nativos de uma língua. Constatamos que, em tal complexo processo de identificação, os indivíduos adotam um permanente jogo de oposições não só sonoras, mas também semânticas e sintáticas,[20] sem que, naquele momento, formulem, em suas consciências, a representação de "unidades" diferentes que estão isolando e escutando (ou pronunciando). Dito de outro modo, não "manipulamos" fonemas como unidades ao nos comunicarmos na modalidade oral. Assim como as crianças nos dizem que "'tijolo' e 'telhado' começam de forma parecida", percebemos os fonemas como "algo no interior das palavras", que faz com que elas, em muitos casos, signifiquem coisas diferentes ("bote" e "vote", por exemplo) ou sejam parecidas do ponto de vista sonoro ("**b**arco" e "**b**ola"), sem "isolá-los" (os fonemas) em nossas mentes.

Na hora de escrever, se a natureza distintiva dos fonemas percebidos nos ajuda, por exemplo, a notar o começo de "gola" e "cola" com letras diferentes, escolhemos as letras iniciais adequadas sem precisar articular /g/ ou /k/ em voz alta (ou sem precisar subvocalizar aqueles fonemas isoladamente). Quando vemos, durante atividades de escrita, crianças falantes do português realizando esses atos de vocalização (baixinho ou em voz alta), que indicam uma *operação de busca da letra para o "sonzinho"* que estão focando, a tendência é pronunciarem toda a sílaba em questão, repetindo-a ou alongando-a. Algo como [go] [go] [go-la] ou [goooo]-[la] para a palavra "gola".

Problemas ligados ao fato de se julgar que "pensar em letras" seria o mesmo que "pensar sobre fonemas"

Mencionamos, na seção anterior, um outro tipo de reducionismo decorrente da perspectiva que, tratando a escrita alfabética como

---

[20] E, obviamente, fazendo-se valer de conhecimentos metatextuais sobre o léxico e as estruturas linguísticas próprias dos diferentes gêneros textuais.

mero código, tende a supervalorizar o papel da consciência fonêmica na alfabetização. Trata-se da aceitação por estudiosos da consciência fonológica de que, do ponto de vista cognitivo, responder a uma tarefa de consciência fonêmica pronunciando as letras de uma palavra (soletrando) seria a mesma coisa que dizer os fonemas um a um, sequencialmente. Estamos diante de uma complexa questão sobre o formato dos conhecimentos (isto é, das representações mentais) que os indivíduos elaboram quando aprendem.

Em tempos de avanço de modelos teóricos conexionistas, que querem reduzir toda explicação para a conduta humana à dimensão biológica e neuronal, o Quadro 5 busca ajudar o leitor a compreender do que estamos falando quando chamamos para o debate o tema *representações mentais e seus formatos*.

Quadro 5: Distinguindo representações externas, representações mentais e levando em conta seus formatos

> Mandler (1983) observa que os termos "representar" e "representação" são empregados com dois significados na psicologia cognitiva. Numa primeira acepção, são usados como sinônimos de condutas ou produtos resultantes de atividades que envolvem a criação de marcas externas, usando desenhos ou sistemas simbólicos (a escrita de números, a escrita alfabética etc.), e que são, portanto, equivalentes aos termos "notar" e "notação", tal como têm sido usados neste livro.
>
> Numa segunda acepção, "representações" são um conceito próprio da psicologia cognitiva que, afirmando a existência, no homem, de uma dimensão psicológica localizada entre o biológico e a conduta externa, adota o termo ("representações") como equivalente a "conhecimentos" e se propõe a identificá-los (quais conhecimentos existem subjacentes às condutas humanas) e a explicar como funcionam (como tais conhecimentos são constituídos e armazenados, como o sujeito tem acesso a eles, como variam os conhecimentos quanto ao grau de acessibilidade). A discussão sobre letras e fonemas terem formatos diferentes remete,

exatamente, a uma complexa questão de como são identificados nas palavras orais e escritas, como são armazenados na mente e como temos acesso a eles.

Os estudos da psicologia cognitiva sobre representações mentais nos chamam a atenção para os diferentes formatos (icônico, simbólico, cinestésico) que nossas representações (isto é, nossos conhecimentos) assumem em nossa mente quando as internalizamos. Temos, em nossa mente, representações que acessamos, sobretudo, sob a forma de imagens, de palavras orais, de sequências de movimentos e de notações (palavras escritas, números, fórmulas algébricas). Compreender cuidadosamente os formatos assumidos pelas representações de um determinado campo (no nosso caso, aquelas ligadas à apropriação da escrita alfabética) e as variações de formato por que passam à medida que o indivíduo vai aprendendo é fundamental para chegarmos a boas explicações para a gênese e a evolução de nossos conhecimentos sobre segmentos orais, letras e suas relações.

No caso do aprendizado da notação escrita, parece-nos necessário diferenciar o que em nossa mente tem um formato *sonoro* daquilo que tem um formato *gráfico*. Se, quando solicitada a segmentar um a um os fonemas da palavra "guerra", uma criança nos diz "G-U-E-R-R-A", temos a clara evidência de que ela resolveu a tarefa soletrando, usando letras e, portanto, pensando sobre unidades gráficas. Interpretamos, assim, que isso *não* é uma indicação de que, em sua mente, ela tem representados os quatro fonemas da palavra (/g/, /ɛ/, /R/, /a/) isoladamente. Como ela não demonstra acessar uma a uma, em seus formatos sonoros, as partes menores da palavra, não entendemos por que deveríamos dizer que ela resolveu a tarefa usando unicamente sua consciência fonêmica, isto é, manipulando em sua mente apenas unidades sonoras, que trataríamos como sinônimo do que os linguistas chamam de fonemas.

Em lugar de tratar representações mentais gráficas e sonoras como sinônimas ou equivalentes, pensamos que vale mais a pena refletir sobre por que é praticamente impossível para os indivíduos que aprendem a notação alfabética – e que depois a usam sem dificuldade – pronunciar fonemas isoladamente e demonstrar que estão "refletindo apenas sobre fonemas". Há uns anos, uma colega nossa, professora de fonologia num curso de graduação em Letras, nos contou algo muito ilustrativo. Em suas aulas, ao ditar frases em português para seus alunos (universitários!) transcreverem foneticamente observava que eles sempre pediam para ela ditar devagar, com intervalos entre as frases. Isso era pedido porque eles precisavam *tomar nota* das frases (forma gráfica), *escrevendo em português*, para, em seguida, buscar a sequência de símbolos das unidades orais (símbolos para os fonemas, tal como codificados pelo Alfabeto Fonético Internacional)[21] equivalentes ao que tinham escrito para cada palavra. De algum modo, a volatilidade ou a instabilidade inerente aos fonemas parece obrigar aprendizes e escritores experientes a acessar, em suas mentes, as formas gráficas (letras) que eles assumem na notação escrita para poder tratá-los "como unidades". Isso nos remete ao tema da seção seguinte.

O papel da notação escrita no desenvolvimento da consciência fonológica

Na seção iniciada na p. 31, ao revisarmos o estudo clássico de Bradley e Bryant (1983), vimos que, entre os quatro grupos de crianças por eles pesquisados, apesar de dois terem avançado mais em seus níveis de consciência fonológica, apenas um teve rendimento (em consciência fonológica) estatisticamente superior aos seus pares dos

---

[21] Esse alfabeto foi criado no final do século XIX pela Associação Internacional de Fonética, com a finalidade de descrever (ou transcrever) as palavras de todas as línguas orais usando um mesmo conjunto de símbolos substitutos de fonemas. Ele permitiu que palavras que em uma mesma língua ou em diferentes línguas contêm os mesmos fonemas e possuem ortografias distintas fossem notadas com o mesmo conjunto de símbolos. Por exemplo, as palavras "casa" e "quanto" do português ou "*cat*" e "*question*" do inglês podem ser notadas com o mesmo símbolo "k", no início: [kaza], [kwantu], [kɛt] e [kwɛstion]. Dominar o API é muito útil, também, para nos informarmos sobre a pronúncia de palavras estrangeiras, tal como aparece codificada em bons dicionários.

demais grupos. Recordemos que as crianças do grupo com desempenho diferenciado tinham recebido um treinamento em identificação de palavras que rimavam ou que começavam com o mesmo fonema *ao mesmo tempo que eram ajudadas a reconstituir a escrita das palavras semelhantes com um alfabeto móvel.*[22]

Embora esse dado, que nos parece fundamental, tenha sido pouco explorado pelos autores e pelos estudiosos que discutiram aquela pesquisa, sempre nos fez considerar a seguinte questão: de que modo a possibilidade de ver escritas as palavras sobre as quais estão refletindo metafonologicamente ajuda as crianças a tomarem consciência das partes sonoras sobre as quais estão pensando? Dando um exemplo concreto: ao brincar de identificar quais figuras têm nomes que rimam (diante das figuras de uma bola, uma moto, uma cola e um sapo), o fato de a criança poder comparar a forma escrita das palavras "bola" e "cola" a ajuda a compreender que a parte oral /óla/ é igual? Pesquisas feitas em outras línguas, além do inglês, têm demonstrado que sim, a notação escrita favorece a reflexão das crianças sobre as partes sonoras das palavras.

Em espanhol, Vernon (1998) e Vernon e Ferreiro (1999) desenvolveram um estudo no qual investigaram o tipo de segmentações orais que crianças falantes daquela língua eram capazes de operar sobre palavras em diferentes etapas da psicogênese da escrita. Os 54 alunos de final da educação infantil e os 11 de primeiro ano do ensino fundamental que participaram da pesquisa foram solicitados a escrever algumas palavras tal como sabiam e a segmentar oralmente palavras em duas situações: numa viam apenas gravuras cujos nomes deviam segmentar e, na outra, abaixo das figuras, apareciam as palavras escritas que as designavam. Os resultados demonstraram que a uma hipótese de escrita mais avançada correspondia a uma maior habilidade em segmentar as palavras orais em unidades menores que a sílaba e que a presença de letras (nomes escritos das palavras) produzia um aumento

---

[22] Brincando com letras plásticas, essas crianças escreviam, seguidamente, palavras como "*hen*", "*ten*", "*pen*" e "*men*", o que lhes permitia observar que palavras que compartilham certos sons tendem a ser escritas com uma igual sequência de letras (BRYANT; BRADLEY, 1987, p. 137-139).

na capacidade das crianças para segmentar (as palavras em unidades menores que a sílaba), mesmo entre aqueles que ainda não tinham atingido uma hipótese alfabética.

Em Portugal, Horta e Alves-Martins (2011) fizeram um estudo de intervenção no qual crianças que frequentavam o último ano de pré-escola foram submetidas ao treinamento de "escritas inventadas". Os meninos e as meninas participantes tinham, de início, uma hipótese pré-silábica de escrita e, nas sessões de treino, após escreverem como soubessem pseudopalavras começadas por /f/, /s/, /p/ e /t/ (por exemplo, "*sefe*" e "*pite*"), eram confrontados com escritas das mesmas palavras supostamente produzidas por crianças com hipóteses mais avançadas (hipótese silábica com valor sonoro convencional ou hipótese alfabética). As autoras constataram que a participação no treino, que conjugava escrita espontânea com confrontação de escrita mais convencional, fez com que as crianças avançassem em sua compreensão da escrita alfabética, de modo que, ao final, passaram a escrever mais pseudopalavras em que os fonemas eram substituídos por consoantes com seus valores sonoros convencionais.

As três pesquisas anteriormente revisadas nos colocam a mesma e importante questão que já mencionamos: em que medida a *escrita* de uma palavra auxilia o aprendiz a refletir sobre os *segmentos orais* que compõem aquela mesma palavra? Na seção anterior, já vimos como é frequente tanto crianças como pessoas muito escolarizadas referirem-se a letras e não pronunciarem fonemas isolados quando querem explicar, por exemplo, porque as palavras "telhado" e "tijolo" começam de forma parecida.

Numa perspectiva construtivista, que trata a escrita alfabética como um sistema notacional e não como um código, autores como Ferreiro (2003) e Teberosky (2003) têm proposto que analisemos, cuidadosamente, as relações de (in)dependência entre as unidades orais e escritas de uma língua.[23]

---

[23] Teberosky (2003), revisando uma amostra de 60 estudos psicolinguísticos de tipo experimental, demonstrou o quanto tais investigações tendiam a atribuir uma

Demonstrando que a noção de palavra gráfica – separada por espaços em branco no papel – é uma invenção recente, já que até a Idade Média usávamos a *scriptio continua*,[24] Ferreiro (2007) questiona a expectativa de certos estudiosos que avaliam se uma criança de 4 ou 5 anos é capaz de contar quantas palavras há numa frase que escuta, pronunciada por um adulto, e tomam o desempenho nesse tipo de tarefa como "preditor de sucesso ou fracasso na alfabetização". Se observarmos bem, ao ouvirmos uma pergunta como /[õdɛkisiŋkõntranɔvakãtina]?/, para contarmos quantas palavras tem, recorremos à imagem escrita da mesma frase ("onde é que se encontra a nova cantina?"). Se para pensar sobre os fonemas, que têm uma natureza instável e não constituem unidades discretas, precisamos recorrer a formas visuais, as letras, que nos ajudam a "materializá-los", a noção de "palavra" como unidade isolável parece uma coisa natural apenas para pessoas com bom domínio da escrita.[25] Depois que nos alfabetizamos e avançamos em nosso domínio da escrita é que criamos um léxico mental, um banco de unidades gráficas equivalentes às palavras que pronunciamos e escutamos.

---

primazia à oralidade e a tratar a escrita como mera transcrição da modalidade oral da língua. Os vieses que tal posição provocava se revelaram em falhas metodológicas tão evidentes como medir progressos do vocabulário oral a partir da aplicação de provas escritas ou avaliar a compreensão de leitura tomando como equivalentes e comparáveis tarefas orais em que se media a compreensão de histórias ouvidas por crianças pequenas (que não sabiam ainda ler) e tarefas escritas de avaliação da compreensão de leitura feita por crianças já alfabetizadas, que tinham que ler, elas próprias, textos escritos.

[24] Desde a Antiguidade e até certa etapa da Idade Média, os textos escritos tendiam a apresentar *scriptio continua*, isto é, neles, todas as palavras apareciam "pegadas" umas às outras, sem espaços entre si. Como a leitura era feita em voz alta, os leitores precisavam prepará-la (por exemplo, decidindo quando fazer pausas, quando assumir um tom interrogativo etc.), já que não havia espaços entre palavras nem sinais de pontuação como os que usamos hoje.

[25] Povos sem escrita muitas vezes não têm em seu léxico o vocábulo "palavra" para se referir às unidades da língua falada que escrevemos separando por espaços em branco (cf. SCHEURMANN, 2003).

Se nossas próprias concepções sobre *palavra* são uma invenção cultural de que nos apropriamos ao longo dos primeiros anos de vida, o desenvolvimento de certas habilidades de consciência fonológica também parece depender bastante do fato de o indivíduo viver numa comunidade na qual uma escrita alfabética é usada.

Em um estudo clássico, Charles Read e seus colaboradores (READ *et al.*, 1986) aplicaram tarefas de consciência fonêmica a dois grupos de adultos chineses. O primeiro grupo era formado por pessoas que tinham sido alfabetizadas e liam apenas com uma escrita ideográfica e o segundo por adultos que tinham aprendido uma versão alfabética do chinês, introduzida após a revolução de Mao. Ante as tarefas de adicionar ou subtrair a consoante inicial de palavras, os usuários da escrita ideográfica tiveram desempenho significativamente inferior, o que sugeriu que não bastaria aprender a ler e a escrever para desenvolver a consciência fonêmica, mas que isso parecia depender do fato de o indivíduo ter sido ensinado a usar um sistema *alfabético* de escrita.

Estudos feitos com adultos analfabetos nos trazem evidências na mesma direção. Em Portugal, como já vimos, José Morais e seu grupo (MORAIS *et al.*, 1979) atestaram o quanto a condição de analfabetismo fazia com que indivíduos adultos tivessem resultados muito baixos em provas que mediam habilidades fonêmicas (adicionar e subtrair fonemas no início de palavras). No Brasil, como veremos no Capítulo 2 deste livro, ao avaliar o desempenho de adultos analfabetos em dez tarefas de consciência fonológica (SOARES; COSTA; MORAIS, 2004; MORAIS, 2010a), também observamos que alguns deles, apresentando muito pouca experiência prévia com o mundo escolar, revelavam, tal como certas crianças, um realismo nominal, que os tornava incapazes de pensar que uma palavra poderia ser maior que a palavra "mar". Também de forma idêntica às crianças, aqueles adultos que menos entendiam o sistema alfabético tendiam a revelar muita dificuldade em tarefas que exigiam, por exemplo, identificar palavras que começavam com o mesmo fonema ou dizer uma palavra que rimava com outra.

E, por fim, qual a necessidade de considerarmos as peculiaridades linguísticas de cada língua ao analisar as relações entre consciência fonológica e alfabetização?

Na seção iniciada na p. 35 vimos que, na fase inicial dos estudos sobre consciência fonológica, muitas divergências decorriam do fato de os pesquisadores estarem medindo habilidades diferentes, isto é, aplicando tarefas que variavam não só quanto ao tipo de operação metalinguística que o aprendiz era chamado a realizar (identificar, segmentar, sintetizar, contar, adicionar, subtrair etc.), mas também quanto ao segmento sonoro enfocado (fonema, sílaba, rima). Os avanços, desde então decorrentes do diálogo e de mais cuidado nas comparações, não têm, contudo, impedido a permanência de um outro tipo de problema: a generalização dos resultados das pesquisas realizadas com crianças falantes de uma língua – sobretudo o inglês – para aprendizes falantes de outras línguas, o que sempre nos pareceu inaceitável.[26]

Diversos aspectos podem ser elencados em defesa de não "importarmos" e "generalizarmos" as evidências obtidas em um idioma para outro. Em primeiro lugar, porque precisamos considerar que as palavras das línguas variam quanto ao tamanho, à tonicidade, à variedade e à quantidade de sons vocálicos e consonantais (e suas combinações) que tendem a apresentar. Por outro lado, porque o grau de regularidade ou previsibilidade das relações som-grafia varia muitíssimo entre as línguas, e isso certamente influi sobre quais tipos de reflexão metafonológica as crianças precisam fazer sobre "partes orais" das palavras para compreender como as letras do alfabeto as notam.

Como observa Vernon (1998, 2014), uma língua como o inglês tem muito mais palavras monossilábicas que o espanhol. O mesmo

---

[26] Em nossa tese de doutorado (MORAIS, 1995) já defendíamos uma análise de especificidades linguísticas no aprendizado da notação alfabética e ortográfica de cada língua.

se aplica para o português, já observaram? Subtraindo os poucos artigos, preposições, conjunções e afins, temos, no léxico de nossa língua, muito poucos substantivos e adjetivos com uma única sílaba. Verbos, então, à exceção de "crer", "ser", "dar", "ir", "ler", "ver" e "pôr", teremos muita dificuldade em encontrá-los. Em inglês, a situação é tão diferente que qualquer estudante brasileiro com alguns anos de formação num centro de inglês como segunda língua poderia, facilmente, reconhecer os infinitivos de "*ache*", "*act*", "*add*", "*age*", "*agree*", "*aid*", "*aim*" e "*ask*" como verbos monossilábicos, isso apenas entre aqueles verbos começados pela letra "A".

Em línguas como o português e o espanhol, a identificação das fronteiras de sílabas orais é muito mais evidente que no inglês. Numa palavra como "infelizmente", temos, de forma nítida, tanto em português como em espanhol, cinco sílabas orais (in-fe-liz-men-te), ao passo que a palavra inglesa equivalente, "*unhappily*", tem um modo de divisão silábica próprio (un-happ-i-ly), porque, naquela língua, há uma tendência a definir-se que cada morfema deve ser tratado como sílaba na hora de estas serem divididas. Se pensamos na habilidade de contar sílabas, importante para um aprendiz de alfabeto buscar relações entre o que pronuncia e o que escreve, isso cria níveis de complexidade distintos para línguas diferentes, especialmente em palavras longas, formadas por muitos morfemas.

As estruturas que as sílabas que formam as palavras podem assumir em termos de combinações de unidades vocálicas e consonantais também variam bastante de língua para língua. E isso se reflete tanto na modalidade oral como na modalidade escrita de cada idioma. Em português, como em espanhol, a sílaba mais frequente, ou "canônica", nas palavras é aquela constituída por consoante e vogal (CV) e que forma palavras como "bola", "gato", "picolé" e "maleta", tão presentes em cartilhas tradicionais. Embora tenhamos uma grande variedade de outras estruturas silábicas, resumidas no Quadro 6 a seguir, é preciso reconhecer que algumas são bem pouco frequentes, como a combinação de consoantes e vogais CCVC que inicia a palavra "traste" em português. A dificuldade de dominar a leitura de palavras contendo sílabas não canônicas (cf., por exemplo, MONTEIRO;

Soares, 2014; Soares, 2016) é um fato evidente em pesquisas que têm investigado como nossos aprendizes tendem a avançar (ou ter dificuldades) no domínio daquelas correspondências som-grafia menos frequentes em nossa língua após alcançarem uma hipótese alfabética de escrita. Certamente, crianças falantes de línguas cujas palavras contenham mais estruturas silábicas complexas precisarão elaborar reflexões que são menos frequentemente necessárias para aprendizes falantes do português.

Quadro 6: As diferentes estruturas silábicas do português

As estruturas silábicas do português brasileiro são categorizadas quanto às combinações de vogais (V) e consoantes (C) orais. Listaremos, a seguir, as principais estruturas silábicas de nossa língua, tomando como exemplo a primeira sílaba de palavras:

V (i-greja),
VV (au-la),
VC (ur-na),
CV (bo-la),
CVV (lei-te),
CCV (pra-to),
CCVV (trau-ma),
CVC (par-to),
CVCC (pers-pectiva),
CCVC (fras-co),
CCVVC (claus-tro).
Em posição de final de palavra, teríamos ainda:
CVVV (Para-guai) e
CVVVC (i-guais).

Veja-se que, no caso da palavra "transporte", a primeira sílaba, apesar de ter cinco letras, na fala tem quatro fonemas: /t/, /r/, /ã/, /s/. Algo semelhante ocorre com a sílaba inicial da palavra "instante". Isso nos alerta para a adequação de não tomarmos sílabas escritas como sinônimos de sílabas orais.

> Consideramos, também, que para o não especialista a distinção entre vogais e semivogais não faz sentido, pois elas não são percebidas de modo diferenciado. Quando uma criança ou um adulto, já alfabetizados, pensam sobre o som final das palavras "pai" e "pau", julgam que são iguais aos sons iniciais das palavras "igreja" e "uva". Na hora de ler ou escrever tais palavras, seu modo de funcionar não registraria nada equivalente à distinção entre vogais e semivogais feita pelos linguistas.
>
> Para uma análise mais aprofundada das sílabas do português, ver Marques (2008).

Porém, se vimos na seção iniciada na p. 44 que as relações entre desenvolvimento das habilidades de consciência fonológica e domínio da escrita alfabética são interativas, nunca poderemos deixar de considerar, com especial atenção, a variável "grau de maior regularidade ou irregularidade das ortografias de cada língua". Sim, esse é um tema que demorou a ser abordado entre os que estudam consciência fonológica e para o qual precisamos estar muito alertas.

Em função de diversos fatores, as línguas variam muito quanto ao maior ou menor grau de regularidade de suas relações som-grafia, tal como fixadas em suas normas ortográficas (cf. MORAIS, 1998). Nos últimos anos, estudiosos sobre o tema estabeleceram uma polarização entre ortografias mais "transparentes" ou "previsíveis", como a do espanhol, em que é fácil prever qual letra vai substituir qual som (ou, inversamente, qual valor sonoro uma letra assume no interior de uma palavra), e ortografias mais "opacas", como a do inglês, em que tal previsibilidade se torna muito menos calculável. Embora não tão transparentes ou previsíveis como as correspondências som-grafia do espanhol, as que existem na ortografia do português são, de fato, muito mais transparentes e previsíveis que as do inglês, ou mesmo do francês, tal como atestado por Borgwaldt, Hellwig e De Groot (2005).

Numa língua como o espanhol, apesar de sutis variações de pronúncia, os fonemas vocálicos se reduzem a cinco (/a/, /e/, /i/, /o/ e /u/) e mantêm uma relação perfeitamente regular com os cinco grafemas que os substituem: "A", "E", "I", "O" e "U". Já no português brasileiro, temos doze fonemas vocálicos,[27] e todos eles têm mais de uma forma de notação na norma ortográfica. Assim, considerando um dialeto pernambucano de gente escolarizada, o som /Ó/ tem realizações ortográficas como "O" para "porta", "OR" para "pior" (cujo "R" final tende a não ser pronunciado) ou, ainda, "Ó" para "avó". No inglês, diferentemente, o fonema /O/ aparece sob muito mais formas gráficas diferentes, em função não só de quais letras ou sequências de letras são usadas para notar aquele som específico, mas pelo fato de, naquela língua, existirem muitas letras ou sequências de letras "mudas", isto é, unidades que aparecem na forma ortográfica das palavras sem que aí correspondam a qualquer fonema.[28]

Os estudos experimentais feitos no mundo anglo-saxão, que, via de regra, tratam a escrita alfabética como "código", concebem os fonemas como "unidades" e defendem que, para compreender o princípio alfabético e se alfabetizar, a criança precisa ser treinada a isolar fonemas e memorizar as letras correspondentes. Porém, esses mesmos estudos parecem esquecer aquele detalhe fundamental: a enorme irregularidade das relações som-grafia naquela língua. É verdade que, há mais de três

---

[27] Estamos considerando os sete fonemas orais que aparecem no início das palavras "água", "erro", "elefante", "ilha", "ogro", "ora", "urro" e os cinco fonemas nasais com que começam as palavras "amo", "ema", "inchar", "ontem" e "untar". O tema é objeto de controvérsia, e especialistas em fonologia do português brasileiro questionam a existência de fonemas vocálicos nasais. Seguindo a tradição de Câmara Jr. (1970), Bisol (1998) e Mateus e Andrade (2000) refutam a ideia de vogais nasais no sistema e preferem explicar a existência de vogais nasalizadas como decorrentes da sequência vogal + consoante nasal.

[28] Sem querer ser exaustivos, lembramos ao leitor que o som /Ó/ é notado por diferentes letras ou sequências de letras em palavras inglesas como "*all*", "h*o*t", "*sauce*", "*broad*", "*court*", "*knowledge*", "*awful*". Em outras palavras, tais letras ou sequências de letras se fazem acompanhar de uma ou duas consoantes que não são pronunciadas, como em "caught" e "talk". Na maioria das vezes, não há regras que garantam a previsão segura da leitura de tais sequências de letras. Tampouco de como decidir qual letra ou sequência de letras usar na hora de ortografar. Soares (2016, cap. 3, p. 87-122) faz uma excelente análise das diferenças entre o inglês e o português quando o tema é a regularidade de relações entre grafemas e fonemas.

décadas, autores como Marsh *et al.* (1981) já propunham que, para dar conta da irregularidade da ortografia do inglês, as crianças precisariam adotar "estratégias de analogia", raciocinando sobre "*chunks*", isto é, sobre "blocos de letras", tanto ao ler como ao escrever palavras, porque eles dariam mais estabilidade às correspondências som-grafia (permitindo, por exemplo, tratar como "bloco fixo" a sequência de letras "I-G-H-T" em palavras como "*light*", "*fight*" e "*night*"). Mas, até hoje, a tendência é constatarmos uma ausência de ênfase, nos estudos a respeito de consciência fonológica e alfabetização, sobre o modo como as crianças que têm aquele idioma como primeira língua dão conta de tanta irregularidade, isto é, como aprendem a lidar com tanta traição ao "ideal alfabético", segundo o qual cada letra teria um único valor sonoro e cada som seria notado por uma única letra.

Como Vernon (1998) e Van Bon e Duighuisen (1995), concebemos que o aprendiz de ortografias mais transparentes, previsíveis ou regulares poderá se valer mais tranquilamente de seus conhecimentos sobre regras de correspondências entre grafias e seus valores sonoros e, como demonstraremos no Capítulo 2, não precisará desenvolver certas habilidades de consciência fonêmica para compreender tais relações, porque pode lançar mão, sobretudo, de uma análise das sílabas orais das palavras para entender como as "partes orais" e as "partes gráficas" se relacionam na escrita alfabética.

Breves lembretes sobre o que sugerimos levar em conta ao buscarmos explicações para as relações entre consciência fonológica e alfabetização

Ao concluir esta etapa de nosso livro, defendemos que a conjugação de três perspectivas – histórica, linguística e psicogenética – sobre as relações entre as modalidades oral e escrita das línguas nos ajuda a buscar explicações mais adequadas para o papel das habilidades de consciência fonológica nesse complexo processo que é o aprendizado da notação alfabética.

Um mínimo de visão *histórica* nos leva a compreender que a escrita alfabética é uma invenção cultural que foi paulatinamente aperfeiçoada pela humanidade, de modo que certas formas com que se apresenta hoje, como a separação das palavras por espaços em branco, não são algo natural ou inerente à notação com o alfabeto. Como objeto cultural criado e usado por certas comunidades, a exposição a este e as oportunidades de sobre ele refletir é que farão (ou não) com que, em alguma etapa da vida, o indivíduo comece a buscar compreender como letras e sons se relacionam, podendo avançar, pouco a pouco, na solução desse enigma.

Uma visão *linguística* mais refinada nos faz não tomar unidades escritas (como *palavra gráfica* e *letra*) como equivalentes de *palavra oral* e *fonemas* e nos obriga a ver as singularidades do que estamos chamando de fonemas e as especificidades das relações entre "unidades" orais e escritas em cada língua. Ela nos permite também não desconsiderar a grande diferença entre línguas como o inglês e o português quando o tema é a regularidade das relações entre unidades orais e unidades escritas.

Finalmente, uma visão *psicolinguística de tipo construtivista* nos permite constatar que as concepções que crianças que ainda não dominam o sistema alfabético têm sobre *palavra*, *letra*, *sílaba* e *fonema* são bem diferentes das concepções dos adultos e se transformam, progressivamente, para se assemelharem às destes últimos à medida que os meninos e as meninas vão aprendendo a ler e a escrever. Considerando a especificidade das representações infantis sobre a escrita e o modo como evoluem durante a alfabetização, evitamos a adoção de explicações marcadas por um viés adultocêntrico.

Buscando inspiração nessas perspectivas é que temos investido em diferentes pesquisas sobre o desenvolvimento da consciência fonológica – e sobre suas interações com o aprendizado da leitura e da escrita –, as quais revisaremos e discutiremos no Capítulo 2 deste livro.

CAPÍTULO 2

O QUE TEMOS DESCOBERTO AO PESQUISAR SOBRE A CONSCIÊNCIA FONOLÓGICA DE CRIANÇAS BRASILEIRAS?

Apresentação

Desde o final da adolescência, quando começamos a conhecer os textos de Piaget, abraçamos um princípio construtivista que até hoje orienta nosso modo de pensar a respeito da educação escolar: precisamos pesquisar sobre como as crianças aprendem para fazer um ensino que, identificando os obstáculos epistemológicos que elas precisam superar, as ajude com desafios ajustados ao que elas estão (re)construindo como conhecimentos na escola. Por isso, julgamos que os educadores necessitam ter acesso às evidências de pesquisas que investigam como as crianças e os jovens aprendem.

Nesta etapa de nosso livro, temos o propósito de apresentar e discutir o que nos informa e sugere um conjunto de estudos que, desde a década de 1980, estamos desenvolvendo sobre as habilidades de consciência fonológica de crianças e adultos e sua relação com o processo de apropriação da escrita alfabética.

Num primeiro momento, trataremos de pesquisas que analisaram como o desenvolvimento das habilidades de consciência fonológica se relaciona com a evolução das hipóteses de escrita de crianças no primeiro ano em que estão sendo formalmente alfabetizadas. Faremos, também, uma discussão qualitativa dos erros e acertos que aquelas crianças apresentam em tarefas que avaliam a consciência fonológica.

Na sequência, trataremos as evidências que obtivemos ao investigar a evolução de certas habilidades fonológicas de crianças com 5 anos de idade, isto é, na etapa final da educação infantil.

A partir das conclusões obtidas naquelas pesquisas, realizamos outros estudos, nos quais examinamos o desempenho de crianças – já alfabetizadas – em várias tarefas de consciência fonêmica, tema que discutiremos na seção iniciada na p. 103 deste livro.

Em seguida, faremos algumas considerações sobre o que temos constatado ao pesquisar a consciência fonológica de jovens e adultos que estão aprendendo o sistema alfabético em turmas de EJA.

Finalmente, discutiremos as relações entre o desenvolvimento da consciência fonológica e o aprendizado da ortografia nos anos iniciais do ensino fundamental.

A fim de auxiliar o leitor, concluiremos com uma síntese do que nos sugerem as evidências obtidas em todas aquelas pesquisas. Ao enfocar cada um dos estudos, buscaremos dialogar com outras investigações que tenham abordado os mesmos temas. Considerando a meta última do livro, discutiremos, sempre, quais habilidades da consciência fonológica parecem ser importantes para o aprendizado da notação escrita, com vistas a melhor orientar a ação alfabetizadora que praticamos na escola.

A evolução das habilidades de consciência fonológica de crianças no primeiro ano do ensino fundamental e sua relação com as hipóteses de escrita dos aprendizes

Desde meados da década de 1980, pensávamos que, para entrar no que Ferreiro (1985) chamava de "fonetização da escrita", uma criança precisaria desenvolver habilidades de consciência fonológica. Tínhamos tido acesso aos trabalhos de Lynette Bradley com Peter Bryant (1983, 1987) e de José Morais *et al.* (1979), já comentados no Capítulo 1 deste livro. Conhecíamos os trabalhos brasileiros sobre realismo nominal, também ali revisados, e pensávamos que era possível e necessário conciliar as duas linhas de pesquisa (psicogênese da escrita e consciência fonológica). Como esclarecemos na Introdução deste livro, já víamos que a psicogênese da escrita, por não aceitar a redução da escrita alfabética a um código, tendia a não considerar o papel da consciência fonológica no processo conceitual de apropriação do sistema de escrita alfabética (SEA). Por outro lado, entendíamos que, sim, os estudiosos da consciência fonológica tratavam a escrita alfabética como um mero código e, diferentemente de Ferreiro e Teberosky e seus seguidores, não assumiam uma perspectiva evolutiva/construtivista[29] de aprendizado daquela escrita.

Também já pensávamos, então, que as características de cada língua poderiam influir sobre quais habilidades metafonológicas os aprendizes desenvolveriam (em maior ou menor grau) ao longo do processo de aprendizado da notação alfabética, e que, portanto, era necessário termos pesquisas com crianças falantes do português, em lugar de, apressadamente, generalizarmos para nossos estudantes o que se tinha descoberto, por exemplo, com falantes do inglês.

Desde então, em diferentes ocasiões (cf. MORAIS; LIMA, 1989; MORAIS, 2004, 2010a, 2015a; LEITE; MORAIS, 2011, 2012a), analisamos como crianças que estavam frequentando o primeiro ano do ensino fundamental avançavam em suas hipóteses de escrita e em suas habilidades de consciência fonológica.

---

[29] Mesmo que tenhamos, desde o final dos anos 1970, propostas teóricas que caracterizam o aprendizado da leitura e da escrita como algo que ocorre numa sequência de estágios (cf. MARSH *et al.*, 1981; FRITH, 1985; EHRI, 1999), em nosso entender, tais teorizações não explicam o que gera os novos esquemas ou as novas formas de pensar que a criança revela quando passa de uma fase a outra e, hoje, adotam um enfoque explicitamente associacionista, isto é, conexionista (EHRI, 2013). A teoria da psicogênese da escrita (cf. FERREIRO; TEBEROSKY, 1979; FERREIRO, 1985; 1990), por sua extração piagetiana, ao explicar tais mudanças cognitivas, tende a enfatizar o papel de aspectos conceituais (isto é, de ordem cognitiva) e a reduzir o papel do aprendizado/memorização das relações som-grafia no processo, como se também não promovessem mudança cognitiva. Soares (2016) faz uma ótima análise comparativa de diferentes teorias que postulam estágios no processo de aprendizado da escrita alfabética e analisa como se prestam para explicar melhor etapas específicas do processo de aprendizado do SEA.

Num primeiro estudo (MORAIS; LIMA, 1989), acompanhamos 41 crianças de meio popular que estudavam numa escola da rede pública de Recife e que iniciavam sua alfabetização na primeira série, isto é, quando faziam 7 anos de idade. Em três ocasiões do ano letivo (abril, julho e novembro), pedimos que escrevessem, sob ditado e "do jeito que soubessem", uma frase ("O menino comeu pato") e palavras de diferentes tamanhos ("rã", "pato", "galinha" e "muriçoca", isto é, mono, di, tri e polissílabas) e aplicamos dez diferentes tarefas de consciência fonológica. As habilidades metafonológicas avaliadas foram: I) separação oral de sílabas; II) contagem de sílabas; III) segmentação de palavras em fonemas; IV) contagem de fonemas de palavras; V) identificação de palavra maior que outra; VI) produção de palavra maior que outra; VII) identificação de palavras com mesma sílaba inicial; VIII) produção de palavras com mesma sílaba inicial; IX) identificação de palavras com mesmo fonema inicial; e X) produção de palavras com mesmo fonema inicial.

A tarefa de ditado era idêntica à usada por Ferreiro e Teberosky (1979) e também tinha por objetivo diagnosticar como a criança estava concebendo a escrita alfabética, de modo a ver qual hipótese de escrita ela tinha conseguido elaborar segundo a teoria da psicogênese da escrita. Quando a criança acabava de escrever cada palavra ou a frase ditada, pedíamos que a lesse, "apontando com o dedinho" o que estava escrito.

As tarefas de consciência fonológica envolviam diferentes segmentos sonoros (sílabas, fonemas) e operações cognitivas (contar, separar, identificar e produzir palavras começando de forma parecida, identificar e produzir palavras maiores que outras). Como à época já havia muita controvérsia entre os resultados de pesquisas que mediam a consciência fonológica empregando diferentes tarefas, nosso intuito era ver quais habilidades (de consciência fonológica) seriam mais fáceis ou mais complexas e como o rendimento das crianças, ao desempenhá-las, poderia vincular-se à hipótese de escrita que tinham elaborado. Os cuidados metodológicos empregados nesse e nos demais estudos que apresentaremos aparecem descritos no Quadro 7 a seguir.

Quadro 7: Que outros cuidados e decisões metodológicas adotamos nessas pesquisas?

> Cada tarefa era aplicada individualmente, fora da sala de aula na qual as crianças estudavam. Para evitar efeitos de ordem (por exemplo, uma tarefa mais complexa influir sobre o desempenho numa tarefa mais simples, posterior), variamos a sequência de aplicação das dez tarefas de consciência fonológica.
>
> Ainda seguindo certos cuidados típicos das pesquisas experimentais feitas na área, buscamos não sobrecarregar a memória das crianças e, para isso, usamos figuras na maioria das tarefas de consciência fonológica, a partir das quais as crianças podiam recuperar as palavras sobre as quais deveriam refletir e operar mentalmente (contando, segmentando, comparando etc.). Assim, por exemplo, tal como ilustram as figuras 5 e 6, nas tarefas de *identificação de palavras que rimam* e de *identificação de palavras começadas com a mesma sílaba*, mostrávamos às crianças cartelas contendo as palavras-alvo de nossas perguntas.

Figura 5: Exemplo de itens usados na tarefa que avaliava a habilidade de *Identificar palavras que rimam*.

Figura 6: Exemplo de itens usados na tarefa que avaliava a habilidade de *identificar palavras que começam com a mesma sílaba*.

Nas tarefas que envolviam segmentação e contagem de sílabas ou fonemas de palavras, ao apresentar as figuras, disponibilizávamos um conjunto de cubinhos de madeira e dizíamos ao aprendiz que podia usá-los, se quisesse.

Tivemos sempre o cuidado de utilizar palavras conhecidas das crianças e, para ajudá-las a compreender o que estávamos solicitando, a cada tarefa começávamos dando dois exemplos, em que nós mesmos resolvíamos os itens e explicávamos como tínhamos procedido. Assim, por exemplo, na tarefa de contagem de sílabas de palavras, no primeiro item ("sacola"), dizíamos: "/sa/ /kO/ /la/... A palavra 'sacola' tem 3 pedacinhos".

Fazíamos, depois, dois itens de treino, provendo *feedback* (aprovando a resposta do aluno ou dizendo como nós teríamos resolvido), para, só em seguida, começar os itens de exame propriamente ditos. Em cada tarefa havia quatro itens de exame.

Adotamos também cuidados na hora de escolher quais palavras incluiríamos nas tarefas que mediam as habilidades fonológicas das crianças. Assim, a cada tarefa buscamos: I) selecionar palavras que faziam parte do vocabulário infantil; II) manter a tonicidade, as estruturas silábicas e o mesmo número de sílabas nas palavras-modelo e nas palavras a serem selecionadas nos itens de identificação silábica e fonêmica; III) evitar o uso de fonemas oclusivos do português (/p/, /b/, /t/, /d/, /k/, /g/) na tarefa de segmentação fonêmica, porque eles são ainda mais difíceis de serem pronunciados isoladamente.

Que resultados obtivemos?

Quanto às *hipóteses de escrita reveladas pelos alunos*, os dados demonstravam que um razoável percentual deles (24%), no final de abril do primeiro ano, ainda apresentava uma hipótese pré-silábica de escrita e que, ao final do ano letivo, apenas 48% tinham chegado a conceber nossa escrita de modo alfabético e 9% se encontravam numa hipótese silábico-alfabética. Se os dados de entrada mostravam um cenário preocupante, sobretudo se considerarmos que naquele período a maioria das crianças já estava completando 7 anos, os desempenhos ao final do primeiro ano confirmavam o que as estatísticas nacionais demonstravam então: a alta proporção de alunos que terminavam o "ano de alfabetização" sem dominar minimamente o SEA.[30] Cabe registrar que 80% dos alunos apresentaram avanços quanto a suas hipóteses de escrita ao longo do ano letivo.

O que descobrimos sobre o rendimento geral das crianças nas tarefas que mediam habilidades de consciência fonológica?

Muitas coisas que nos pareceram interessantes. Resumindo, vimos que:

a) separar oralmente e contar as sílabas de palavras constituíam tarefas fáceis para os alunos (em todas as três ocasiões de coletas de dados, o índice médio de acertos sempre foi superior a 87%, sendo muito parecidos os resultados ao longo do ano letivo);

b) o mesmo não se verificou quando a unidade de análise era o fonema, pois, inclusive no final do ano letivo, obtivemos médias de acertos de apenas 12% e 14% para as provas de separação e de contagem de fonemas, respectivamente. Como veremos na seção seguinte, as crianças, por exemplo, não conseguiam pronunciar isoladamente cada fonema da palavra "sala" (isto é, /s/-/a/-/l/-/a/), e acabavam soletrando, dividindo as palavras em sílabas ou pronunciando-as inteiras, sem segmentar;

c) desde a primeira coleta eram altos (80% ou mais) os desempenhos médios nas tarefas de identificar e produzir (dizer) uma palavra maior que outra, mas a primeira delas era menos complexa. Isto é, diante das palavras "formiga" e "gato", era mais fácil identificar que

---

[30] Nas pesquisas que realizamos a partir do ano 2000, temos encontrado, geralmente, em turmas das redes públicas, uma média de um terço dos alunos (33%) concluindo o primeiro ano ainda com hipóteses silábicas ou pré-silábicas. Isso nos parece lamentável, já que só ocorre entre os filhos das camadas populares, atestando o *apartheid* educacional existente em nosso país, a que nos referimos em outra obra (MORAIS, 2012).

"formiga" "tinha mais pedaços" do que produzir, isto é, dizer uma palavra maior, ao ouvir, por exemplo, a palavra "casa";

d) ao refletirem sobre a semelhança sonora de palavras com sílaba inicial igual, os alunos não se mostraram tão bem-sucedidos, e foi mais difícil *produzir (dizer) palavras que começassem com a mesma sílaba* (50%, 61% e 73% de acertos médios nas três coletas, isto é, em abril, julho e novembro) do que *identificar palavras com a mesma sílaba inicial* (66%, 78% e 80% de acertos médios nas três ocasiões). Exemplificando, tinham mais êxito em identificar, diante das palavras/figuras "cavalo", "palito" e "gaveta", qual começava da mesma forma que "cadeira" do que quando pedíamos que dissessem uma palavra que começava com a mesma sílaba que "maleta";

e) quando a unidade era o *fonema*, as crianças demonstraram sua maior dificuldade em *identificar palavras com o mesmo fonema inicial* (43%, 51% e 64% de acertos médios nas três testagens) do *que em produzir outra palavra começada pelo mesmo fonema*. Mas isso tem que ser bem relativizado, porque, diante daquela solicitação (dizerem palavra que começasse com o mesmo "sonzinho pequenininho" que outra), o que faziam, via de regra, era dizer uma palavra que contivesse toda a mesma sílaba inicial e não só o primeiro fonema da palavra pronunciada pelo pesquisador (por exemplo, ante a palavra "**ga**rrafa", diziam "**ga**to" ou "**ga**veta", mas não "**go**ta", "**gu**araná"). Essa opção por palavras com a mesma sílaba inicial permanecia mesmo quando dávamos *feedback* com exemplos do que estávamos solicitando;

f) as habilidades de *refletir sobre a semelhança sonora de segmentos iniciais* (sílabas ou fonemas no começo das palavras), nas médias gerais, se mostraram sempre inferiores às habilidades de *comparar palavras considerando seu tamanho* (identificar ou produzir uma palavra maior que outra);

g) somente as tarefas de *identificar* e *produzir uma palavra maior que outra* apareceram como aquelas com grau de dificuldade bem semelhante. Quando se tratava de avaliar a *semelhança sonora*, *identificar* era mais fácil que *produzir* uma palavra começando igual à que o adulto pronunciava (tanto para sílabas como para fonemas, se considerarmos o fato de que tendiam a pensar nas sílabas iniciais completas e não em seus fonemas isolados, como explicamos há pouco);

h) houve uma evolução significativa nos índices de acertos médios de abril a dezembro, exceto quanto às habilidades de separar oralmente e contar sílabas (que desde o início eram muito fáceis) e de separar e contar fonemas (que, mesmo no final do ano letivo, eram muito difíceis).

O que constatamos, nessa primeira pesquisa, ao examinar a interação entre o desempenho das crianças na tarefa de ditado que avaliava o nível de psicogênese da escrita e nas dez tarefas de consciência fonológica?

Vimos que:

a) os alunos que atingiam uma hipótese alfabética sobre a natureza de nossa escrita alcançavam-na independentemente de sua habilidade para isolar e contar os fonemas das palavras do português. Na tarefa de segmentação, como já dito, erravam porque soletravam ou segmentavam as palavras em sílabas, que eram misturadas ou não a letras, e, na tarefa de contagem, às vezes erravam por contar as letras (e não os fonemas da palavra em questão). Isso ficava evidente porque pronunciavam as letras, uma a uma, em voz alta;

b) as crianças com hipótese alfabética e silábico-alfabética revelaram uma maior capacidade de identificar semelhanças sonoras de fonemas iniciais de palavras que os outros alunos que tinham alcançado hipóteses silábicas;

c) as crianças com hipótese silábica apresentaram sempre um desempenho regular (em torno de 70% de acertos) nas tarefas em que se pedia para identificarem ou produzirem palavras começadas com a mesma sílaba inicial. Já seus pares silábico-alfabéticos e alfabéticos tinham um rendimento significativamente mais alto;

d) para as crianças com hipótese pré-silábica, identificar ou dizer palavras com sílabas iniciais iguais era uma tarefa difícil, e mais difícil ainda era a análise de semelhança sonora dos fonemas iniciais (por exemplo, detectar que "parede" começava com o mesmo sonzinho que "peteca");

e) embora tivessem facilidade em separar oralmente e contar as sílabas de palavras, as crianças com hipótese pré-silábica "não transferiam" naturalmente aquelas habilidades quando as tarefas pediam que identificassem ou dissessem uma palavra maior que outra. Isto é, continuavam tendo dificuldades em comparar palavras quanto ao tamanho.

Enfatizamos que esses resultados refletiam *tendências majoritárias* nos subgrupos de crianças com diferentes níveis de hipótese de escrita, mas observamos também alguns casos de aprendizes que fugiam aos padrões há pouco descritos. Já nesse primeiro estudo (Morais; Lima, 1989), vimos que certos alunos, que já tinham uma concepção de escrita alfabética e escreviam convencionalmente (com os naturais erros para aquela etapa), tiveram um desempenho inferior, na tarefa de identificação de palavras com o mesmo fonema inicial, que algumas outras crianças que ainda apresentavam uma hipótese silábica de escrita.

Todas essas evidências nos sugeriam algumas reflexões que nos pareciam relevantes e que ainda não estavam postas nos estudos a que tínhamos tido acesso. Por um lado, indicavam que uma criança que atinge uma hipótese alfabética – e já usa gerativamente as convenções som-grafia do português – não precisaria desenvolver habilidades para segmentar em voz alta e contar os fonemas das palavras, apesar de serem os fonemas o que nosso sistema de escrita nota. Por outro lado, os dados demonstravam que o trabalho conceitual em direção a uma hipótese alfabética parecia vincular-se a um bom desempenho nas habilidades de analisar semelhanças sonoras nos níveis da sílaba e do fonema.

Em terceiro lugar, víamos que a construção de uma hipótese silábica de escrita parecia requerer uma capacidade de analisar a extensão das palavras orais comparando-as quanto ao tamanho, algo menos desenvolvido entre as crianças de nível pré-silábico (embora, desde o início do ano, estas últimas já se saíssem bem nas tarefas de separação oral e contagem de sílabas de palavras). Desde então, ao estudar consciência fonológica, temos continuado incluindo tarefas que avaliem a capacidade de identificar e produzir palavras maiores que outras, algo que, como vimos no Capítulo 1 deste livro, era medido pelos estudos iniciais sobre realismo nominal em nosso país (cf. Carraher; Rego, 1981; Bezerra, 1981) e que, depois, parece ter sido esquecido pelos que investigam o tema.

A partir de nossa ótica construtivista, o fato de que as crianças, para se tornarem silábicas, precisavam ser capazes de *comparar* palavras quanto ao tamanho – e não só saber pronunciar isoladamente suas sílabas orais e contá-las – nos pareceu um dado precioso. De fato, tínhamos indícios de que não existiria "fonetização da escrita", com o surgimento de uma hipótese silábica estrita, sem que o aprendiz tivesse desenvolvido sua capacidade de analisar as "partes orais das palavras". Interpretávamos, já então, que, para formular a hipótese silábica estrita, sem valor sonoro convencional, na qual a criança põe uma letra qualquer para cada sílaba oral que pronuncia, ela precisa ser capaz de analisar conscientemente a quantidade de unidades silábicas que a palavra em questão tem. Na mesma direção, ao ver que as crianças com hipótese silábica que usavam letras com valor sonoro convencional (por exemplo, escrevendo "U I O A" para "muriçoca") se saíam bem nas tarefas de identificação de palavras iniciadas com sílabas iguais, interpretávamos que elas, ao selecionar aquelas letras convencionais (no caso anterior, "U", "I", "O" e "A"), estavam usando uma habilidade de observar sons no interior de cada sílaba oral. Mas, se o faziam e não escreviam seguindo uma lógica alfabética, havia algo que provavelmente ainda não tinham desenvolvido e que não tinha a ver apenas com sua capacidade de refletir sobre "os pedaços" orais das palavras.

Assim, o fato de termos nos defrontado com esse tipo de limitação e de termos encontrado crianças que, apesar de demonstrarem uma habilidade de identificar fonemas iniciais semelhantes em palavras, continuavam apresentando uma hipótese silábica de escrita sugeriu-nos que, *se o desenvolvimento de algumas habilidades de consciência fonológica constitui condição necessária para a apropriação da escrita alfabética, não constituiria condição suficiente para tal* (Morais; Lima, 1989).

Mais uma vez, a partir de uma ótica construtivista, e sem negligenciar o papel da consciência fonológica para que ocorra a fonetização da escrita, pensamos que Ferreiro (1990) tem razão quando reivindica que a compreensão do alfabeto como um sistema notacional exige operações cognitivas que não têm a ver somente com a capacidade de isolar unidades sonoras ou refletir sobre semelhanças entre palavras. Naquele trabalho de 1990, quando ainda defendia a radical posição de que a consciência fonológica seria uma consequência do fato de a criança aprender a escrever, Ferreiro chamava a atenção para os complexos processos conceituais envolvidos na apropriação do SEA e que implicam: I) estabelecer correspondências termo a termo entre partes orais e partes escritas das palavras; II) estabelecer relações entre os todos e as partes (orais e escritos); III) tratar as letras como classes de objetos substitutos (de modo que "G", "g", "𝒢" e "𝒢" são a mesma letra); e IV) considerar a ordem serial das letras. Concordamos com sua pertinente e refinada análise e reiteramos que o aprendizado do SEA não se reduz a colar ou "conectar" letras a sons, como propõem alguns estudiosos (cf. EHRI, 2013, por exemplo). Mas já discordávamos do lugar secundário (ou ausente) que Ferreiro atribuía à consciência fonológica no complexo trabalho cognitivo da apropriação do SEA.

No geral, todos os resultados até aqui apresentados – sobre a evolução das habilidades de consciência fonológica das crianças de primeiro ano e sobre como se relacionavam com as hipóteses de escrita que elas iam elaborando ao longo daquele ano letivo – tenderam a reaparecer nos estudos posteriores que resumiremos e discutiremos em seguida. Por essa razão, e para não cansar o leitor, vamos priorizar o que tais pesquisas têm de novas evidências e elementos adicionais para a reflexão teórico-didática.

Em Morais (2010a, 2015a), comparando os desempenhos das crianças nas mesmas tarefas de consciência fonológica, confirmamos que o nível de dificuldade dos aprendizes em algumas daquelas tarefas apresentava evoluções durante o primeiro ano do ensino fundamental. Isso ficava evidente quando os meninos e as meninas eram solicitados a identificar e produzir palavras maiores que outras ou a identificar e produzir palavras que começam com a mesma sílaba ou com o mesmo fonema. Mas havia, novamente, algumas habilidades em que o rendimento das crianças tendia a não variar durante o ano letivo, seja porque desde o início do ano elas já tinham muito êxito (como quando se tratava de separar palavras em sílabas ou contar aquelas sílabas), seja porque as tarefas eram excessivamente complexas (como no caso da segmentação de palavras em fonemas e contagem destes).

Os resultados gerais encontrados nessas pesquisas foram muito semelhantes aos de outros estudos que, em nosso país, examinaram as relações entre o nível de compreensão da escrita alfabética e o desempenho em atividades de consciência fonológica. Assim, Correa (2001), ao avaliar os conhecimentos metafonológicos de crianças entre o final da educação infantil e a primeira série, observou que os alunos com hipótese pré-silábica tendiam a revelar escores de consciência fonológica sempre inferiores aos seus pares com hipótese silábica, que por sua vez tinham escores inferiores aos dos colegas silábico-alfabéticos. Constatou também que, de um ano para outro, todos os aprendizes, de todos os níveis de hipótese de escrita, revelaram avanços em sua consciência fonológica, especialmente em tarefas que focavam fonemas, e que entre os sujeitos que começaram o estudo com hipóteses pré-silábicas e silábicas a mudança de nível de escrita foi diretamente proporcional ao aumento no número de acertos nas provas de consciência fonológica.

Também Freitas (2004a), num estudo longitudinal em que acompanhou 33 aprendizes do final da educação infantil até a segunda série, constatou que as habilidades metafonológicas eram aprimoradas ao longo da apropriação do SEA, que o nível de consciência fonológica também aparecia relacionado à hipótese de escrita em que a criança se encontrava e que o ensino sistemático da escrita, realizado na primeira série, impulsionava o aprimoramento das habilidades metafonológicas, de modo que o desempenho em tarefas envolvendo fonemas era bastante beneficiado pela chegada a uma hipótese alfabética. O que nós enfatizamos, como já apontado antes, é que, em tal estágio (hipótese alfabética), as crianças demonstram se valer muito das letras para responder às tarefas fonêmicas que os pesquisadores lhes apresentam.

E o que dizer sobre a consciência de que certas palavras rimam?

Em outro estudo longitudinal (MORAIS; LEITE, 2012), além das habilidades até aqui enfocadas, analisamos como 40 crianças do primeiro ano, alunas de uma rede pública de ensino, se saíam nas tarefas que mediam as habilidades de *identificar palavras que rimam* e *produzir uma palavra que rima com outra*. Tal como nas pesquisas já mencionadas, tínhamos o cuidado de, antes dos itens de exame propriamente ditos, apresentar aos alunos dois exemplos respondidos por nós e fazer dois treinos, dando *feedback*. Eles também dispunham de figuras que representavam as palavras em pauta, para não sobrecarregar a memória de trabalho.

Constatamos que:

a) na tarefa de *identificar*, entre quatro *palavras*, duas *que rimam*, no início do ano, as crianças tiveram apenas 44% de acertos, mostrando que para elas era uma tarefa significativamente mais complexa que aquelas que requeriam identificar uma palavra maior que outra (média de 77% de acertos) ou identificar palavras com a mesma sílaba inicial (média de 53% de acertos). No meio do ano (69% de acertos) e ao final dele (87% de acertos), os alunos evoluíram ao identificar palavras que rimam, de modo que não havia diferença significativa entre ser capaz de identificar rimas e conseguir identificar palavras que começam com a mesma sílaba;

b) quando se tratava de *dizer (produzir) uma palavra que rimava com outra*, as crianças tiveram mais dificuldade que para *identificar* rimas. No início, meio e final do ano letivo, os acertos médios corresponderam, respectivamente, a 21%, 39% e 75% e eram, portanto, sempre inferiores aos demonstrados quando lhes pedíamos que identificassem palavras que começavam com a mesma sílaba (53%, 74% e 88% de acertos ao longo do ano).

Dessa forma, vemos mais uma vez que, se nos países de língua inglesa os aprendizes tendem a cedo observar, sem dificuldade, a ocorrência de rimas em palavras (GOSWAMI; BRYANT, 1990), o mesmo não se verificaria entre as crianças brasileiras que examinamos. Cardoso-Martins (1995) também já tinha detectado essa diferença.

Contudo, como analisaremos na seção iniciada na p. 97, as oportunidades de brincar com cantigas e parlendas e de refletir sobre rimas e outras semelhanças sonoras no final da educação infantil parecem poder melhorar bastante os rendimentos que as crianças apresentam quando não vivem tais experiências

Evidências obtidas quando analisamos qualitativamente os erros e os acertos das crianças ao responderem as tarefas que avaliam a consciência fonológica

Desde nossa pesquisa de mestrado (MORAIS, 1986), considerávamos importante fazer análises qualitativas de como as crianças se comportam ao responder tarefas que buscam examinar como elas avançam em sua apropriação do sistema de escrita alfabética, a fim de melhor compreendermos o que nos indicam as análises estatísticas feitas sobre os mesmos dados. Ao estudar a consciência fonológica, adotamos o mesmo princípio e, nos diferentes estudos que realizamos ou orientamos sobre o tema, analisamos o que poderia estar por trás dos erros (e também dos acertos) revelados pelos aprendizes.

Como esclarecido na seção anterior, nas pesquisas lá revisadas, após cada escolha que a criança fazia nas tarefas de *identificação* e *produção* (de palavras maiores, de palavras com mesma sílaba inicial, de palavras que rimam ou de palavras que compartilham o mesmo fonema inicial), pedíamos para ela justificar sua resposta, perguntando, por exemplo, "como você descobriu que 'panela' e 'janela' rimam?" ou "por que a palavra 'casa' é maior que a palavra 'janela'?". Também nos casos das tarefas de *segmentação* e *contagem* de sílabas e fonemas, observávamos o que a criança pronunciava e como indicava contar as unidades sonoras.[31]

---

[31] Tais verbalizações foram usadas como indicadores adicionais na análise qualitativa do processamento realizado pelos aprendizes, mas não definiram a atribuição de acertos ou erros para as respostas dadas. Como explicamos no capítulo anterior, não consideramos correto exigir que a criança consiga verbalizar seus raciocínios ou pronunciar fonemas isolados em voz alta para poder afirmar que ela está refletindo "conscientemente" sobre os segmentos sonoros das palavras.

Nesta seção, num primeiro momento, apresentaremos as evidências detectadas em cada uma das provas que mediam as diferentes habilidades de consciência fonológica das crianças quando analisamos seus erros e acertos. Num segundo momento, traremos a análise dos desempenhos revelados por um aluno chamado Jonas, que, apesar de ter avançado bastante em suas habilidades de consciência fonológica, chegou ao final do primeiro ano ainda com uma hipótese pré-silábica de escrita, o que nos proporciona uma especial oportunidade de reflexão sobre as relações entre consciência fonológica e alfabetização.

As evidências reveladas nas diferentes tarefas de consciência fonológica

Em Morais (2004), analisamos dados dos alunos numa única ocasião (fevereiro, início do ano letivo) e introduzimos algumas inovações na metodologia da pesquisa.[32] Participaram 62 alunos que estavam cursando a primeira série em duas turmas de uma escola pública de Recife. As crianças tinham idades variando entre 6,3 e 8,2

---

[32] Como tínhamos o interesse em detectar raciocínios reveladores de "realismo nominal" (CARRAHER; REGO, 1981), introduzimos, nas provas de identificação de sílabas ou fonemas iniciais iguais, palavras com relação semântica com a palavra-modelo. Assim, por exemplo, na tarefa de identificação de sílabas iniciais iguais para a palavra-modelo "cavalo" foi incluído o nome de outro animal entre as três opções ("cadeira", "raposa", "gaveta"). Outra inovação foi o fato de, nas tarefas de contagem e segmentação de fonemas, termos incluído, entre os quatro itens de exame, um monossílabo que era constituído por duas vogais ("eu", "ai"), a fim de contrastar com palavras que continham fonemas consonânticos. Nessas duas tarefas também registramos cuidadosamente o que a criança pronunciava enquanto buscava segmentar/contar os fonemas. Além dessas duas mudanças nas palavras-estímulo, na tarefa de produção de palavras com fonema inicial igual o examinador frisou, a cada item, que a criança deveria produzir uma palavra que tivesse "apenas o primeiro sonzinho pequeninho" (e não toda a sílaba inicial) da palavra inicialmente apresentada, e aquele fonema era pronunciado em voz alta. Esse cuidado foi baseado na evidência prévia (MORAIS; LIMA, 1989) de que crianças brasileiras tendiam a responder àquela tarefa produzindo palavras com toda a primeira sílaba igual.

anos, com média de 6,8 anos. Após uma tarefa de escrita de quatro palavras e uma oração, usada na pesquisa descrita anteriormente, os meninos e as meninas foram submetidos a oito das tarefas que mediam habilidades fonológicas e que tinham sido usadas também por Morais e Lima (1989). Elas eram: I) segmentação oral de palavras em sílabas; II) contagem do número de sílabas de palavras; III) segmentação oral de palavras em fonemas; IV) contagem do número de fonemas de palavras; V) identificação de palavras que compartilhavam a mesma sílaba inicial; VI) produção de palavras com sílabas iniciais iguais; VII) identificação de palavras que compartilhavam o mesmo fonema inicial; e VIII) produção de palavras com fonemas iniciais iguais. Trataremos agora de detalhes observados nas *análises qualitativas* das respostas dos aprendizes em cada tarefa, enfatizando se as condutas eram comuns a todos ou características dos subgrupos com diferentes níveis de escrita.

Assim, na tarefa de *segmentação oral de palavras em sílabas*, vimos que os poucos erros constatados foram produzidos, quase que exclusivamente, pelas crianças com uma compreensão pré-silábica de nosso sistema de escrita. Nas palavras dissílabas, elas às vezes tendiam a adicionar uma sílaba, repetindo a vogal da sílaba tônica, ou mudavam o padrão de tonicidade da palavra (por exemplo, "[so-fa-a]" para "sofá"). Nas palavras trissílabas e polissílabas, ao errar, tendiam a pronunciar conjuntamente duas ou três sílabas ("[mu-zika]", "[a-pagador]"]. Dessa forma, seus erros estariam relacionados ao maior tamanho e/ou ao padrão de tonicidade das palavras.

Na tarefa de *contagem do número de sílabas de palavras*, a maioria das crianças errou um pouco mais que na tarefa anterior. Interpretamos que esse novo quadro se deva ao tipo de operações cognitivas que a criança tinha que fazer para resolver adequadamente a tarefa: além de segmentar, tinha que computar o número de partes pronunciadas. O emprego dos cubinhos de madeira, que lhes tínhamos oferecido para usarem, caso quisessem, parece não ter eliminado completamente a dificuldade adicional da operação de contagem. Constatamos, mais uma vez, um provável efeito da tonicidade e da extensão da palavra sobre o tipo de segmentação praticado quando ocorriam erros na contagem. Isto é, palavras polissílabas e trissílabas proparoxítonas (como "ventilador" e "máquina"), bem como dissílabas oxítonas (como "caju"), tendiam a concentrar um pouco mais dos erros. Em 83% dos casos de erro, o número de sílabas que a criança atribuiu à palavra refletia o modo como a tinha segmentado oralmente.

Quando foram solicitadas a *segmentar oralmente palavras em fonemas*, embora nenhuma criança tenha se recusado a fazer essa tarefa – e todas tenham respondido a todos os itens –, um exame mais refinado das respostas indicou que 98% dos poucos casos de acerto corresponderam à segmentação do monossílabo constituído por duas vogais ("eu"), intencionalmente selecionado para integrar os quatro itens de exame. Se considerarmos que as vogais isoladas constituem sílabas em português, podemos interpretar que, quando as crianças tiveram êxito na atual tarefa falando /e/-/u/ para "eu", não estavam exatamente demonstrando uma capacidade de separar fonemas. Na maioria dos casos de erro, os alunos tenderam a segmentar as outras palavras em sílabas. Isso se observou entre crianças de todos os diferentes níveis de compreensão da escrita, de modo que não constatamos uma tendência definida na melhoria dessa habilidade de segmentação entre os aprendizes examinados em função de terem um nível mais avançado de hipótese de escrita. Contudo, parece-nos importante ressaltar algumas peculiaridades. Por um lado, vimos que os erros nos quais a criança pronunciava a palavra sem qualquer segmentação ocorreram quase exclusivamente no grupo dos pré-silábicos, uma conduta que não tinham revelado nas tarefas anteriormente discutidas, quando eram solicitados a operar sobre sílabas. Por outro lado, vários alunos de níveis silábico-alfabético e alfabético apresentaram como solução dizer uma a uma as letras com que achavam que se escrevia a palavra em foco.

Na situação de *contagem do número de fonemas de palavras*, diferentemente do observado num estudo anterior (MORAIS; LIMA, 1989), o desempenho foi um pouco superior ao encontrado quando as crianças eram solicitadas a apenas segmentar uma palavra em seus fonemas. Essa melhoria também se apresentou num sentido crescente, quando se comparavam os alunos com diferentes níveis de escrita. Entretanto, mais uma vez, a maior parte dos acertos incidiu sobre o item de exame que era um monossílabo VV ("ai") que, como já discutido, poderia ser tratado como não composto por unidades exatamente fonêmicas (do ponto de vista psicológico), já que as vogais isoladas podem constituir sílabas em português. O melhor desempenho nessa tarefa pode também ser compreendido se considerarmos que, em alguns casos, a criança dizia o número correto de fonemas, mas o fazia com estratégias peculiares: não pronunciava a palavra em voz alta ou soletrava a palavra, sendo este último procedimento mais frequente entre os aprendizes de nível alfabético. Interpretamos que, nessas ocasiões, os alunos estariam operando sobre a imagem ortográfica das palavras, sem necessariamente pensar em seus fonemas, um a um. Ou seja, contavam as letras.

Ao consideramos as respostas erradas, vimos que, mais uma vez, a tendência predominante foi contar as sílabas das palavras (42% das respostas). Em segundo lugar encontramos as respostas em que a criança (especialmente de nível pré-silábico ou silábico) pronunciava e contava, repetidamente, uma sílaba ou as vogais finais da palavra. Esses alunos com menor compreensão da escrita alfabética foram também aqueles que, em diferentes ocasiões, ao errar, pronunciavam a palavra inteira, tal como na tarefa anterior, e atribuíam às palavras um número de segmentos aleatório ou fixo (diziam sempre "dois", por exemplo).

Na tarefa de *identificação de palavras que compartilhavam a mesma sílaba inicial*, quando conseguiram acertar, os alunos pré-silábicos tiveram mais dificuldade em verbalizar quais eram as sílabas idênticas. Não verbalizavam nada ou diziam apenas "porque é!". Eles também foram os que mais erraram por deixar de responder, por dizer que não sabiam ou por justificar com respostas de apelo pessoal (por exemplo, "porque eu gosto de cavalo") que não tinham a ver com propriedades sonoras das palavras em foco. Também erraram por considerar a quantidade de sílabas (e não a semelhança sonora) das palavras. Finalmente, vimos ainda que esses aprendizes produziram mais juízos baseados em atributos físicos ou funcionais dos objetos a que as palavras se referiam (25% de seus erros), indiciando aquele efeito de "realismo nominal" já registrado por Carraher e Rego (1981). Como exemplo, diziam que "cavalo" e "raposa" começavam de forma parecida "porque os dois têm quatro patas". Apesar disso, observamos que em 13% dos itens eles conseguiram identificar corretamente e explicitar verbalmente quais eram as sílabas iniciais idênticas. Ou seja, ter uma hipótese pré-silábica não implicava ser ainda totalmente incapaz de refletir conscientemente sobre as sílabas iniciais das palavras e ver que se assemelhavam.

Entre os demais alunos, cujos desempenhos foram claramente superiores, também encontramos algumas diferenças interessantes. Por um lado, a um nível mais alto de hipótese de escrita correspondia uma crescente capacidade para explicitar verbalmente as sílabas que apresentavam semelhança (por exemplo, "é 'cavalo' e 'cadeira', porque é [ka] e [ka]"). Cabe ainda registrar que os aprendizes com nível de escrita mais avançado (silábico-alfabéticos e alfabéticos) tiveram índices médios de acerto inferiores a 85% (75% e 82%, respectivamente), o que mostra que o fato de estarem, já no começo do ano letivo, compreendendo num nível mais sofisticado nosso SEA não os fazia serem *experts* perfeitos em detectar sílabas iniciais iguais.

Quando analisamos qualitativamente as respostas dadas na tarefa de *produção de palavras com sílabas iniciais iguais*, a capacidade de justificar, explicitando verbalmente, a semelhança sonora também aumentava à medida que os aprendizes apresentavam hipóteses de escrita mais avançadas. Os de nível pré-silábico novamente tiveram mais dificuldades em explicitar suas respostas corretas (embora tenham conseguido fazê-lo adequadamente em 8% dos itens) e erravam por pensarem no tamanho das palavras, ou porque raciocinavam seguindo o realismo nominal (o que agora ocorreu em maior proporção: em 34% de seus erros!).

Em comparação à tarefa anterior, os alunos que se encontravam no nível silábico apresentaram maior dificuldade em justificar suas respostas verbalizando a semelhança das duas sílabas iniciais das palavras (a que ouviram e a que disseram). Entre seus erros, chamou a atenção a produção de palavras que rimavam ("madeira"/"cadeira") no lugar da verbalização de palavras com aliteração na sílaba inicial ou a produção de palavras que tinham semelhança sonora com relação apenas à vogal da sílaba inicial. Assim, uma criança que dizia que "piloto" era parecido com "cigarro" se justificava pronunciando as duas palavras, alongando o fonema /i/ inicial. Pensar nessas vogais internas ou em rimas esteve por trás de 50% dos erros das crianças silábicas.

Finalmente, no início do ano letivo, os alunos do nível alfabético revelaram um ótimo desempenho (96% de acertos e capacidade de formular adequadas justificativas verbais em 89% desses casos). Consideramos que para explicar esse êxito quase constante é preciso levar em conta que esse grupo de crianças, além de ter compreendido o funcionamento de nosso sistema de escrita, já escrevia empregando as letras do alfabeto do português com seus valores sonoros convencionais. Isso era evidenciado em algumas justificativas, nas quais não só ressaltavam a sílaba idêntica, mas a soletravam (por exemplo, "'madeira' e 'macaco', porque é [ma] e [ma], 'M-A' e 'M-A'").

Na *identificação de palavras que compartilhavam o mesmo fonema inicial*, ao analisarmos a grande "queda de desempenho" dos alunos (em comparação com a tarefa que envolvia as sílabas idênticas no início das palavras), vimos que em nenhum momento as crianças – mesmo as que já escreviam alfabeticamente – justificaram suas escolhas corretas pronunciando isoladamente os fonemas iniciais do par de palavras em questão. Esse resultado corrobora certa dificuldade generalizada para operar explicitando verbalmente fonemas, já constatada e discutida nas tarefas de segmentação e contagem de fonemas. Tal dificuldade foi também demonstrada no alto número de recusas a encontrar a palavra "que começava com o mesmo sonzinho pequenininho" que a palavra-estímulo e no alto índice de escolhas sem justificativa verbal (22% do total de respostas).

Na maioria dos casos de acerto, os alunos se referiram às sílabas do par de palavras: muitas vezes pronunciavam a primeira sílaba de cada palavra e diziam que era igual, ou chegavam inclusive a distorcer essas sílabas (por exemplo, "é 'palito' e 'peteca', porque é [pa] e [pa]"). Os meninos e as meninas de nível alfabético e silábico-alfabético também justificaram suas respostas, dizendo o nome da letra inicial do par de palavras ("porque é 'P' e 'P'").

Já os alunos de nível pré-silábico (e também silábico!) formularam mais respostas indicadoras de "realismo nominal". Eles conseguiram dar justificativas verbais nas quais isolavam as primeiras sílabas do par de palavras com o mesmo fonema inicial em apenas 4% do total de itens de exame em que responderam corretamente (por exemplo, "é 'palito' e 'peteca', porque é [pa] e [pE]"). Seus colegas de nível silábico tiveram mais êxito (em 48% dos casos de acerto) em formular justificativas desse tipo. Já os aprendizes com nível alfabético ou silábico-alfabético sempre conseguiram justificar adequadamente suas respostas corretas, embora, lembremos, quase nunca pronunciassem isoladamente o fonema compartilhado em posição inicial pelas duas palavras.

Finalmente, na tarefa de *produção de palavras com fonemas iniciais iguais*, lembramos que adotamos um critério mais rígido e só tratamos como corretas as respostas em que o aluno produzisse uma palavra com o mesmo fonema inicial da palavra-estímulo, mas que não tivesse toda a mesma sílaba inicial que esta. Recordamos que essa exigência foi sistematicamente explicada durante os itens de exemplo e treino quando da aplicação da tarefa. Ademais, a cada item de exame, quando o aluno produzia uma palavra com aliteração de toda a sílaba inicial, insistíamos para que pensasse noutra palavra que "só tivesse o mesmo som pequenininho igual no começo".

O exame qualitativo das respostas revelou que produzir palavras começando apenas com o mesmo fonema foi muito difícil para todos os alunos, inclusive para os de nível alfabético (que tiveram, em média, apenas 46% de acertos). A maioria das crianças teve como "erro" mais frequente produzir uma palavra que compartilhava com a palavra-estímulo toda a sílaba inicial. Entre os silábico-alfabéticos e alfabéticos verificou-se uma grande redução na capacidade de justificar suas respostas corretas, e em nenhum momento, ao justificar-se, pronunciaram isoladamente o fonema compartilhado pelo par de palavras.

Entre os aprendizes de nível silábico, a dificuldade foi bem maior e tornaram-se mais frequentes as recusas a responder, as justificativas indicadoras de realismo nominal e as respostas decorrentes de outras análises fonológicas, relativas à semelhança sonora, mas que envolviam rimas ou a vogal interna da primeira sílaba de ambas as palavras.

Apenas um aluno pré-silábico conseguiu produzir respostas corretas, formulando justificativas em que isolava as duas sílabas iniciais das palavras (por exemplo, "porque é [ma] e [me]"). Apesar de constituir um caso isolado, essa evidência nos alerta para algo fundamental: apesar de ser capaz de produzir palavras que começavam com o mesmo fonema, essa criança ainda tinha uma compreensão pré-silábica de nosso sistema de escrita. Isso torna evidente que o desenvolvimento de habilidades de consciência fonêmica não garante automaticamente a compreensão de como funciona nosso sistema alfabético.

Esse padrão de comportamentos se registrou também em outros estudos que realizamos ou orientamos posteriormente (MORAIS, 2010a; LEITE; MORAIS, 2012a).

O caso de Jonas: uma criança que chega ao fim do ano com hipótese pré-silábica, apesar de ter avançado muito em suas habilidades de consciência fonológica

As análises qualitativas agora relatadas nos ajudaram a ver que, de fato, apesar da tendência geral de um melhor desempenho nas atividades de reflexão fonológica aparecer entre alunos com hipótese de escrita mais elaborada, tal relação não se dava linearmente para todos os sujeitos que investigamos. A título de exemplo, apresentamos, no Quadro 8 a seguir, um resumo do desempenho de Jonas, uma criança que fez parte de nossa amostra em outro estudo (MORAIS, 2010a).

Quadro 8: Síntese da evolução de Jonas, aluno de uma primeira série, nas tarefas de avaliação que lhe foram aplicadas no início, no meio e no final do ano letivo

> Jonas tinha 6 anos e 6 meses no começo do ano letivo, quando iniciamos nossa pesquisa. Era uma criança com conduta normal, com um bom relacionamento no grupo-classe e sem nenhum histórico de problemas de saúde. No início do ano, quando da realização do ditado de palavras, ele revelou ter uma hipótese

pré-silábica ainda bem primitiva: usava uma sequência fixa de três letras que faziam parte do seu nome ("AOS") para escrever todas as palavras que lhe pedíamos, e lia, apontando aquelas notações idênticas, sem fazer qualquer separação das sílabas orais das palavras que escrevera. No mês de julho, Jonas tinha progredido um pouco, de modo que ainda não escrevia com uma hipótese silábica, mas se preocupava em colocar como primeira letra das palavras a vogal que estava no interior da primeira sílaba destas. Assim, por exemplo, notou "A P T O N E" para "galinha" e "U O P N I O" para "muriçoca". Além de não antecipar, ao escrever, quantas letras colocaria em função da quantidade de sílabas da palavra oral, ao ler o que tinha escrito, ele não buscava ajustar a pronúncia da palavra às letras que tinha acabado de escrever. Esse mesmo nível de compreensão da escrita foi observado, infelizmente, no final de dezembro, de modo que nosso aluno terminou o primeiro ano sem entender que, em nossa escrita, as letras notam sequencialmente a pauta sonora das palavras orais.

Cabe ainda esclarecer que, no início do ano, ele usava apenas letras cursivas para escrever e sabia grafar seu primeiro nome, porém o reconhecia quando apresentado num crachá somente se escrito com letras cursivas. Em tarefas de ocultamento e transposição de partes do nome próprio (FERREIRO *et al.*, 1982), ele demonstrava não compreender que, para seu nome estar escrito, todas as letras deste tinham que estar presentes e que a ordem delas não podia variar. Isto é, faltava-lhe desenvolver esses aspectos conceituais de estabilidade da notação escrita que, segundo Ferreiro (1990) e Ferreiro *et al.* (1982), seriam necessários para o avanço na apropriação das regras de funcionamento da notação alfabética.

No que diz respeito às habilidades de consciência fonológica, Jonas fez grandes progressos entre a primeira e a segunda ocasião de coleta de dados da pesquisa. No mês de fevereiro ele só conseguiu acertar 75% dos itens nas provas de separação e contagem oral de sílabas, e errou todas as questões de todas as demais

> provas metafonológicas. Em julho, seu desempenho era outro, e continuou melhorando até o final do ano letivo.
>
> O fato é que, em dezembro, apesar de, como a quase totalidade de seus colegas, não conseguir pronunciar separadamente ou contar os fonemas de palavras, Jonas acertou todos os itens quando se tratava de identificar ou produzir palavras maiores que outras, e sempre justificava suas respostas dizendo o número de sílabas das palavras em foco. Ele conseguiu acertar 75% e 100% dos itens das provas de identificação e produção de palavras começando com a mesma sílaba, mas, em metade dos casos, não conseguiu se justificar e, nos demais, disse que "começa igual", sem pronunciar em voz alta qual era a parte igual. Finalmente, também em dezembro, ele revelou muita dificuldade para identificar palavras que começavam com o mesmo fonema e, ao ser chamado a produzi-las, tal como muitos dos seus colegas, optou por formar pares de palavras que compartilhavam toda a sílaba inicial, fazendo isso em 75% dos itens. Nesse caso, mais uma vez, ele se justificou dizendo que "começava igual".

As análises qualitativas que realizamos, e que permitiram que nos deparássemos com dados como os revelados por esse aprendiz, nos sugerem a adequação de não estabelecermos, de forma simplista, relações causais lineares e diretas entre consciência fonológica e aprendizado da escrita alfabética. Alguns casos de crianças com hipóteses de escrita menos avançadas e bom rendimento nas provas mais complexas de consciência fonológica indicam que tal rendimento não assegura por si só a compreensão e a apropriação do sistema de escrita alfabética. Por outro lado, essas análises revelaram que mesmo as crianças que tinham chegado a hipóteses mais avançadas (silábico-alfabéticas e alfabéticas) nem sempre eram capazes de, ao final do ano letivo, justificar as respostas certas que tinham dado quando lhes pedimos que identificassem ou produzissem palavras com o mesmo fonema inicial.

A consciência fonológica de crianças de 5 anos

No início do Capítulo 1 deste livro, ao abrirmos a discussão sobre consciência fonológica, trouxemos exemplos de uma criança que, bem antes de fazer 5 anos de idade, demonstrava, espontaneamente, realizar uma série de reflexões sobre palavras parecidas, observando rimas, aliterações na sílaba inicial etc. Esse tipo de evidências nos fez buscar compreender melhor os primórdios do desenvolvimento de habilidades de consciência fonológica de crianças falantes de nossa língua e, para isso, desenvolvemos uma pesquisa envolvendo dois grupos de crianças que estavam no último ano da educação infantil e que faziam, naquele período, 5 anos de idade.

Durante um ano letivo, acompanhamos duas turmas de crianças com 5 anos na rede pública municipal de Recife (Morais; Albuquerque; Brandão, 2016), cujas professoras tinham modos bem distintos de introduzir seus alunos no mundo dos gêneros textuais escritos e da notação alfabética. Acompanhamos, em cada turma, 15 jornadas completas de aulas em cada semestre e diagnosticamos, em três momentos (início, meio e fim do ano), certos conhecimentos dos meninos e das meninas sobre nosso sistema alfabético.

A professora T desenvolvia um ensino de língua identificado por suas colegas como "tradicional", pois lançava mão de muitas atividades de cópia de palavras e frases, treinava o nome e o traçado de letras (vogais e consoantes isoladas). Ela não usava jogos de palavras que promoveriam a consciência fonológica, e em poucas ocasiões (apenas em 2 das 30 jornadas de observação) leu textos para seus alunos.

Já a professora M realizava um ensino bem mais metalinguístico e de imersão na cultura escrita. Ela tinha como prioridade, em sua prática com alunos do final da educação infantil, fazer atividades que envolviam brincar e refletir sobre textos poéticos da tradição oral (como cantigas do folclore, parlendas, trava-línguas etc.), além de, frequentemente, ler narrativas infantis nas rodas de leitura, quando também explorava estratégias de compreensão leitora variadas. No que constituiu um processo de formação continuada, paralelo à pesquisa, combinamos com a professora M de usar, semanalmente, jogos que promoviam a consciência fonológica e que estavam disponíveis na caixa Jogos de Alfabetização elaborada pelo CEEL-UFPE[33] (BRASIL-MEC, 2009), além de outros jogos fonológicos que preparamos especialmente para sua turma.[34]

Paralelamente ao acompanhamento das jornadas de aulas nas duas classes, que nos permitia melhor descrever como as duas docentes atuavam, em três ocasiões (fevereiro, julho e dezembro), aplicamos às crianças tarefas de escrita espontânea de palavras e de avaliação de algumas habilidades de consciência fonológica. A tarefa de escrita espontânea consistia num ditado de palavras com diferentes quantidades de sílabas ("pão", "bala", "cocada", "pirulito", "sorvete" e "brigadeiro"), inspirada nos princípios e procedimentos definidos por Ferreiro e Teberosky (1979). Com tal atividade, buscávamos identificar o nível de escrita no qual a criança se encontrava e avaliar o domínio de algumas convenções do sistema de escrita alfabética (por exemplo, se o aluno escrevia da esquerda para a direita, se escrevia de cima para baixo, se separava as palavras notadas e se escrevia só com letras). Além disso, pedíamos que escrevesse seu primeiro nome.

Para avaliar a consciência fonológica, selecionamos três tarefas que medem habilidades em que o indivíduo precisa refletir sobre sílabas orais e que, nas pesquisas anteriormente revisadas, tinham demonstrado ser importantes para as crianças ingressarem e avançarem na etapa que Ferreiro e Teberosky (1979) denominaram "fonetização da escrita". Tendo os mesmos cuidados metodológicos das investigações prévias – como a apresentação de itens-exemplo

---

[33] Criado em 2004, o Centro de Estudos em Educação e Linguagem (CEEL) é um órgão da Universidade Federal de Pernambuco que se dedica à pesquisa, à extensão e ao ensino nos campos da alfabetização e da didática da língua portuguesa. A caixa de jogos a que nos referimos foi disponibilizada às escolas públicas de todo o país nos anos 2009 e 2011.

[34] No Capítulo 3 deste livro, trataremos detalhadamente dessas atividades com jogos e textos poéticos da tradição oral que nos parecem fundamentais para a escola explorar no final da educação infantil.

e de itens de treino, além do uso de figuras para não sobrecarregar a memória de trabalho das crianças –, aplicamos as seguintes tarefas: identificação de palavras que rimam, identificação de palavra maior que outra e identificação de palavras que começam com a mesma sílaba.

Embora levassem mais tempo para responder que seus pares de primeiro ano, a grande maioria dos alunos do final da educação infantil que entrevistamos resolveu as tarefas com bastante entusiasmo. A Tabela 1 apresenta os resultados encontrados no que diz respeito ao domínio de certas convencionalidades do SEA.

Tabela 1: Percentuais médios de acertos obtidos pelos alunos das duas turmas no que concerne ao domínio de certas convenções do SEA em março, julho e dezembro no último ano da educação infantil

PROPRIEDADES E CONVENÇÕES DO SEA	PROFESSORA M			PROFESSORA T		
	1ª COLETA	2ª COLETA	3ª COLETA	1ª COLETA	2ª COLETA	3ª COLETA
Escreve o nome corretamente	40%	85%	95%	80%	80%	80%
Escreve da esquerda para a direita	85%	100%	100%	100%	100%	100%
Escreve de cima para baixo	85%	95%	95%	100%	100%	100%
Separa palavras	95%	100%	100%	80%	100%	100%
Escreve só com letras	95%	95%	95%	70%	90%	100%

Como podemos observar, nesse âmbito, as diferenças entre as duas turmas foram muito pouco expressivas, exceto quanto à capacidade de reproduzir corretamente o nome próprio, em que as crianças da turma T não pareceram evoluir ao longo do ano, e os alunos da turma M passaram de 40% a 95% de acertos. Quanto às demais convencionalidades, confirmando o que Ferreiro *et al.* (1982) tinham constatado com uma grande amostra de crianças mexicanas desde o início do ano letivo, a grande maioria ou a totalidade dos alunos que pesquisamos já sabia que se escreve da esquerda para a direita e de cima para baixo. Eles também, muito precocemente, escreviam separadamente cada uma das palavras ditadas e, ao fazê-lo, já não misturavam letras com números ou outros símbolos, demonstrando que sabiam diferenciar os dois sistemas notacionais, tal como Tolchinsky e Karmiloff-Smith (1992) constataram entre crianças espanholas um ano mais novas.

A evolução dos desempenhos observados nas tarefas de consciência fonológica é ilustrada pela Tabela 2. Os dados apresentados nessa tabela mais uma vez demonstram que, também aos 5 anos, algumas habilidades de consciência fonológica eram mais fáceis que outras para os alunos das duas turmas e que, entre as três avaliadas, a capacidade de identificar qual a maior entre duas palavras era a habilidade que mais estava desenvolvida no início do ano letivo e que atingiu patamares de êxito mais altos no final do período investigado. Nossos dados revelam ou sugerem também que:

a) os alunos da turma M tiveram avanços significativamente mais altos que seus pares da turma T nas habilidades de identificar palavras que rimam ou que começam com a mesma sílaba;

b) a experiência escolar vivenciada, incluindo ou não oportunidades de brincar com a dimensão sonora das palavras e sobre elas refletir, parece fundamental para que as crianças avancem em certas habilidades de consciência fonológica que sim, têm demonstrado ser importantes para a apropriação do sistema alfabético.

Tabela 2: Percentuais médios de acertos obtidos pelos alunos das duas turmas nas tarefas de consciência fonológica em março, julho e dezembro no último ano da educação infantil

CONSCIÊNCIA FONOLÓGICA	PROFESSORA M			PROFESSORA T		
	1ª COLETA	2ª COLETA	3ª COLETA	1ª COLETA	2ª COLETA	3ª COLETA
Identificação de palavras que rimam	32,5%	46,2%	61,2%	30%	37,5%	42,5%
Identificação de palavra maior	65%	81,2%	93,7%	57,5%	77,5%	92,5%
Identificação de palavra com sílaba inicial igual	22,5%	55%	67,5%	37,5%	42,5%	52,5%

Por fim, os progressos nas hipóteses de escrita apresentadas pelos alunos das duas turmas, de fevereiro a dezembro, são resumidos pela Tabela 3, que aparece a seguir. Classificamos as escritas infantis em seis níveis, a partir da descrição feita por Ferreiro *et al.* (1982)[35]: pré-silábico, silábico inicial, silábico estrito sem

---

[35] No nível pré-silábico, as crianças ainda não compreendem que as letras notam a pauta sonora das palavras. O nível silábico inicial revela uma transição quando, apesar de não antecipar quantas letras vai pôr, a criança, ao ler o que notou, busca ajustar as letras postas às sílabas que pronuncia. No nível silábico, a criança tende a seguir rigidamente uma regra, pondo uma letra para cada sílaba oral, e tais letras podem tender a não corresponder a sons das sílabas orais (subnível quantitativo) ou corresponder convencionalmente àqueles sons (subnível qualitativo). A hipótese silábico-alfabética é uma etapa de transição, na qual a criança mescla traços da hipótese silábica com a lógica do nível seguinte, o alfabético, em que, apesar dos erros ortográficos, ela já tende a notar todos os fonemas que constituem as sílabas orais.

valor sonoro, silábico estrito com valor sonoro convencional, silábico-alfabético e alfabético.

Tabela 3: Distribuição percentual dos alunos das duas turmas quanto ao nível de compreensão da escrita alfabética em março, julho e dezembro no último ano da educação infantil

HIPÓTESE DE ESCRITA	PROFESSORA M			PROFESSORA T		
	1ª COLETA	2ª COLETA	3ª COLETA	1ª COLETA	2ª COLETA	3ª COLETA
Pré-silábico	55%	25%	5%	30%	30%	20%
Silábico inicial	35%	35%	15%	60%	50%	30%
Silábico estrito sem valor sonoro	5%	10%	5%	–	–	10%
Silábico estrito com valor sonoro convencional	5%	20%	25%	10%	20%	30%
Silábico-alfabético	–	5%	25%	–	–	–
Alfabético	–	5%	25%	–	–	10%

As diferenças entre os dois grupos são visíveis a olho nu. Não é necessário fazer provas estatísticas para perceber que os alunos da turma M, que puderam brincar com as palavras e refletir sobre suas partes sonoras, tiveram progressos muito mais notáveis que seus colegas da turma T. No caso da turma M, se, no início do ano, tínhamos 90% dos aprendizes com hipóteses pré-silábicas ou silábicas iniciais de escrita, no mês de dezembro, 50% tinham alcançado hipóteses alfabéticas ou silábico-alfabéticas e apenas 20% continuavam com as hipóteses mais primitivas que predominavam nove meses antes. Já na turma T, em dezembro, apenas 10% dos alunos alcançaram uma hipótese alfabética de escrita, e um alto percentual (50%) permanecia com hipóteses mais primitivas (pré-silábicas ou silábicas iniciais).

Numa pesquisa que também acompanhou duas turmas de final de educação infantil com práticas de ensino distintas, Aquino (2007) encontrou resultados que vão na mesma direção. As metodologias de ensino das docentes observadas se diferenciavam pelo fato de uma professora constantemente explorar com seus alunos as rimas de poemas, parlendas e canções do folclore, enquanto a outra mestra não o fazia. Ao final do ano, entre os alunos que tinham sido estimulados a refletir sobre rimas, a proporção daqueles que tinham alcançado uma hipótese silábica de escrita era bem mais alta (50%) que na outra turma, na qual 70% dos aprendizes ainda revelavam uma hipótese présilábica mais primitiva de escrita (ainda misturando letras, números e outros símbolos).

A consciência fonêmica de crianças recém-alfabetizadas pelo método fônico

Os estudos tratados nas seções iniciadas nas p. 73 e 86, que realizamos com crianças que estavam cursando o ano escolar de alfabetização (ensino formal da escrita alfabética no primeiro ano do ensino fundamental), demonstraram, reiteradamente, que elas tinham muita dificuldade em responder às tarefas de contagem e segmentação dos fonemas de palavras. Como vimos, mesmo aquelas que já tinham alcançado uma hipótese alfabética acertavam raramente e, quando o faziam, davam indicações de estar pensando sobre as letras, e não sobre os fonemas das palavras analisadas.

A fim de elucidar a questão, decidimos fazer um estudo específico (ARAGÃO; MORAIS, 2013), no qual avaliamos somente habilidades fonêmicas de crianças que tinham sido alfabetizadas com um método fônico, o Alfa e Beto (OLIVEIRA; CASTRO, 2010). Nossa hipótese era: se crianças que já liam e escreviam convencionalmente e que tinham sido sistematicamente treinadas a exercitar habilidades de consciência fonêmica durante o ano letivo de alfabetização não demonstrassem, ao final deste, certas habilidades naquele nível, então aquelas habilidades não seriam pré-requisito para que um indivíduo aprenda a escrita alfabética do português.

Avaliamos, no início do segundo ano do ensino fundamental, as habilidades de consciência fonêmica de 15 crianças que frequentavam uma escola da rede pública de ensino em Jaboatão dos Guararapes, cidade pernambucana na qual o Alfa e Beto vinha sendo usado há três anos.[36] Para confirmar que aquelas crianças já tinham uma hipótese alfabética e liam e escreviam usando, de modo convencional, várias correspondências som-grafia de nossa língua, aplicamos, individualmente, uma tarefa de ditado das palavras "tartaruga", "elefante", "barata", "cachorro", "gato", "sapo", "boi" e "rã". Em seguida, durante dois dias consecutivos, cada criança respondeu a 11 tarefas de consciência fonêmica. No Quadro 9 a seguir, listamos cada uma das habilidades avaliadas e descrevemos, brevemente, o que a criança era solicitada a fazer.

Lembramos que, tal como nos estudos anteriores, já comentados em seções prévias, adotamos os cuidados de, a cada tarefa, apresentar para o aluno dois itens de exemplo, que nós mesmos resolvíamos, para, em seguida, praticar dois itens de treino (com provisão de *feedback*), antes de aplicar os quatro itens de exame. Tal como nas outras pesquisas, também lançamos mão de gravuras para não sobrecarregar a memória da criança ao recordar as palavras sobre as quais estava operando. Também disponibilizamos cubinhos de madeira para que ela pudesse, caso desejasse, usá-los como apoio na segmentação ou na contagem de segmentos. Na escolha das palavras-estímulo, tivemos os mesmos cuidados indicados pelo *CONFIAS* (Moojen, 2003), que já havíamos adotado em pesquisas anteriores.

---

[36] Curiosamente, não conseguimos compor a amostra de 15 crianças com alunos de uma única turma, porque não encontramos em nenhuma das duas turmas daquela escola, que no ano anterior tinham sido ensinadas com o Alfa e Beto, aquele quantitativo de alunos (15) com hipótese alfabética, embora as duas turmas tivessem, respectivamente, 22 e 25 alunos matriculados. Esse dado nos leva a pensar sobre a adequação de termos mensurações mais cuidadosas dos efeitos de certos métodos e apostilados escolares, não aprovados pelo PNLD do MEC, sobre a aprendizagem dos alunos aos quais se dirigem.

Quadro 9: Tarefas usadas para avaliar habilidades de consciência fonêmica e seus modos de aplicação

1. *Identificação de palavras com o mesmo fonema inicial*: o adulto mostrava quatro figuras, dizia seus nomes e perguntava quais palavras começavam com o mesmo "sonzinho".

2. *Identificação de palavras com o mesmo fonema final*: o adulto mostrava quatro figuras, dizia seus nomes e perguntava quais palavras terminavam com o mesmo "sonzinho".

3. *Produção de palavras com o mesmo fonema inicial*: o adulto dizia uma palavra e pedia que o aprendiz dissesse outra que começasse com o mesmo "sonzinho".

4. *Segmentação de palavras em fonemas*: o adulto apresentava uma figura para a criança, dizia a palavra e solicitava que a segmentasse em "sonzinhos pequenininhos". Metade das palavras-exame continha dígrafos (por exemplo, "chuva", "guerra") e a outra metade não ("bote", "luva"), a fim de ver se as crianças estavam pensando sobre fonemas ou sobre letras.

5. *Contagem de fonemas nas palavras*: o adulto pronunciava uma palavra para a criança e solicitava que ela fizesse a contagem dos "sonzinhos pequenininhos". Metade das palavras-exame continha dígrafos e a outra metade não.

6. *Produção de palavras a partir da escuta de fonemas*: o adulto pronunciava um fonema e solicitava que o aprendiz dissesse uma palavra que começasse com aquele "sonzinho".

7. *Adição de fonemas em palavras reais*: o adulto pronunciava um fonema (por exemplo, /f/) em seguida uma palavra real (por exemplo, "oca"), e pedia para o aprendiz adicionar ao

início da palavra aquele "sonzinho" e dizer qual a nova palavra formada.

8. *Adição de fonemas em palavras inventadas*: o adulto pronunciava um fonema (por exemplo, /s/), em seguida uma palavra inventada (por exemplo, /uta/), e pedia para o aprendiz adicionar ao início da palavra aquele "sonzinho" e dizer qual palavra "que não existe" era formada.

9. *Subtração de fonemas em palavras reais*: o adulto solicitava que o aprendiz explicitasse a palavra real formada a partir da subtração de um fonema (por exemplo, "se eu tirar o sonzinho /v/ da palavra 'vela', como fica?").

10. *Subtração de fonemas em palavras inventadas*: o adulto pronunciava um fonema, em seguida uma palavra inventada, e pedia que o aprendiz explicitasse qual palavra "que não existe" era formada a partir da subtração daquele fonema (por exemplo, "se eu tirar o sonzinho /t/ da palavra inventada 'tula', como fica?").

11. *Síntese de fonemas para formar palavras*: o adulto pronunciava a sequência de fonemas de uma determinada palavra e pedia que o sujeito dissesse a palavra formada.

Tal como esperávamos, os resultados obtidos pelas crianças na maioria das tarefas foram muito baixos e, numa delas, nulo. Isso pode ser observado na Tabela 4. Como lá se vê, apenas em três tarefas (*identificação de palavras com o mesmo fonema inicial, produção de palavras a partir da escuta de um fonema* e *contagem de fonemas nas palavras*) as crianças tiveram resultados superiores a 70%. Nas oito demais tarefas, o desempenho médio oscilou entre 35% e 0% de acertos. Em se tratando de alunos alfabetizados com um método fônico, os resultados impressionam bastante: fracassaram nas tarefas que mediam habilidades de consciência fonêmica, algumas treinadas pelo material didático a que estavam expostos.

Tabela 4: Média percentual de acertos de crianças recém-alfabetizadas com um método fônico em onze tarefas de avaliação da consciência fonêmica

TAREFA	MÉDIA DE ACERTOS
Identificação de palavras com o mesmo fonema inicial	81%
Produção de palavras a partir da escuta de fonemas	75%
Contagem de fonemas nas palavras	73%
Adição de fonemas em palavras reais	35%
Produção de palavras com o mesmo fonema inicial	33%
Identificação de palavras com o mesmo fonema final	28%
Síntese de fonemas para formar palavras	18%
Adição de fonemas em palavras inventadas	15%
Subtração de fonemas em palavras inventadas	14%
Subtração de fonemas em palavras reais	11%
Segmentação de palavras em fonemas	0%

Um exame qualitativo das verbalizações expressas e dos erros cometidos nas tarefas reafirmou as indicações de que, para as crianças que foram alfabetizadas com um método fônico, operar diretamente sobre os fonemas das palavras, sem o apoio das letras ou de sílabas, era, em geral, algo muito complexo ou impossível, mesmo todas elas já tendo alcançado uma hipótese de escrita alfabética e demonstrado serem capazes de usar nossas correspondências som-grafia para escrever, de modo legível, palavras com diferentes extensões. Alguns comportamentos merecem destaque:

- nas atividades de *identificar palavras com o mesmo fonema inicial, identificar palavras com o mesmo fonema final* e *produzir palavras com o mesmo fonema inicial*, respectivamente, apenas em 3%, 5% e 5% das respostas corretas as crianças justificaram pronunciando, de maneira isolada, os fonemas enfocados. Nas mesmas três tarefas, as justificativas apresentadas mencionavam as letras iniciais e finais em 63%, 20% e 40% das respostas, respectivamente;

- na tarefa de *contagem de fonemas*, as crianças tendiam a pronunciar as sílabas das palavras enquanto buscavam pegar cubinhos de madeira equivalentes a segmentos internos das sílabas ou soletravam abertamente as palavras e contavam cada letra. Também demonstrando que estavam recuperando a imagem da sequência de letras das palavras, tenderam a errar significativamente mais naquelas que continham dígrafos, dizendo, por exemplo, que "chuva" tinha "5 sonzinhos";

- nas quatro tarefas de *adição* e *subtração de fonemas iniciais em palavras reais* e *inventadas*, as crianças tiveram muitíssima dificuldade. Quanto a operar sobre palavras inventadas, contrariando a interpretação de alguns estudiosos – que concebem que tais tarefas são muito adequadas para avaliar a consciência fonêmica, já que o aprendiz não vai poder trabalhar sobre os significados de palavras conhecidas –, vimos que nossas crianças às vezes não conseguiam compreender o que eram solicitadas a fazer (mesmo tendo acesso à apresentação de itens de exemplo e de itens de treino com *feedback*). No caso da adição de fonemas em palavras inventadas, elas tendiam, por exemplo, a adicionar outro fonema à palavra escutada ou a produzir uma palavra com o fonema que o adulto tinha pronunciado isoladamente. Já no caso da subtração de fonemas iniciais de palavras inventadas, em 45% das respostas não detectamos qualquer indício que revelasse atividades de reflexão sobre fonemas.

Como é próprio da lógica da pesquisa experimental, alguém poderia indagar: quem garante que as professoras daqueles alunos de fato seguiam as instruções do método fônico aplicado naquelas escolas? Para dirimir esse tipo de dúvida, em outra pesquisa (ARAGÃO; MORAIS, 2017), fomos ainda mais rigorosos e examinamos crianças da mesma rede de ensino, cujas professoras seguiam, muito fielmente, as atividades propostas pelo Alfa e Beto. Para garantir o cumprimento de tal critério, acompanhamos e analisamos cinco jornadas de aula de cada uma das docentes, podendo constatar que elas de fato realizavam as tarefas (inclusive todas as de consciência fonêmica), tal como programadas pelos autores daquele método fônico.[37] Ante o observado no estudo anterior, decidimos excluir tarefas como as de adição e subtração de fonemas iniciais em palavras inventadas, já que tinham se mostrado tão estranhas para os alunos. As vinte crianças participantes desse novo estudo, todas já com uma escrita alfabética legível, foram testadas nas seguintes habilidades: identificação de palavras com o mesmo fonema inicial; identificação de palavras com o mesmo fonema final; produção de palavras que começam com o mesmo fonema; segmentação das palavras em fonemas; contagem de fonemas em palavras; adição de fonemas no começo de palavras; subtração de fonemas no começo de palavras; produção de palavras a partir da escuta de fonemas iniciais; e síntese de fonemas para formar palavra.

Os resultados obtidos (ARAGÃO, 2014; ARAGÃO; MORAIS, 2017) demonstraram, mais uma vez, que:

---

[37] Nas duas turmas nas quais as crianças estudavam com o Alfa e Beto, durante as 20 horas-aula observadas em cada sala as professoras investiram boa parte do tempo em atividades de consciência fonêmica (22% e 26% do tempo, respectivamente).

- em quatro tarefas, as crianças não tiveram acertos médios acima de 60%. Isso ocorreu quando lhes pedíamos para segmentar palavras em fonemas, subtrair o fonema inicial das palavras, produzir palavras que começam com o mesmo fonema ou sintetizar fonemas para formar uma palavra. Segmentar palavras em seus fonemas foi a habilidade que, mais uma vez, revelou estar menos desenvolvida;
- as habilidades em que os alunos apresentaram melhor resultado foram aquelas que avaliavam a capacidade de identificar palavras com mesmo fonema inicial ou final, além de produzir (dizer) uma palavra a partir da escuta de um fonema;
- as verbalizações das crianças novamente atestavam que elas pensavam sobre sílabas e letras e apenas raramente pronunciavam fonemas isolados.

Entre as pesquisas brasileiras que relacionaram as habilidades de consciência fonológica e o desenvolvimento da leitura identificamos a de Mousinho e Correa (2009), a qual foi realizada com 20 crianças não leitoras e 15 leitoras. Além da leitura de 24 palavras e do julgamento de palavras com rimas e sílabas iniciais iguais, as pesquisadoras realizaram algumas tarefas fonêmicas: subtração de fonemas iniciais, mediais ou finais; síntese e segmentação fonêmica; identificação de palavras com os mesmos fonemas em posição inicial, medial e final; e transposição de fonemas em palavras. Os resultados demonstraram que as atividades de síntese fonêmica, de segmentação em fonemas e de transposição fonêmica mostraram-se extremamente difíceis para todas as crianças. Mais uma vez tivemos evidências de que crianças leitoras não conseguem realizar certas tarefas fonêmicas. Além disso, as tarefas envolvendo subtração do fonema inicial e identificação de palavras com o mesmo fonema inicial foram consideradas, respectivamente, de níveis de dificuldade "médio" e de "difícil realização" para os alunos leitores.

Ao final deste capítulo, retomaremos a discussão dessas evidências tão contundentes, que nos levam a questionar a insistência de certos autores ou pesquisadores sobre a necessidade de treinarmos nossos alfabetizandos em tarefas que eles têm tanta dificuldade em realizar, mesmo quando já demonstram ter aprendido o princípio alfabético.

A consciência fonológica de jovens e adultos alfabetizandos da EJA

O estudo pioneiro realizado com analfabetos portugueses por José Morais e sua equipe (MORAIS *et al.*, 1979), revisado no Capítulo 1 deste livro, já nos indicava, ainda quando o conceito de consciência fonológica estava sendo gestado, que a condição de alfabetizado parecia um requisito para os indivíduos humanos desenvolverem algumas daquelas habilidades metafonológicas. O que sabemos sobre o tema, hoje, quando pensamos nos alunos e nas alunas que se inscrevem em turmas de alfabetização da Educação de Jovens e Adultos (EJA) no Brasil?

Em 2004, ao colaborarmos com o Programa Brasil Alfabetizado, tivemos a oportunidade de voltar a conviver de perto com alunos e professores de turmas de alfabetização na EJA, e pudemos, então, analisar mais minuciosamente suas habilidades de consciência fonológica. À época, nos deparamos com cenas como as seguintes:

- Bosco, 32 anos, pedreiro, aluno que começava a compreender a escrita num nível alfabético, queria escrever a palavra "boi" após ter assistido ao filme *Lisbela e o prisioneiro*, em que o animal aparecia. Depois de conversar com a mestra e decidir que ia usar as duas letras do começo de seu nome, escreveu-as, acrescentou a letra "I" e comentou: "Oxente, professora, um bicho daquele tamanho só tem três letras?"

- Josuel, 66 anos, aposentado, que no início do ano ainda não tinha consolidado uma hipótese silábica de escrita, falou para mim a palavra "mercado" quando lhe pedi que dissesse uma palavra maior que "loja" e explicou que " no mercado tem muitas lojas".

- Aguinaldo, 60 anos, mecânico, já com uma hipótese silábica de escrita bem avançada, ante a solicitação de dizer uma palavra parecida com "luva", me disse "lua" e explicou: "É que começam com 'L'". Quando lhe pedi para dizer uma palavra maior que "ponte", respondeu, de forma pausada, "pin-gue-la", justificando: "Porque 'pin-gue-la' é maior que 'pon-te'". Mas, quando pedi que dissesse uma palavra maior que "mar", se atrapalhou e falou: "Não tem não. Essa eu não sei não. Não tem não".

Aproveitamos a oportunidade de atuar junto ao Brasil Alfabetizado para produzir uma pesquisa sobre a consciência fonológica daqueles alfabetizandos mais velhos, cujos resultados aparecem mais detalhadamente em Morais (2010b) e assumiram a forma de dois subprojetos de pesquisa. Aquele desenvolvido por Soares, Costa e Morais (2004) foi o que enfocou a consciência fonológica dos jovens e adultos que acompanhamos.

As tarefas utilizadas avaliaram um conjunto de doze habilidades de consciência fonológica, que aparecem na Tabela 5 a seguir, e adotaram os mesmos cuidados metodológicos que já tínhamos empregado nos estudos que realizamos com crianças, revisados nas seções anteriores deste capítulo. Participaram 24 alunos, com idades entre 27 e 68 anos, selecionados para constituir 4 subgrupos, com 6 alfabetizandos cada. No início do semestre letivo, os aprendizes daqueles 4 grupos se caracterizavam por terem, respectivamente, uma escrita predominantemente pré-silábica, silábica, silábico-alfabética ou alfabética.[38] Os resultados encontrados nessa primeira coleta de dados aparecem resumidos na mesma Tabela 5 a seguir.

---

[38] Nas duas turmas que frequentavam, apenas 16% dos alunos iniciavam no Programa com uma hipótese predominantemente pré-silábica, o que indica como, apesar das fracassadas experiências prévias de escolarização, a convivência diária com a escrita fez com que esses alunos elaborassem certos conhecimentos sobre a notação alfabética nem sempre encontrados na mesma proporção entre muitas crianças que começam o ensino fundamental, mesmo quando eles, alunos da EJA, ainda não sabem ler e escrever convencionalmente e com um mínimo de autonomia.

Tabela 5: Média percentual de acertos nas tarefas que avaliavam habilidades de consciência fonológica de alunos da EJA de diferentes níveis de escrita no início do Programa Brasil Alfabetizado

TAREFA	PRÉ-SILÁBICO	SILÁBICO	SILÁBICO-ALFABÉTICO	ALFABÉTICO	MÉDIA TOTAL
Separação oral de sílabas	50%	92%	96%	92%	82%
Contagem de sílabas de palavras	75%	92%	87%	87%	85%
Separação de fonemas nas palavras	12%	17%	17%	17%	16%
Contagem de fonemas nas palavras	29%	46%	58%	37%	40%
Produção de palavras maiores	83%	87%	100%	92%	91%
Identificação de palavras maiores	75%	75%	83%	100%	87%
Identificação de palavras que começam com a mesma sílaba	54%	83%	62%	83%	71%
Produção de palavras que começam com a mesma sílaba	37%	71%	50%	54%	55%
Identificação de palavras que rimam	54%	75%	71%	58%	65%
Produção de palavras que rimam	33%	37%	46%	25%	35%
Identificação de palavras que têm o mesmo fonema inicial	37%	46%	67%	83%	58%
Produção de palavras que têm o mesmo fonema inicial	54%	87%	87%	79%	77%

No conjunto, encontramos algumas semelhanças entre os desempenhos revelados pelos jovens e adultos da EJA e aqueles demonstrados pelas crianças de primeiro ano que acompanhamos nos estudos que abriram este capítulo (MORAIS; LIMA, 1989; MORAIS, 2004; 2010a; 2015a; LEITE; MORAIS, 2012a). Por um lado, vimos que algumas tarefas eram extremamente difíceis, mesmo para os aprendizes com nível alfabético (mais uma vez, as tarefas que mediam as habilidades de *segmentação* e *contagem de fonemas*), e que os alunos da EJA, no início do programa de alfabetização, independentemente do nível de escrita, não se saíram tão bem em tarefas como a *identificação de palavras começadas com a mesma sílaba* ou as de *identificação* e *produção de palavras que rimam*. Também nos surpreendeu que todos os subgrupos de nível de escrita tenham se saído melhor na tarefa de *produção de palavras que começavam com o mesmo fonema* que naquela que solicitava a *produção de palavras começadas com a mesma sílaba*.

Ao mesmo tempo, encontramos mais oscilações nos desempenhos médios de sujeitos com hipóteses de escrita mais avançadas (silábico-alfabéticos e alfabéticos) quando comparados aos seus pares com hipóteses silábica ou pré-silábica em diferentes habilidades, como a *identificação de palavras que rimam* e a *produção de palavras que começam com a mesma sílaba*. Essas oscilações nos fazem lembrar a cena protagonizada pelo aluno Aguinaldo, apresentado no início desta seção, que sabia que "lua" e "luva" começam com a letra "L", mas se desconcertou ante o pedido de pensar numa palavra maior que a palavra "mar".

Esse "sincretismo" na forma de conhecer as palavras e raciocinar sobre elas, encontrado frequentemente em alguns jovens e adultos alfabetizandos, revelou-se também:

- num mais frequente emprego "misturado" dos termos "palavra", "letra" e "sílaba" (em relação às verbalizações de crianças);
- numa maior variação nas hipóteses de escrita que alguns demonstravam ao escrever um conjunto de palavras numa mesma ocasião. Num estudo que analisava a relação entre

conhecimento das letras e hipóteses de escrita (AZEVEDO; MORAIS, 2008), encontramos aprendizes adultos que, numa mesma ocasião, escreveram, por exemplo, "*gea*", "*lap*" e "*col*" para "janela", "lápis" e "sol", respectivamente, apresentando, portanto, características dos níveis silábico, silábico-alfabético e alfabético numa mesma tarefa de escrita espontânea sob ditado.

Ao lado disso, vimos que os raciocínios dos alunos da EJA, que apareciam subjacentes às tarefas de consciência fonológica, repetiam certos padrões que encontramos entre grupos de crianças em alfabetização. Por exemplo, nas tarefas de *segmentação de palavras em fonemas* ou de *contagem de fonemas*, mesmo os aprendizes mais avançados tendiam a pronunciar sílabas, a soletrar cada letra, a misturar letras com sílabas ou a não conseguir segmentar as palavras, sem que nenhum conseguisse segmentar corretamente uma palavra em cada um de seus fonemas. Insistimos que os acertos obtidos nessas tarefas se concentravam nos monossílabos constituídos por vogal + vogal, que, como já comentamos antes, não exatamente implicavam operar sobre fonemas, já que, isoladas, as vogais constituem sílabas no português. Na tarefa de *identificação de palavras que rimam*, alguns alunos avançados erravam porque pensavam em palavras que começavam com a mesma letra inicial, tal como fazem alguns meninos e meninas. Um exame qualitativo dos tipos de erros e acertos encontrados em cada tarefa de consciência fonológica que aplicamos aparece mais detalhadamente em Morais (2010b).

Ao final do semestre em que tinham frequentado o Programa Brasil Alfabetizado, vimos que os alunos apresentavam progressos visíveis em sua compreensão do SEA. Apenas um do subgrupo de pré-silábicos continuava no mesmo nível de hipótese, e todos os silábicos tinham migrado para níveis mais avançados, de modo que, dos 24 participantes, 23 apresentavam hipóteses alfabéticas ou silábico-alfabéticas. A Tabela 6 a seguir ilustra os novos desempenhos revelados nas doze tarefas que mediam habilidades de consciência fonológica.

Tabela 6: Média percentual de acertos nas tarefas que avaliavam habilidades de reflexão fonológica de alunos da EJA de diferentes níveis de escrita no final de um semestre do Programa Brasil Alfabetizado

TAREFA	PRÉ-SILÁBICO	SILÁBICO	SILÁBICO-ALFABÉTICO	ALFABÉTICO	TOTAL
Separação oral de sílabas	100%	–	85%	96%	92%
Contagem de sílabas de palavras	100%	–	96%	96%	96%
Separação de fonemas nas palavras	25%	–	25%	21%	23%
Contagem de fonemas nas palavras	100%	–	40%	42%	46%
Produção de palavras maiores	75%	–	95%	86%	89%
Identificação de palavras maiores	75%	–	100%	100%	98%
Identificação de palavras que começam com a mesma sílaba	25%	–	90%	100%	89%
Produção de palavras que começam com a mesma sílaba	50%	–	75%	79%	75%
Identificação de palavras que rimam	25%	–	95%	83%	83%
Produção de palavras que rimam	50%	–	75%	54%	62%
Identificação de palavras que têm o mesmo fonema inicial	50%	–	65%	87%	75%
Produção de palavras que têm o mesmo fonema inicial	100%	–	90%	92%	92%

É interessante observar que, excetuando a *identificação* e a *produção de palavras maiores*, em nenhuma outra tarefa os aprendizes com hipóteses alfabéticas ou silábico-alfabéticas de escrita revelaram 100% de acertos nas provas que mediam consciência fonológica. A maioria das comparações entre os dois grupos não revelou diferenças expressivas, embora, em alguns casos, os sujeitos silábico-alfabéticos tenham apresentado desempenho médio superior ao de seus pares com hipótese alfabética. Como nossa amostra foi pequena, não devemos nos arvorar a fazer grandes generalizações. No entanto, outros estudos brasileiros recentes (CHRAIM, 2011), realizados também com adultos, chegaram a conclusões muito semelhantes.

Analisando alfabetizandos da EJA da rede municipal de Florianópolis, Chraim (2011) constatou que eles tinham muita dificuldade e revelavam verdadeiro estranhamento quando solicitados a resolver as tarefas de consciência fonêmica da bateria *CONFIAS* (MOOJEN *et al.*, 2003).

Relações entre a consciência fonológica e o aprendizado da ortografia

As relações entre consciência fonológica e aprendizado da leitura têm sido muito mais exploradas que aquelas existentes entre consciência fonológica e domínio da norma ortográfica. No início deste milênio, orientamos e publicamos um estudo sobre o tema (PESSOA, 2007; PESSOA; MORAIS, 2010). Trataremos aqui apenas de uma parte da pesquisa desenvolvida, aquela que focou o domínio de regras ortográficas de tipo contextual, porque tem mais a ver com a etapa exatamente posterior à chegada a uma hipótese alfabética e com o aprendizado das relações som-grafia de nossa língua[39] vivido naquela etapa.

Naquela investigação, analisamos o nível de explicitação dos conhecimentos que crianças brasileiras de diferentes grupos socioculturais (meio popular e classe média) tinham a respeito de 22 regras contextuais de nossa ortografia (usos de "Z" no início de palavra; de "S" no início de palavra antes de "A", "O" e "U"; de "C" ou "QU"; de

---

[39] As crianças foram avaliadas quanto a seus conhecimentos ortográficos sobre regras contextuais (uso de "C" ou "QU", "R" ou "RR" etc.) e morfológico-gramaticais (como o uso do "ÃO" em "cantarão" e do "Z" em "beleza") com tarefas variadas: ditados de palavras reais, ditados de palavras inventadas, tarefa de transgressão intencional e entrevista clínica. Essa diversidade de tarefas buscava examinar o nível de explicitação consciente que as crianças tinham desenvolvido sobre aquelas diferentes regras de nossa norma ortográfica. A esse respeito, ver também Morais (1998).

"G" ou "GU"; de "R" ou "RR"; de "M", "N", "NH" ou til para nasalizar; de "O" ou "U" e de "E" ou "I" no final de palavras).

As quarenta crianças participantes (vinte de classe média e vinte de meio popular) foram divididas em quatro grupos de dez, dois de alunos de segunda série e dois de alunos de quarta série. Cada um deles era composto por aprendizes que, em suas turmas, se enquadravam nos subgrupos de alto e baixo desempenho ortográfico. Sim, como estávamos examinando crianças com hipótese alfabética que já escreviam de forma convencional e legível, queríamos examinar a existência de alguma relação entre a consciência fonológica e o alto ou baixo desempenho ortográfico e, para isso, não incorporamos os alunos que apresentavam, em cada turma, desempenho ortográfico mediano.

As dez habilidades metafonológicas avaliadas foram: *identificação de palavras que começam com a mesma sílaba*; *produção de palavras que começam com a mesma sílaba*; *identificação de palavras que rimam*; *produção de palavras que rimam*; *identificação de palavras que começam com o mesmo fonema*; *produção de palavras que começam com o mesmo fonema*; *segmentação de palavra em fonemas*; *contagem de fonemas de palavras*; *adição de fonema no início de palavras*; e *subtração de fonema no início de palavras*. Obviamente, todos os cuidados experimentais adotados nos estudos anteriores foram replicados.

As análises quantitativas realizadas demonstraram várias diferenças significativas em função de as crianças serem de determinado grupo sociocultural ou de revelarem alto ou baixo desempenho ortográfico geral. As crianças de classe média tiveram escores significativamente mais altos que seus pares de classe popular em todas as habilidades de consciência fonológica avaliadas, exceto na que media a capacidade de identificar palavras que começavam com a mesma sílaba. Essa constatação reitera evidências sobre a desigual distribuição social de oportunidades de apropriação da escrita em nosso país e sugere que diferenças criadas logo no início do processo de escolarização tendem a se perpetuar.

Já os alunos dos subgrupos com melhor desempenho ortográfico demonstraram se sair significativamente melhor apenas nas seguintes quatro tarefas metafonológicas: *produção de palavras que começam com a mesma sílaba*; *identificação de palavras que começam com o mesmo fonema; adição de fonema no início de palavras; subtração de fonema no início de palavras*. Por outro lado, não foram encontradas diferenças estatisticamente significativas em função da série escolar (segunda *versus* quarta) para nenhuma das tarefas de consciência fonológica. Isso sugere que, mesmo para aquelas tarefas que representaram maior dificuldade, a simples frequência à escola nos anos imediatamente posteriores à alfabetização não implicaria necessariamente um incremento no desenvolvimento metafonológico. Enfim, o grupo sociocultural revelou-se um fator mais determinante sobre aquele desenvolvimento e, em menor grau, o desempenho ortográfico ou a série escolar.

As análises entre habilidades metafonológicas e regras ortográficas contextuais específicas só revelaram a existência de correlação para 8 das 22 regras investigadas, o que sugere, mais uma vez, uma baixa vinculação direta entre as habilidades metafonológicas e o domínio de regras ortográficas contextuais. Isto é, ao menos numa etapa posterior à alfabetização inicial, as habilidades de consciência fonológica, por si sós, não pareceram ser determinantes para o rendimento na apropriação de várias regras contextuais.

As análises qualitativas realizadas sobre as verbalizações que as crianças apresentavam para as diferentes tarefas (Pessoa, 2007; Pessoa; Morais, 2010) demonstraram que, no geral, aquelas de meio popular tinham mais dificuldade (que seus pares de classe média) em explicitar os segmentos sonoros (sílabas, rimas, fonemas) sobre os quais estavam pensando e que, nas provas fonêmicas, independentemente da origem sociocultural, reapareciam as mesmas condutas de soletrar e de contar letras no lugar de contar fonemas, indicativas de que estavam recorrendo à imagem gráfica das palavras que tinham em suas mentes.

Os resultados que obtivemos na pesquisa agora tratada se afastaram do que Rego e Buarque (1997) constataram quando examinaram o papel de uma habilidade de consciência fonológica (subtração de fonema inicial em palavras reais e inventadas, tratadas conjuntamente) sobre o rendimento ortográfico de 46 crianças de classe média baixa, que se encontravam na primeira e segunda séries do ensino fundamental de uma escola privada. As crianças foram solicitadas a notar palavras com os dígrafos "QU", "GU", "RR" e "SS", além de palavras com "M" ou

"N" em sílabas nasais. Em suas análises, as autoras encontraram uma correlação entre o desempenho na tarefa de consciência fonológica e o domínio das regras contextuais investigadas. Como há grandes diferenças entre aquela pesquisa e a nossa (quanto às séries dos alunos, quanto ao número de habilidades metafonológicas e quanto às regras contextuais estudadas), fica difícil, de fato, estabelecer comparações.

Em síntese: resumindo algumas lições que as evidências dos estudos revisados nos sugerem

Discutiremos agora alguns dos principais ensinamentos que colhemos das pesquisas revisadas nesta etapa do livro e que levaremos em conta ao abordar, no Capítulo 3 deste texto, princípios e procedimentos para promover a consciência fonológica desde o final da educação infantil. Sem nenhuma intenção de ter um sentido mandatário de decálogo, as tais lições alcançaram tal quantidade (10), e são:

1) A despeito de a teoria da psicogênese da escrita nunca ter reconhecido de forma explícita a consciência fonológica, esta constituiria fator necessário para uma criança avançar em suas concepções sobre como funciona nosso sistema alfabético. Para sair de uma hipótese pré-silábica e começar a "fonetizar a escrita" (desde o início da etapa silábica até a alfabética), a criança lança mão de várias habilidades de consciência fonológica que vai desenvolvendo. Pensar na quantidade de sílabas das palavras e comparar palavras quanto ao seu tamanho seriam habilidades obrigatórias para a criança passar a adotar uma hipótese silábica estrita, colocando uma letra para cada sílaba oral, mesmo que aquelas letras não sejam usadas com seus valores sonoros convencionais.

2) Porém, a consciência fonológica não é por si só suficiente para assegurar a compreensão de nosso sistema alfabético. Algumas crianças permanecem com hipóteses menos avançadas de escrita (pré-silábicas, por exemplo), apesar de terem avançado em várias habilidades metafonológicas no mesmo nível que seus colegas que já revelam hipótese alfabética. Interpretamos que isso se deve a não

terem conseguido resolver os aspectos conceituais de compreensão do sistema alfabético apontados por Ferreiro (1990), como tratar as letras (com suas variedades de traçado – P, p, $\mathcal{P}$, $\mathcal{p}$, ℙ, ℗) como membros de uma mesma classe de objetos substitutos e compreender a relação entre partes orais e partes escritas das palavras.

3) Existe desenvolvimento de várias habilidades metafonológicas, como as de identificar palavras que começam com a mesma sílaba ou de identificar palavras que rimam, mesmo quando uma criança ainda não atingiu uma hipótese silábica. Embora o contato com a notação escrita alavanque a capacidade de refletir sobre segmentos orais e de compreender sua relação com seus substitutos escritos, sobretudo no nível dos fonemas, o desenvolvimento das habilidades de consciência fonológica não seria uma mera consequência do contato com a notação escrita, uma mera decorrência de a escrita permitir ao aprendiz pensar sobre as partes sonoras das palavras. A interação entre domínio da notação escrita e desenvolvimento da consciência fonológica é inegável, mas algumas habilidades metafonológicas podem se desenvolver muito antes de a criança usar as letras como objetos que substituem sons.

4) A evolução no desempenho de diferentes tarefas que medem a consciência fonológica durante o ano letivo de alfabetização é um fato, e assume nuances delicadas e complexas. Assim, por exemplo, no início do ano letivo, crianças que já tinham alcançado uma hipótese alfabética ainda não acertavam sempre as questões de identificar palavras que começavam com a mesma sílaba e, só ao longo do ano, chegavam ou se aproximavam dos 100% de acertos. Por outro lado, crianças que no início do ano estavam ainda com uma hipótese pré-silábica conseguiam responder corretamente a alguns itens de tarefas mais complexas como a identificação de palavras que compartilhavam as mesmas sílabas ou fonemas iniciais, inclusive dando justificativas verbais que isolavam as sílabas do começo das palavras parecidas. Isto é, não parecia haver polarizações do tipo "acertar tudo ou nada" quando os aprendizes colocavam em ação suas habilidades metafonológicas. Demonstrando que aquelas habilidades de refletir sobre a dimensão sonora das palavras são algo

multifacetado e complexo, nem sempre a mesma criança parecia conseguir acionar, numa tarefa que lhe propúnhamos, os mesmos esquemas para resolver os quatro itens envolvendo diferentes palavras.

5) Nem todas as habilidades de consciência fonológica medidas por pesquisadores e por baterias de diagnóstico (usadas por psicopedagogos e fonoaudiólogos, por exemplo) seriam importantes para uma criança vir a se apropriar da escrita alfabética. Diferentes operações cognitivas implicam diferentes complexidades, de modo que, ainda que consideremos um mesmo tipo de segmento sonoro (sílaba ou fonema), não é o mesmo ser capaz de segmentar uma palavra naquelas partes menores ou identificar duas palavras que começam de modo igual (com a mesma sílaba ou com o mesmo fonema). Além disso, características das palavras (como a estrutura silábica, o número de sílabas, a tonicidade) influem sobre as habilidades que o indivíduo consegue demonstrar ao realizar uma mesma operação metafonológica.

6) O fonema não é uma "unidade" naturalmente pronunciável em voz alta. Assim, treinar, nas salas de aula de alfabetização, habilidades fonêmicas que mesmo crianças já alfabetizadas têm dificuldade em aprender implica, ao nosso ver, uma injustificável e desnecessária sobrecarga cognitiva. Se crianças alfabetizadas com métodos fônicos demonstram ter dificuldade ou serem incapazes de segmentar palavras em seus fonemas, não haveria por que insistir sobre tal situação de tortura. Como observam Aragão e Morais (2013), para crianças com hipótese alfabética torna-se nitidamente desmotivador ter que ficar pronunciando fonemas isolados quando os autores de uma cartilha fônica o impõem.

7) O fato de as crianças, ao resolverem muitas tarefas fonêmicas, demonstrarem estar operando sobre letras não deveria ser negligenciado, e sim fazer-nos reconhecer que os fonemas são inerentemente pouco palpáveis, pronunciáveis etc. (cf. SOARES, 2016). Deveria também nos fazer admitir que, do ponto de vista cognitivo, operar com letras não é o mesmo que acessar "fonemas" na mente. Pensar sobre letras implica recuperar a imagem gráfica das palavras.

Se isso é feito para raciocinar sobre os sons das mesmas palavras, não nos permitiria deduzir que o aprendiz estivesse, internamente, "isolando explicitamente sons em estado puro". Ao dizerem que tanto "palito" como "peteca" "começam com /pa/", as crianças nos dão indicações de que trabalham de modo mais difuso com a noção de fonema como "unidade". A insistência em ver os fonemas como unidades discretas, a que as crianças teriam fácil acesso, parece-nos não só altamente questionável, como também reveladora de uma visão adultocêntrica de aprendizagem da escrita.

8) Reduzir consciência fonológica à consciência fonêmica seria um grave erro. Sobretudo porque poderia levar a escola e os educadores a negligenciar o papel de certas habilidades fonológicas aparentemente mais simples, mas que, no início do desenvolvimento metalinguístico do aprendiz, são para ele complexas novidades. Estamos nos referindo, por exemplo, às habilidades de comparar palavras quanto ao tamanho (identificando e produzindo palavra maior que outra) que têm se revelado fundamentais para uma criança desenvolver uma hipótese silábica de escrita. Ou às habilidades de identificar e produzir palavras começando com a mesma sílaba, que tendem a ser negligenciadas por estudiosos que as rotularam como mera "sensibilidade fonológica", porque eles parecem só valorizar a consciência fonêmica. O curioso é que os defensores dessa purista visão de consciência fonêmica tendem a valorizar, em especial, aquelas tarefas fonêmicas que as crianças demonstram ter muita dificuldade em realizar e diante das quais, para dar as respostas corretas esperadas pelo adulto, elas, crianças espertas, recorrem às letras e à imagem gráfica das palavras em questão.

9) O papel da consciência fonológica no aprendizado da norma ortográfica do português é menos evidente que a importância que ela, a consciência fonológica, assume para o aprendizado do sistema alfabético. Contudo, as significativas diferenças encontradas ao compararmos crianças com alto e baixo desempenho ortográfico no que diz respeito ao domínio de regras ortográficas de tipo contextual ("G"/"GU", "R"/"RR" etc.) sugerem que os alunos com baixo rendimento ortográfico podem ser ajudados a avançar, se tiverem

auxílio para aprimorar suas habilidades metafonológicas, num nível semelhante ao alcançado por seus pares "bons em ortografia".

10) O desenvolvimento das habilidades de consciência fonológica certamente não é uma questão maturacional, definida por um relógio biológico universal, que estaria no genoma de todos os aprendizes da espécie humana. Os estudos com jovens e adultos da EJA revelam o quanto alguns ainda têm dificuldade em compreender que uma palavra pode ser maior que a palavra "mar". Os estudos com crianças de 5 anos demonstram o quanto o desenvolvimento de certas habilidades de consciência fonológica (como a detecção de rimas e de sílabas iniciais iguais) pode avançar mais ou menos, no final da educação infantil, em função das oportunidades que a criança vivencia na escola (e fora dela).

Concluímos esse "decálogo" falando de oportunidades sociais e mencionando o papel da escola na democratização do direito a viver situações de desenvolvimento da consciência fonológica. Eis o tema de que nos ocuparemos na próxima etapa de nosso livro.

CAPÍTULO 3
COMO PROMOVER, NA SALA DE AULA, A CONSCIÊNCIA FONOLÓGICA DE CRIANÇAS FALANTES DO PORTUGUÊS?

Apresentação

Nesta seção, após as necessárias discussões conceituais e de evidências de pesquisa até aqui feitas, vamos expor e analisar uma proposta de ensino que, desde o final da educação infantil, assume, na escola, a tarefa de promover nas crianças falantes do português a vivência de situações que as desafiem a ludicamente refletir sobre "palavras e suas partes" a fim de facilitar o aprendizado do sistema de escrita alfabética.

Num primeiro momento, definiremos princípios gerais sobre o quê quando e como realizar atividades envolvendo a consciência fonológica e quais seriam estas, decidindo quais habilidades serão priorizadas e de que forma as situações de reflexão metafonológica deverão ocorrer a partir dos 4/5 anos de idade. Defenderemos um ensino que assegure a reflexão simultânea sobre as formas orais e escritas das palavras e criticaremos os habituais "treinamentos" de consciência fonêmica que alguns autores querem impor como solução para a alfabetização.

Discutiremos, então, situações de sala de aula que envolvem jogos com palavras e atividades com poemas, além de cantigas, parlendas e outros textos poéticos da tradição oral. Nossa intenção, nessas seções, será identificar princípios e procedimentos que docentes experientes têm adotado e que podem nos auxiliar a tornar mais eficiente a forma como ajudamos nossos aprendizes a refletir sobre as palavras e a avançar em sua compreensão da notação alfabética.

Para concluir, voltaremos nossa atenção para a avaliação da consciência fonológica no dia a dia da sala de aula. Sem propor formas únicas ou padronizadas de atuar, nossa intenção é prover alternativas didáticas para que os professores as selecionem, recriem e ampliem, de acordo com seus saberes e suas prioridades.

Princípios gerais para o planejamento e a realização de um ensino que vise à promoção da consciência fonológica

Quando fazer e o que fazer

As evidências das pesquisas tratadas no Capítulo 2 e sintetizadas ao final deste constituem os pilares fundadores do que agora vamos propor. Nossa intenção básica é responder às questões *quando, o quê* e *como* fazer ao pensarmos em atividades que ajudem todos os meninos e todas as meninas a assumirem uma curiosa atitude de reflexão sobre as palavras da língua. Lembramos ao leitor que tal proposta tem como marco a necessidade de alfabetizar letrando e que, já há algum tempo (Morais, 2004; 2006a; 2012), assumimos que, no final da educação infantil e nos três anos do ciclo de alfabetização, de segunda a sexta-feira, o ensino de língua materna precisa conciliar a reflexão sobre as palavras e sobre sua notação com as práticas de leitura e produção de textos. Sim, é preciso enfatizar que só nos interessa buscar facilitar o domínio da escrita alfabética com a certeza de que vamos assegurar aos aprendizes a vivência diária de ricas e prazerosas práticas de imersão no mundo dos textos que ouvimos, lemos, falamos e escrevemos.

Quanto à questão de *quando* começar a promover habilidades de consciência fonológica na escola, precisamos considerar o atual contexto brasileiro, em que todas as crianças de 4 e 5 anos adquiriram o direito de frequentar a educação infantil. Em outros países, como França e Portugal (Cf. France, 2015; Portugal, 2016), tem sido frequente a aceitação do princípio de que cabe à escola ajudar as crianças do final da educação infantil a compreender o funcionamento do sistema alfabético, sem que isso implique um ensino sistemático das correspondências som-grafia.

Tal posição já vinha sendo defendida pelo CEEL-UFPE (cf. Brandão; Leal, 2010) e, nesse compromisso, nossa equipe tem assumido também o da defesa do direito de crianças de final da educação infantil viverem situações lúdicas de reflexão metafonológica (cf. Morais; Silva, 2010). Como detalharemos, julgamos que, no ano letivo em que as crianças fazem 4 anos, o trabalho de reflexão sobre palavras deve ser menos sistemático que no ano seguinte, e deve envolver habilidades de consciência fonológica que costumam se desenvolver mais cedo.

Se alguém nos pergunta por que situar o final da educação infantil como momento para iniciar a promoção da consciência fonológica, esclarecemos que nossa experiência tem demonstrado que, se algumas crianças (sobretudo de classe média) têm mais facilidade em se apropriar da escrita alfabética porque, espontaneamente ou a partir da experiência escolar, desenvolvem uma atitude curiosa de analisar as palavras que falam e escutam antes do primeiro ano do ensino fundamental, isso não pode ser generalizado para a maioria dos aprendizes, e é principalmente entre os filhos das camadas populares que tal reflexão espontânea menos se evidencia.

Em contrapartida, tal como analisamos na seção iniciada na p. 97, quando essa atitude de reflexão fonológica é tratada como objeto de ensino sistemático no final da educação infantil, o que se constata é que crianças de meio popular demonstram uma evolução muito maior de suas habilidades de consciência fonológica e de suas hipóteses de escrita. Nesses casos, descobrimos que os filhos de famílias pobres podem, inclusive, se sair bem melhor que crianças de classe média que são limitadas a fazer exercícios de coordenação motora e de discriminação perceptiva, típicos das antigas "preparações para a alfabetização" (cf. Cabral, 2013). Assegurar que as crianças de meio popular tenham o direito de avançar em suas habilidades de reflexão metalinguística constitui para nós, então, um ingrediente na luta pela redução do *apartheid* educacional que vivemos no país e na busca pelo sucesso de todos os meninos e de todas as meninas em sua escolarização inicial.

Mas, se ainda temos crianças chegando ao primeiro ano do ensino fundamental, ou aos anos seguintes do primeiro ciclo daquela etapa, sem ter vivido oportunidades que lhes permitissem avançar em suas habilidades de reflexão fonológica, é óbvio que precisamos praticar com elas tal reflexão. Enquanto tivermos, no primeiro ciclo, alunos que não atingiram uma hipótese alfabética de escrita ou que, apesar de terem alcançado tal estágio de compreensão, revelam muitas dificuldades para dominar certas correspondências som-grafia, devemos promover situações em que possam analisar as partes orais das palavras ao mesmo tempo que comparam suas formas escritas.

O primeiro ano do ciclo de alfabetização continua sendo uma etapa em que a maioria das crianças precisa ser ajudada a desenvolver as habilidades metafonológicas que participam do complexo processo de apropriação da escrita alfabética, quando, como demonstrou a teoria da psicogênese, avançam em suas hipóteses sobre *o quê* a escrita nota e *como* ela cria notações. Se ainda temos, no primeiro ano, alunos com hipóteses de escrita pré-silábicas ou silábicas, precisamos ajudá-los a analisar as partes orais das palavras, para que avancem nas questões conceituais que lhes permitirão progredir na compreensão das relações entre partes orais e partes escritas e entre todos orais e todos escritos.

Se já alcançaram uma hipótese silábico-alfabética ou alfabética de escrita, certas habilidades de reflexão fonológica continuarão sendo mobilizadas, para que aprendam e venham a automatizar as relações letra-som que tornam suas competências de leitura de palavras cada vez mais autônomas, o que facilita a mobilização de estratégias de compreensão leitora dos textos. Quanto à escrita, as mesmas habilidades de reflexão fonológica, quando promovidas e acionadas no exercício de aprendizagem das relações som-grafia, permitirão que os alfabetizandos escrevam selecionando letras com os valores sonoros convencionais que podem assumir, e avançando em seus conhecimentos sobre certas regularidades da norma ortográfica.

Quanto à questão *o quê*, isto é, quais habilidades de consciência fonológica tomar como importantes no final da educação infantil e no ciclo de alfabetização, as evidências de nossas pesquisas (vide Capítulo 2) têm demonstrado a inadequação de priorizarmos diversas atividades fonêmicas[40] tratadas por certos pesquisadores e autores de cartilhas fônicas como essenciais. Preferimos excluí-las de nossa proposta de ensino, porque elas se revelaram impossíveis ou muito difíceis de serem realizadas, mesmo por alunos que já alcançaram uma hipótese alfabética e que leem e escrevem usando os valores sonoros convencionalizados para as letras no português. Nada justifica uma sobrecarga cognitiva desnecessária e, o pior de tudo, desmotivadora para quem tem direito a aprender de modo prazeroso.

Adotando uma concepção construtivista de desenvolvimento da consciência fonológica e de aprendizado do sistema alfabético, entendemos que são certas habilidades que surgem mais cedo – e que nossos olhos de adultos julgam "mais fáceis" – as que devemos eleger como essenciais para serem trabalhadas na escola. Elas aparecem listadas no Quadro 10.

Quadro 10: Que habilidades de consciência fonológica vamos promover no dia a dia?

A fim de auxiliar nossos alfabetizandos a avançar em sua compreensão e domínio da escrita alfabética, consideramos prioritário ajudá-los a serem capazes de:
- separar palavras em suas sílabas orais;
- contar as sílabas de palavras orais;
- identificar entre duas palavras qual é maior (porque tem mais sílabas);
- produzir (dizer) uma palavra maior que outra;
- identificar palavras que começam com determinada sílaba;
- produzir (dizer) uma palavra que começa com a mesma sílaba que outra;
- identificar palavras que rimam;

---

[40] Estamos nos referindo a atividades de segmentação de palavras em fonemas, síntese de fonemas escutados para formar uma palavra e adição/subtração/substituição de fonemas para formar novas palavras.

- produzir (dizer) uma palavra que rima com outra;
- identificar palavras que começam com determinado fonema;
- produzir (dizer) uma palavra que começa com o mesmo fonema que outra;
- identificar a presença de uma palavra dentro de outra.

Ao acompanhar a ordenação das habilidades no quadro anterior, o leitor poderá ter detectado alguns dos critérios subjacentes a nossas escolhas, que cuidaremos de explicitar em seguida. Alguns daqueles critérios já dizem respeito, também, à organização do ensino – e, consequentemente, ao "como trabalhar" na sala de aula –, mas serão abordados já nessa subseção, porque têm a ver com a ordem de aparição e o grau de complexidade das habilidades em si.

No final da educação infantil (desde os 4 anos), parece-nos importante estimular as crianças a brincarem de pronunciar palavras separando suas sílabas orais e de contar tais "pedacinhos". Por quê? Embora tais habilidades tendam a se desenvolver espontaneamente, vimos, na seção iniciada na p. 73 deste livro, que certas crianças pré-silábicas, mesmo na primeira série, ainda tinham dificuldades de separar e contar as sílabas de palavras que escutavam, e vimos que seus erros pareciam ligados ao fato de certas palavras conterem mais sílabas (isto é, serem tri ou polissílabas) ou de apresentarem certos padrões de tonicidade (por exemplo, serem proparoxítonas, como "música"). Como tais habilidades são necessárias para se refletir sobre os "tamanhos" das palavras (em oposição aos tamanhos dos objetos ou referentes que elas substituem), parece-nos adequado ajudar meninos e meninas a desempenhá-las com a melhor precisão possível, até o início do último ano da educação infantil.[41]

---

[41] Numa pesquisa em curso, estamos acompanhando o desenvolvimento de algumas habilidades de consciência fonológica de crianças de 4 anos advindas de classe média (CM) e de classe popular (CP). Com relação às capacidades de *separar* e *contar* sílabas orais das palavras, constatamos que, ao final do ano letivo, as crianças de CP tinham, respectivamente, médias de acertos de 48% e 53%, enquanto seus pares de CM alcançavam médias de acertos de 58% e 64%. Isso

No mesmo Capítulo 2 (cf. seção iniciada na p. 97), se vimos que a maioria das crianças concluía o ano letivo no qual completavam 5 anos conseguindo identificar qual a maior entre duas palavras escutadas, também vimos (nas seções iniciadas na p. 73 e na p. 86) que eram as crianças ainda com hipótese pré-silábica que tinham dificuldade de fazer tal julgamento e que frequentemente se deixavam guiar por um "realismo nominal", pensando no tamanho dos objetos e não no tamanho das palavras que os denominam. Por essa razão, também insistimos em colocar no início das habilidades listadas no Quadro 10 aquelas relativas às capacidades de *identificar* e *produzir palavras maiores* que outras.

Ainda com relação à ordem de introdução das habilidades no ensino, o leitor poderá ver que priorizamos, em seguida, a análise daquelas habilidades que envolvem refletir sobre semelhanças sonoras das sílabas iniciais ou das partes finais (isto é, das rimas) de palavras. E que propositalmente deixamos para depois habilidades que implicam identificar ou produzir semelhanças sonoras decorrentes do fato de as palavras compartilharem o mesmo fonema inicial. Nossos estudos demonstraram que a chegada a uma hipótese silábica e a uma hipótese alfabética, na maioria das crianças, refletia o avanço no domínio daquelas habilidades sobre sílabas e, em seguida, sobre fonemas.

Se pensamos no que fazer até o final da educação infantil, entendemos que um ensino que promove a reflexão sobre semelhanças sonoras no nível das sílabas iniciais e das rimas tem se revelado bastante eficaz para ajudar as crianças a avançarem na sua compreensão do SEA, de modo a termos constatado que muitas (cerca de 50%), ao viverem uma experiência escolar desse tipo, concluem a educação infantil com hipóteses silábico-alfabéticas e alfabéticas de escrita (cf. seção iniciada na p. 97). Não estão alfabetizadas, mas já compreendem a "lógica" do sistema alfabético e usam várias de suas letras com seus valores sonoros convencionais.

Assim, parece-nos mais adequado só priorizar atividades de identificação e de produção de palavras que são semelhantes por começarem

---

nos sugere a adequação de, na escola, reduzir as diferenças sociais através de um ensino que ajude os filhos das camadas populares a refletir sobre os "pedaços" das palavras que pronunciam.

com o mesmo fonema quando já temos, no grupo-classe, mais alunos compreendendo a "lógica" do SEA e podendo se beneficiar de um ensino sistemático das correspondências som-grafia de nossa língua. Numa língua com razoável regularidade nas relações entre grafemas e fonemas, como é o caso do português, a reflexão sobre partes orais equivalentes a sílabas (sobretudo as iniciais) ou a rimas parece ser o caminho natural que a maioria das crianças percorre para superar uma hipótese silábica.

Se considerarmos que, ao atingirem uma hipótese alfabética, na qual ainda não adquiriram automatismos no uso das relações letra-som, nossas crianças tendem a adotar um tratamento fonológico sequencial (MORAIS, 1986) quando buscam ler e escrever palavras – isto é, vão convertendo sílabas escritas ou letras isoladas em "pedaços sonoros" e, no caso da escrita, buscando as letras para as sílabas orais que pronunciam –, entenderemos o quanto atividades que promovem a reflexão sobre semelhanças sonoras no nível do fonema, associadas ao exame da forma escrita daquelas palavras que "soam parecido", podem auxiliar os aprendizes no domínio das convenções letra-som de nossa notação alfabética.[42]

O leitor também pode ter observado, na listagem do Quadro 10, que as habilidades de *identificar* (sílabas, rimas e fonemas) apareceram sempre antes daquelas que implicam *produzir* – isto é, dizer – palavras que são maiores ou que são parecidas por compartilharem aqueles mesmos segmentos sonoros. Do ponto de vista cognitivo, geralmente temos mais facilidade em identificar características semelhantes ante estímulos que já nos são apresentados num conjunto (por exemplo, buscar, entre três nomes de gravuras, aquele que rima com o nome de outra que acabamos de escutar) que ter que evocar em nossa mente, sem nenhuma "amostra" (de palavras ou gravuras) à nossa vista, um exemplar

---

[42] Além de excluir atividades que promovem habilidades fonêmicas que nos parecem desnecessárias ou que exigem que os alunos recorram à imagem mental das letras para poder responder (vide capítulos 1 e 2), também excluímos atividades de identificação e produção de palavras que compartilham um mesmo fonema em posição medial ou final, porque, de modo semelhante, nos parecem exageradamente complexas, desnecessárias ou passíveis de solução apenas a partir de um apelo ao exame de suas formas gráficas.

que pertença à mesma categoria (no exemplo em pauta, uma palavra que rima com outra). Sim, em ambos os casos a tarefa do indivíduo implica *classificar* ou *categorizar*, com a diferença que, ao *produzir* (dizer), ele próprio tem que "puxar" de seu léxico mental a solução. Nos diferentes estudos feitos com crianças, revisados nas seções iniciadas na p. 72 e na p. 73, vimos que produzir semelhanças sonoras geralmente se mostrava um pouco mais complexo que identificá-las.[43]

No final de nosso Quadro 10, introduzimos uma habilidade – *identificar a presença de uma palavra dentro de outra* – que não aparece como tarefa experimental nem em nossas pesquisas nem nas que conhecemos, realizadas por outros estudiosos, seja em português ou em outros idiomas. Estamos falando de pedir a crianças para descobrirem qual ou quais palavras a gente pode encontrar dentro de palavras como "luva", "serpente", "macaco" ou "camaleão".

Esclarecemos que o lugar reservado para essa atividade na listagem do quadro não tem a ver com uma gradação, no sentido de ela ser necessariamente mais complexa que, por exemplo, atividades nas quais as crianças devem identificar palavras que são parecidas porque compartilham o mesmo fonema inicial. Na realidade, a agregamos porque, em nossa experiência junto a crianças de 5 anos ou do primeiro ano do ciclo de alfabetização, temos constatado o quanto brincar de "detetive que descobre palavras dentro de palavras" tem um efeito de prazerosa surpresa e ajuda nossos aprendizes a explorarem o princípio gerativo de que "com mesmas partes podemos formar novas palavras", constatando tal princípio elevado ao seu grau máximo: existem palavras já prontas dentro de outras que já estão aí, no mundo (das palavras), e, se formos curiosos, podemos "pescá-las".

---

[43] Ao criar sequências didáticas para o ensino de regularidades diretas, contextuais e morfológicas de nossa ortografia (cf. MORAIS, 1998; ALMEIDA, 2013; 2018; ALMEIDA; MORAIS, 2016), também temos usado o princípio de pedir aos alunos para classificarem palavras quanto a certas semelhanças (isto é, *identificar* palavras com grafemas idênticos, porque têm a ver com certas regras) *antes* de pedir que evoquem em suas mentes e escrevam (*produzam*) palavras nas quais aquelas mesmas grafias aparecem, seguindo os mesmos atributos (regras) que praticaram nas tarefas de classificação/identificação.

Foi também de forma proposital que não propusemos atividades em que as crianças são solicitadas a segmentar frases em palavras batendo palmas para cada palavra falada/escutada ou contando quantas palavras há. Conforme nos ensinam Blanche-Benveniste (2003) e Ferreiro (2003; 2007), interpretamos que a noção de palavra que usamos no senso comum – e que também é adotada por muitos estudiosos do aprendizado da escrita alfabética – é derivada da modalidade escrita da língua, na qual as palavras passaram a ser separadas umas das outras por espaços em branco há apenas alguns séculos. Não vemos, portanto, sentido em tratá-la como uma habilidade "de consciência fonológica", e julgamos equivocado esperar que crianças que ainda não dominam a escrita alfabética sejam capazes de, apenas escutando ou falando, separar e computar quantas palavras há, por exemplo, numa sequência falada como [õdɛkisiŋkõntranɔvakãtina], isto é, "onde é que se encontra a nova cantina?".

Como fazer

Desde nossa atuação como assessores do ciclo de alfabetização da rede pública de ensino de Recife (1986-1988),[44] apostávamos em alguns princípios para a realização de atividades promotoras da consciência fonológica, como a opção por atividades lúdicas (em lugar de treinamentos pouco significativos), a conjugação da reflexão fonológica com a exploração da forma escrita das mesmas palavras e o uso de gravuras como suporte para reduzir a tarefa cognitiva dos aprendizes, ao menos no que diz respeito à memória de trabalho. De lá para cá, temos aprofundado nossas reflexões sobre esses critérios e acrescentado outros, que trataremos nas subseções a seguir.

Cabe esclarecer, de início, que nunca consideramos adequado ou legítimo propor um "programa padronizado", um conjunto pronto de sequências didáticas, visando sistematizar o ensino que assume como

---

[44] Naquela empreitada, trabalhamos o tempo todo com a colega Noêmia de Carvalho Lima, sob a coordenação de Maria Eliana Matos de F. Lima. Portanto, as duas também participaram da geração de algumas das ideias e alguns dos encaminhamentos que vamos discutir em seguida.

meta desenvolver a consciência fonológica. Em diferentes línguas (português, francês, inglês etc.) já encontramos esse tipo de manual que, sob a intenção de facilitar o trabalho do professor, predefine completamente as diferentes situações de ensino-aprendizagem que deveriam ocorrer ao longo do ano letivo envolvendo reflexões sobre sílabas, rimas, fonemas etc. Tais propostas tendem a ser pensadas para um ensino que envolve atividades resolvidas simultaneamente pelo coletivo de crianças, e sugerem ao professor que, em uma ordem fixa, realize aquelas tarefas já oferecidas prontas pelo autor do material.[45]

Numa perspectiva diferente, o tipo de proposta que aqui estamos detalhando pressupõe que cabe aos docentes:

- ajustar as atividades de promoção da consciência fonológica aos níveis de seus alunos, selecionando, sempre que possível, jogos e tarefas distintas para subgrupos de crianças que se encontrem em diferentes níveis de apropriação do sistema alfabético;
- lançar mão dos materiais disponíveis em sua escola, em sua comunidade. Como veremos nas seções especificamente ligadas a atividades com jogos e com textos poéticos da tradição oral (cantigas, parlendas etc.), nos últimos anos, nossas redes públicas de ensino têm recebido diversos materiais que permitem o exercício de habilidades de reflexão metafonológica através de jogos e de livros que despertam o interesse infantil por brincadeiras com as palavras;
- criar, recriar, ampliar os jogos e as tarefas ligadas à consciência fonológica que propõem a seus alunos. Em didática, se compreendemos que tipo de trabalho cognitivo desejamos que os aprendizes vivenciem, podemos enxergar variações diversas para praticarmos uma mesma habilidade, como "identificar palavras que começam com determinada sílaba".

---

[45] São exemplos daquelas propostas padronizadas Adams *et al.* (2006) e Goigoux, Cèbe e Paour (2004).

Posto isso, explicaremos agora alguns dos princípios que têm orientado, de maneira geral, nossas opções sobre como realizar as atividades voltadas à promoção da consciência fonológica.

Ludicidade em lugar de "treinamentos"

Nos últimos anos, vemos um crescente apelo à ludicidade como justificativa para praticar-se atividades na escola. Temos nossas ressalvas ao que interpretamos como "fetichização do lúdico", porque, ao trabalhar e pesquisar no interior das salas de aula, vemos que muitos professores continuam a praticar situações de ensino e aprendizagem pobres, pouco significativas e que mantêm a criança como reprodutora de informações únicas e prontas, mas que são travestidas de brincadeira e que, então, são abençoadas, porque são "lúdicas".

Entendemos que a busca por boas situações de ensino, nas quais a ludicidade é elemento inerente (e não apêndice, cosmético ou disfarce), é algo necessário em função de o brincar ser constitutivo da condição de criança, independentemente de sua origem sociocultural ou da época em que nasceu. Conseguir ajudar a aprender brincando é respeitar um modo básico de funcionar das crianças, é realizar um ensino que aciona a motivação intrínseca: o indivíduo sente desejo de aprender porque experimenta o prazer de explorar, de descobrir, de viver o gozo de competir e ganhar etc. E pensamos que esse tipo de ensino, que causa desejo de aprender e prazer em fazê-lo, não pode ser algo exclusivo da educação infantil, tem que ocorrer também no ensino fundamental.

Sabemos que, em muitas e diferentes culturas, as situações de brincadeiras e de jogos (no sentido de jogos de regras, por exemplo) também têm, frequentemente, por objeto a linguagem. Brincar da "língua do pê, brincar de "adedonha/adedanha" (ou stop), brincar de "forca" são alguns exemplos que logo nos vêm à mente, ao lado de outras formas de se divertir com caça-palavras ou cruzadinhas. Ao refletir sobre o tema, Debyser (1991) nos faz ver que os "jogos de linguagem", tão frequentes nas mais variadas sociedades, permitem introduzir, na sala de aula, um espaço de prazer e de ampliação das capacidades humanas de lidar com a linguagem numa dimensão *estética*, *gráfica* e *sonora*.

Os grifos são nossos e têm a intenção de explorar a riqueza que está subjacente aos "jogos de linguagem" (Teberosky, 2010). Quer assumam a forma de jogos de regras (um bingo com base nas sílabas iniciais de palavras), quer de atividades de "brincar de explorar o interior das palavras" sem competir (parafraseando, por exemplo, um poema rimado de José Paulo Paes), tais jogos permitem à criança examinar efeitos estéticos produzidos por repetições e contrastes de sons, de letras, de palavras ou de grupos de letras, e se deleitar com tais descobertas, apreciando os efeitos resultantes: seja por se sentir capaz de identificar "todas" as palavras que começam com uma sílaba ouvida, seja por achar engraçadas as aliterações de uma parlenda como "O doce perguntou pro doce [...]", ou por descobrir que em certas palavras ou apelidos há pedaços que se repetem ("vovó", "bebê", "papa", "Lili", "Dudu", "Bibi" etc.).

Promover a consciência fonológica através de "jogos de linguagem", sejam jogos de regras com competição ou mais livres, tem sido um princípio partilhado por diferentes pesquisadores e manuais didáticos (Brasil, 2009; Morais; Silva, 2010; Teberosky, 2010; Viana; Ribeiro, 2014; Araújo, 2017). Essa perspectiva se contrapõe, assim, às soluções apresentadas por certos programas de "treinamento da consciência fonológica".

Em diferentes países, com diferentes línguas, pesquisadores da área têm proposto a solução de criar programas de treinamento de consciência fonológica que são aplicados, via de regra, no final da educação infantil, de modo a preparar as crianças para a alfabetização formal. As críticas que temos a tais programas apontam o que nos parecem ser as seguintes limitações:

- fica evidente, em tais treinamentos, a visão de notação escrita como mero código e a simplificação do que se entende por domínio do sistema alfabético a uma mera aprendizagem associativa de quais fonemas corresponderiam a quais grafemas;
- a notação escrita tende a ser excluída da reflexão sobre as palavras, de modo que as crianças não são ajudadas a observar as semelhanças gráficas de palavras que partilham os mesmos "pedaços sonoros", ou isso só aparece na etapa final do "treinamento";

- as atividades propostas assumem uma sequência fixa, a partir da qual, como já dito, se desrespeita a diversidade de saberes dos alunos e de seus professores.

Na mesma linha, que trata a notação escrita como mero código, encontramos certas propostas como os "alfabetos de boquinhas", nos quais as crianças são treinadas para associar letras não só a seus fonemas, mas a seus modos/pontos de articulação. Nesse caso, fica ainda mais evidente uma visão estritamente associacionista de aprendizagem do sistema alfabético.

Como veremos nas seções iniciadas na p. 160, na p. 184 e na p. 193, que discutem como brincar com palavras através de jogos ou de textos poéticos adequados para tal, a ludicidade pode ser casada a situações bem mais reflexivas e menos padronizadas quanto à fixidez dos conteúdos e da ordem das atividades. Assim, optamos por situações mais livres, que, além de permitirem às crianças brincar com as palavras, não tiram dos professores a condição de autores do ensino que praticam.

Reflexão sobre palavras examinando, simultaneamente, suas partes orais e escritas

Na seção anterior, apontamos como uma limitação o fato de o contato com a forma escrita das palavras ser geralmente excluído da reflexão sobre estas nos "pacotes" que visam "treinar" habilidades de consciência fonológica. Adotando uma visão empirista, tais propostas demonstram conceber o alfabeto como um simples código, cuja aprendizagem dependeria de, num primeiro momento, a criança ser capaz de isolar segmentos sonoros das palavras para, só depois, ela ser chamada a ver as unidades gráficas (letras) referentes àqueles segmentos.[46] Num passe de mágica, bastaria memorizar as letras referentes a cada

---

[46] Na França, esse viés simplista fica evidente nos currículos de educação infantil desde os anos 1990, quando estes começaram a trazer a seção que trata de consciência fonológica na parte destinada ao "desenvolvimento da oralidade", separando-o do que depois se prescreve para a iniciação no mundo letrado e para a compreensão do princípio alfabético (ver, por exemplo, que isso permanece no *Programme* divulgado pelo Ministério de Educação francês em 2015 (FRANÇA, 2015).

"pedacinho sonoro" anteriormente isolado, e o aprendiz alcançaria o entendimento de como o alfabeto funciona, dominando aquilo que tais autores chamam de "compreensão do princípio alfabético".

Um primeiro dado que se constata é que, naquele tipo de proposta limitada, as crianças não são ajudadas a observar as semelhanças gráficas de palavras que partilham os mesmos "pedaços sonoros". Em alguns daqueles materiais, essa comparação (entre partes orais e escritas) aparece apenas na etapa final do "treinamento".

Diferentes estudiosos nos ajudam a propor uma abordagem completamente diferente, na qual defendemos que as crianças sejam, sempre que possível, chamadas a refletir sobre as partes orais das palavras, confrontando-as com suas formas escritas.

Ferreiro (2003), ao analisar as relações de (in)dependência entre oralidade e escrita, já nos ensinava que a própria reflexão sobre a modalidade oral da língua foi alavancada, ao longo da história, pela escrita, já que esta transformava algo volátil em opaco, permitindo tratarmos a fala como um objeto analisável.

A escrita estabiliza, materializa o não tratável na mente como unidade, permite analisar paradigmaticamente sequências repetidas, além de propiciar a leitura do que já foi escrito. Analisemos cada parte dessas afirmações.

A escrita estabiliza porque torna material e porque unifica a forma de registrar palavras que podem ser pronunciadas com pequenas variações conforme o dialeto do falante ou conforme a circunstância (uma mesma pessoa não fala exatamente do mesmo jeito quando está apressada ou cansada etc.). Para uma criança principiante no aprendizado da notação alfabética, se deparar com a sequência de letras "casa" e saber que ela substitui a palavra oral [kaza] é um estímulo adicional a parar para pensar sobre a sequência de sons [ka] [za], que pronunciava, via de regra, sem refletir.[47]

---

[47] Insistimos sobre o dado de que, também ao se deparar várias vezes com a mesma palavra escrita "casa", ela pode se dar conta de que se escreve sempre do mesmo jeito, independentemente do tamanho, dos formatos ou da aparência das inúmeras casas que existem no mundo.

A escrita materializa aquilo que não é tratado na mente como unidade. No Capítulo 2 deste livro vimos, repetidamente, o quanto os fonemas são difíceis de serem isolados, que não são exatamente unidades com uma identidade estável, e o quanto esquecer isso revela uma visão adultocêntrica. Vimos, também, que a maioria dos fonemas (consonânticos) só pode ser pronunciada agregando-se a uma vogal, e que as crianças demonstram recorrer aos nomes das letras e à imagem escrita das palavras para poder refletir sobre suas partes sonoras menores. Soares (2016) também analisa esse tema em profundidade, compartilhando da mesma visão de que é a escrita que ajuda as crianças a pensar sobre essas coisas voláteis que são os pequenos segmentos sonoros das palavras.

A escrita permite analisar paradigmaticamente sequências repetidas. Como veremos ao discutir as seções de sala de aula em que as crianças brincam com as palavras, listar, numa coluna, palavras começadas com a mesma sílaba à medida que os alunos as vão dizendo durante um jogo ("Lá vai um barquinho carregado de...") é criar um "paradigma" a ser desvelado. Foram ditas, por exemplo, as palavras "macarrão", "maleta", "maçã", "maracujá" e "mala", porque todas começavam com o mesmo "pedaço oral" que "macaco". Agora elas estão arrumadas numa coluna, na qual todas compartilham, em seu começo, a sequência de letras "MA". Algo salta aos olhos. Ter, diante de si, aquele "paradigma" é viver uma oportunidade de pensar sobre as relações entre partes orais iguais e partes escritas iguais.

Finalmente, *a escrita permite ler o que já foi escrito* e, ao fazê-lo, pensar sobre unidades orais difíceis de segmentar. Estudando crianças holandesas, Van Bon e Duighuisen (1995) constataram que, muitas vezes, elas conseguiam ortografar corretamente palavras com sequências de fonemas que não conseguiam segmentar de modo correto, um a um. A escrita permite analisar quais unidades orais "já se foram" e quais "falta colocar no papel", sem necessariamente pronunciar cada fonema isolado.

Para fechar esta subseção, lembramos ao leitor que, no clássico experimento de Bradley e Bryant (1983), revisado no Capítulo 1 deste livro, as crianças do grupo que analisava semelhanças sonoras ao mesmo tempo que via as formas escritas das palavras foram as que, de fato, avançaram significativamente no domínio do sistema alfabético.

Se temos essa informação há mais de trinta anos, por que não se valer dela para alfabetizar melhor?

A escolha do repertório de palavras sobre as quais as crianças vão refletir, a exploração dos nomes próprios e o uso de gravuras para apoiar a análise sonora das palavras

Assistimos, nas últimas décadas, a uma grande aceitação da proposta de explorar, desde o final da educação infantil, os nomes próprios das crianças como objeto de reflexão nas salas de aula. Se retomaremos as vantagens que existem em trabalhar com esses nomes e com outras palavras que se tornem "estáveis" para os aprendizes, queremos iniciar a discussão desse tópico defendendo que nossos alunos têm o direito de refletir sobre quaisquer palavras que conheçam. Como propomos que, ao lado da vivência de práticas de leitura e de produção de textos, os meninos e as meninas precisam se deter na análise de *palavras*, vamos elencar alguns princípios que temos adotado para realizar a seleção daqueles objetos – as palavras – que, para se tornarem objetos de conhecimento, precisam ser examinados através da reflexão.

Critérios que podemos usar para selecionar as palavras que julgamos adequadas para promover a consciência fonológica

A partir de nossas concepções teóricas e nossa experiência pedagógica, defendemos que:

1) *Não* é necessário ou obrigatório que tais palavras tenham sido extraídas de um texto previamente lido.

Em muitos casos, não há nenhum mal nisso. Ao explorar poemas, por exemplo, isso é uma vantagem adicional. Depois de repetir certas palavras (da poesia) que conseguem identificar, porque aquele texto foi lido e explorado mais de uma vez com a professora, as crianças podem dizer outras palavras que rimam ou que começam de forma semelhante à dos vocábulos do poema que estão identificando. Mas, então, já não estarão se restringindo ao repertório *daquele texto*. Estarão pensando sobre "todas as palavras do mundo".

No caso dos jogos para a promoção da consciência fonológica, a "descontextualização" das palavras sobre as quais os alunos são chamados a refletir fica ainda mais evidente como algo necessário ou natural. Num jogo como o "batalha de palavras", em que, a cada jogada, ganha quem tem a palavra com mais sílabas, as crianças se engajam numa situação de explícita reflexão sobre as palavras do mundo como objetos em si. Como elas gostam muito de brincar com palavras soltas, assim e de outras formas, não vemos quais argumentos alguns adultos teriam para julgar inadequado que vivam, fora de textos, tal situação de prazerosa apreciação metalinguística das palavras (todas e quaisquer, insistimos) que usam no dia a dia.

2) Também *não* nos parece adequado que as palavras que as crianças são chamadas a focalizar façam parte de uma lista de palavras que pertençam a um mesmo campo semântico (por exemplo, nomes de animais ou de personagens de contos de fadas).

Considerando os comentários que acabamos de fazer sobre a exploração de palavras a partir de um poema ou de um jogo, concluímos que o não confinamento a um campo semântico constitui um critério não só necessário, mas até saudável, porque ajuda as crianças a pensarem nas propriedades das palavras, independentemente das características físicas ou funcionais dos objetos a que se referem. A superação do realismo nominal e a descoberta de que palavras que soam parecido tendem a ser escritas com as mesmas letras, como já dissemos, exigem que o aprendiz se desprenda dos significados e se atenha a analisar os significantes orais das palavras que falamos.

3) Consideramos importante que as palavras sobre as quais as crianças venham a exercer uma consciente reflexão fonológica sejam familiares, conhecidas.

Desse modo, o fato de não terem dúvidas sobre seus significados facilitará que foquem a atenção nos significantes orais, isto é, na sequência de "partes sonoras" que assimilam, ao ouvir e pronunciar aqueles vocábulos.[48]

---

[48] Isso não implica que palavras originalmente estranhas para as crianças, cujo

Um ponto a reiterar é que *não* usamos pseudopalavras quando fazemos atividades de ensino visando promover qualquer habilidade de consciência fonológica. Como já explicamos nos capítulos anteriores, as pseudopalavras (ou palavras inventadas) tendem a causar dificuldade para as crianças identificarem a sequência sonora que estão escutando (por exemplo, diante de /*fatipa*/, podem perceber /*vatipa*/). Por essa razão, e por serem, obviamente, palavras "desconhecidas", não as consideramos um bom recurso para atingir nossas metas.

4) Finalmente, é preciso estar alerta, em várias situações, para selecionar com cuidado as palavras que elegeremos como objeto de reflexão fonológica, considerando detalhes como a frequência com que vocábulos contendo certas partes orais ocorrem em nossa língua.

Se a escolha do/da professor(a) por trabalhar uma palavra que surgiu de repente na sala de aula, sem planejamento prévio, pode ser legítima e adequada caso aquela palavra se preste para explorarem habilidades de consciência fonológica que se deseja promover, lembramos que é importante o/a docente estar atento(a) para quais palavras vai pedir às crianças para analisar, especialmente nas tarefas que envolvem *produzir* (dizer) novas palavras com determinada sílaba inicial, com determinada rima, começando por determinado fonema ou que tenham certo tamanho. Por quê?

No vocabulário de uma língua, a quantidade de palavras que contêm certos segmentos sonoros varia muito, ainda mais quando pensamos nos vocábulos que são de uso frequente no cotidiano. Considerando o vocabulário com que uma criança está mais familiarizada, vai ser mais fácil, por exemplo, encontrar palavras que comecem com a mesma sílaba que "maleta" ou "palito" que fazer o

---

significado foi buscado e discutido, não possam se tornar objeto de reflexão em sua dimensão sonora. Por exemplo, se a palavra "salamandra" apareceu numa lenda, e se fomos buscar seu significado no dicionário, seria muito interessante, num momento posterior, brincar de encontrar palavras que têm um começo semelhante ao dela, de modo a reforçar a ideia de que "podemos pensar sobre todas as palavras que conhecemos".

mesmo tendo como referência as palavras "vela" e "fechadura". Será mais produtivo encontrar palavras que rimem com "feijão" ou "pato" que recordar outras que rimem com "sofá" ou "bolsa". De modo semelhante, será mais fácil dizer uma palavra maior que o dissílabo "mesa" que encontrar uma "mais comprida" que o polissílabo "computador". Sobretudo quando as crianças estão começando a praticar certa habilidade, o cuidado de que agora estamos falando permitirá que tenham mais possibilidades de buscar, em seus léxicos mentais, palavras que contenham aquele atributo sonoro sobre o qual estão refletindo. E, ao verem que estão acertando, gostarem de estar pensando em palavras e brincando com elas.

Ainda quanto ao tamanho das palavras, é interessante, para ajudar as crianças a avançarem em suas hipóteses de escrita, criar situações nas quais produzam listas de palavras com diferentes quantidades de sílabas e ir registrando-as num cartaz à medida que novas vão sendo exploradas e se tornando "familiares". Produzir um cartaz específico de monossílabas e cartazes com listas de palavras com mais sílabas (di, tri e polissílabas) vai permitir observar o quanto, no léxico de nossa língua, há menos palavras "muito pequenas" que palavras "com mais pedaços".

O lugar dos nomes próprios nas atividades de consciência fonológica

Voltando ao tema dos nomes próprios, além do valor afetivo e do sentido de identificação que encerram, são importantes objetos de reflexão sobre as relações entre formas orais e escritas, porque, por serem mais facilmente memorizados, adquirem o caráter de "palavras estáveis", que permitem à criança observar, numa fase inicial, que as letras que escrevem uma palavra não podem ser mudadas, que a ordem em que aparecem não pode variar, que as letras que aparecem no "meu" nome não são "minhas" apenas e, portanto, estão nos outros nomes próprios e em outras palavras do mundo etc. Mas a estabilidade, como veremos, também poderá e deverá ser tomada como princípio para não nos atermos apenas aos aspectos gráficos (do repertório de letras), mas para explorarmos também a dimensão fonológica dessas palavras.

Várias crianças fazem isso espontaneamente (analisar as partes sonoras dos seus nomes e dos outros alunos da turma), como observam os docentes que exploram "tais palavras especiais" com seus alunos.[49]

O que defendemos é uma análise que não se atenha apenas às letras dos nomes (em sua dimensão gráfica). Parece-nos também fundamental uma exploração daquelas palavras especiais de modo a, intencionalmente, levarmos os aprendizes, em diferentes e repetidas ocasiões, a observarem que:

1) alguns nomes próprios são parecidos, porque começam (com sílabas orais) ou terminam (com rimas) de forma idêntica;
2) muitos nomes próprios se parecem com outras palavras do mundo, porque começam ou terminam com "pedaços sonoros iguais".

Desse modo, levamos as crianças a focalizar os "pedaços sonoros compartilhados" ao mesmo tempo que observam quais letras também são semelhantes entre os nomes em análise.

Com crianças que ainda não alcançaram uma hipótese silábica, ou que precisam aprimorá-la – no sentido de buscar usar letras com seus valores convencionais –, investimos também na reflexão sobre os "tamanhos" dos nomes próprios, de modo a fazê-las viverem uma série de comparações: quanto à quantidade de sílabas de cada nome, entre as quantidades de sílabas e as de letras e quanto ao fato de terem "pedaços gráficos" que são iguais e que, ao falarmos, pronunciamos de modo parecido.

Outras palavras que se tornem estáveis para as crianças também merecem o mesmo lugar de reflexão especial. Vimos, numa turma em que crianças de 5 anos estavam desenvolvendo um projeto sobre a vida das borboletas, que a maioria delas, ao final das atividades, já conseguia reproduzir, quase fielmente, o nome do inseto agora tão conhecido. Espontaneamente pediam para demonstrar que sabiam escrevê-lo e tendiam a produzir notações como "*boboleta*" ou "*borbolta*". Muitas ainda tinham hipóteses pré-silábicas ou silábicas de escrita, mas puderam participar – e aproveitar bastante –, brincando de identificar palavras que rimavam

---

[49] Cabe insistir que não se trata de "cada criança pensar sobre seu nome próprio", mas sim de, no coletivo, os aprendizes poderem analisar o conjunto de nomes do grupo-classe, da professora, de familiares etc.

com "borboleta" ("chupeta", "careta", "gaveta", "vareta" etc.) em dois jogos que envolviam tal habilidade. No último deles, a professora os desafiou a descobrir, no meio de outros nomes que ela ia lendo, quais terminavam como "borboleta" ("Marieta", "Julieta", "Violeta", "Henriqueta", "Loreta", "Antonieta", em meio a outros nomes próprios que não tinham tal terminação). Esse é um bom exemplo para vermos, também, que palavras menos conhecidas ou familiares (como "Antonieta" e "Henriqueta") não precisam desaparecer do cenário de reflexão das crianças, mas se adequam melhor para atividades em que exerçam a tarefa de *identificar*, em lugar de ter que produzir/evocar outra palavra contendo determinado segmento sonoro.

Insistimos que a estabilidade de certas palavras – especialmente os nomes próprios – constituem um bom "andaime" (no sentido usado por Jerome Bruner), no qual se apoiam, também, crianças que já chegaram ou estão chegando a uma hipótese alfabética.

Numa situação, pedimos a uma menina chamada Gabriela, quando tinha 5 anos e meio, que escrevesse "borboleta" (tema do projeto que tinha construído com sua turma no semestre anterior) e outras palavras ("bota", "letra"), escolhidas de modo proposital por poderem ser geradas, quase completamente, usando a notação da palavra estável "borboleta". Apesar de produzir a notação "*borbolta*", para registrar as outras palavras, a criança colocou "OA" (para "bota") e "EA" (para "letra"), o que indicava ter alcançado uma hipótese silábica de qualidade (isto é, com valor sonoro convencional).

Dois meses depois, a vimos escrevendo, espontaneamente, numa grande folha de papel, "borboleta", "casa" e "Gabriela". Elogiamos e a desafiamos a escrever a palavra "boca". Ela se excitou, olhou para a notação "borboleta" enquanto pronunciava [bo]-[bo]-[bo] e, logo depois, apontou para a sílaba "BO" de "borboleta" e a escreveu no fim da folha (BO). Pronunciou então [ka] e disse: "Caio! Eu sei escrever 'Caio' [nome de um coleguinha seu] desde o infantil 2" (penúltimo ano da educação infantil, que havia cursado no ano anterior). Tal solução nos surpreendeu por dois aspectos. Em primeiro lugar, constatamos que ela não se referiu à palavra "casa", que tinha notado por conta própria poucos minutos antes. O nome próprio "Caio" parecia servir ainda como melhor apoio para suas reflexões sobre que letras usar para notar as "partes sonoras" que, de modo explícito, demonstrou precisar analisar (isolar e pronunciar em voz alta) sequencialmente. Em segundo lugar, ficamos contentes por ver que agora ela conseguia usar as letras com seus valores convencionais, de modo a poder gerar novas palavras com grafias idênticas às produzidas por nós adultos, porque tinha alcançado uma hipótese alfabética.

Os professores que temos acompanhado têm investido bastante em explorar os nomes próprios no momento de acolhida, no início do turno. Isto é, aproveitam aquela ocasião para que a "chamada" sirva como gancho para variadas reflexões metafonológicas em torno dos nomes das crianças. Em tais situações, é comum o/a docente pegar as fichas com os nomes e, ocultando-os, pedir que os alunos adivinhem qual nome tem em mãos, dizendo, a cada dia, um comando diferente, que implique refletir sobre as partes sonoras ao ouvir dicas como:

I) "Esse aqui começa com [ma]."
II) "Esse termina com [ãw]."
III) "Começa igual a [vi-olão]" ou "Começa feito [sa-pato]."
IV) "Começa com [ma] e termina com [na]."
V) "Termina com [ra] e começa com [la]."
VI) "Tem quatro pedaços e começa com [ga]."

Obviamente, além de variarem o comando "de análise fonológica" do dia, também exploram, em dias variados, a dimensão gráfica dos mesmos nomes.[50]

A importância do uso de figuras nas atividades de promoção da consciência fonológica

A apresentação de cartelas contendo desenhos ou fotografias de objetos cujos nomes têm determinado segmento sonoro permite à

---

[50] Nesses casos, no mesmo contexto de adivinhação, alternam dicas como: I) "Começa com 'M', depois tem um 'A'"; II) "Termina com 'N' e 'O'"; III) "Tem só quatro letras e começa com 'T'"; IV) "Começa com um 'P' e termina com 'O'"; V) "Tem muitas letras e começa com 'E'"; ou VI) "Tem poucas letras e começa com 'R'". Também usam o alfabeto móvel para que as crianças selecionem as letras e remontem seus nomes, ou fazem bingos com cartelas contendo os nomes próprios.

criança recuperar a palavra oral sobre a qual vai refletir, e isso reduz a sobrecarga em sua memória de trabalho, porque, olhando a imagem, ela pode sempre recuperar a palavra (isto é, o significante oral) que está focalizando.

Nas atividades de identificação (de palavras parecidas ou maiores/menores que outras) isso fica muito evidente, mas também ocorre nas tarefas "de produção": se, ante o pedido de dizer palavras que terminem como "panela", a criança enxergar à sua frente a gravura desse objeto, estará sempre podendo rememorar seu nome e repensar sobre suas partes. Isso também tem um peso grande nas atividades de identificação de palavras dentro de palavras, já que, nestas, a criança assume uma tarefa cognitivamente complexa: manter em sua mente a palavra oral original (por exemplo, "macacão") ao mesmo tempo que busca dentro dela outra(s) palavra(s). A presença da figura, além de garantir a recuperação do significante oral, isto é, a sequência sonora que constitui a palavra, cria um contraste ainda mais evidente entre os objetos (ou referentes) do mundo real e as partes orais que aparecem nos nomes com que são designados.

Uma questão da qual não podemos fugir é como vamos chamar cada gravura. Como muitas coisas no mundo têm denominações que variam, precisamos combinar com o grupo de alunos que tal figura vai ser chamada "jacaré" (e não "crocodilo") ou "galinha" (e não "frango"), para que todos compartilhem os mesmos significantes sonoros na hora de refletir.

Vivemos numa época em que imagens (desenhos, fotografias) são facilmente acessíveis na internet. A seleção e a impressão de imagens permitem criarmos um banco de cartelas contendo figuras que poderão ser organizadas e reagrupadas para jogos e outras atividades, conforme a habilidade fonológica que queiramos exercitar com os alunos. Um banco que pode crescer sempre, e que pode ser compartilhado por docentes que trabalham numa mesma escola.

Na constituição desses "bancos de imagens", os docentes que atuam numa mesma instituição podem se dividir nas tarefas de buscar fotos ou desenhos de palavras que: I) começam de forma parecida; II) rimam; III) contêm outras palavras em seu interior; IV) são monossílabas ou polissílabas; V) contêm sílabas repetidas etc. A busca de tais vocábulos é uma boa oportunidade para nós, adultos, nos darmos conta de características de nossa língua como a baixa frequência de monossílabos com referentes concretos no mundo real ("pão", "mão", "pé", "pá", "nó", "sol" etc.) em relação ao conjunto de palavras da língua ou a baixa frequência de palavras conhecidas com determinada terminação (por exemplo, palavras que rimem com "bolsa").

O papel da verbalização como promotora da consciência fonológica e a não necessidade de usar vocabulário da gramática tradicional em sala de aula

No Capítulo 1 desse livro, retomamos um pouco o modelo de Karmiloff-Smith (1992) para nos ajudar a discutir o que é "consciência". Embora tenhamos aprendido com aquela estudiosa que alguém pode ter consciência de algo e não saber verbalizar o porquê, nossas pesquisas, tanto sobre ensino do sistema alfabético como sobre ensino de ortografia, têm demonstrado que estimular as crianças a verbalizar, a justificar o que estão pensando ao comparar palavras ou escrevê-las é, sim, um ótimo recurso para promover a tomada de consciência. Por isso, defendemos que a verbalização funciona como estímulo especial para o tratamento "explícito consciente verbal" de unidades orais (e gráficas) das palavras. Se brincadeiras de comparar palavras quanto ao tamanho ou de encontrar palavras que rimam são, em si, atividades metalinguísticas, explicitar os porquês de nossas decisões acaba sendo algo bem coerente: assume-se, de modo claro, que estamos vivendo o exercício de verdadeira atitude metalinguística.

Sousa, Silva e Ribeiro (2014) analisaram as verbalizações de crianças recifenses do final da educação infantil ao brincarem com jogos em que deviam identificar palavras maiores que outras, palavras que rimavam ou que começavam com a mesma sílaba. As autoras constataram coisas interessantes, como:

- quando jogavam pela segunda vez, as crianças já assumiam, bem espontaneamente, sem o adulto precisar induzir, a produção de verbalizações variadas, que indicavam como estavam analisando as palavras e resolvendo o jogo. Assim, por exemplo, apesar de estarem competindo, indicavam a um colega que ele tinha uma cartela relativa à palavra com determinado som ou com determinado tamanho;

- quando jogavam pela segunda vez, o número de verbalizações equivocadas se reduzia bastante;
- as verbalizações equivocadas mostravam ao adulto que a criança podia estar fazendo outro tipo de análise fonológica (quando, por exemplo, pensava apenas na mesma vogal da sílaba inicial das palavras, em lugar de pronunciar toda a sílaba inicial). Desse modo, ficava mais fácil ajudar o aluno a compreender que tipo de análise se estava esperando que ele fizesse no jogo;
- as crianças incorporavam facilmente a explicitação das partes das palavras, pronunciando-as de modo segmentado. Assim, por exemplo, no jogo "batalha de palavras", um aluno que tinha pego a cartela do "computador" e tinha ganhado dizia "[kõ] [pu] [ta] [do] tem quatro pedaços, e [me] [za] só tem dois".
- os alunos que já demonstravam mais habilidades fonológicas também se beneficiavam ao ter que explicar para os colegas como resolveriam a jogada, porque eram obrigados a verbalizar as unidades sobre as quais pensavam.

Em nossa experiência, temos insistido sobre a não necessidade de cobrarmos que as crianças usem precocemente termos metalinguísticos da gramática pedagógica tradicional, como "sílaba" e "rima". Portanto, não vemos por que deveriam usar uma palavra como "fonema". Embora reconheçamos que alguns naturalmente verbalizem coisas como "Passo, eu não tenho nenhuma rima" ou "A minha tem mais, tem cinco sílabas", desejamos que a incorporação desse vocabulário ocorra naturalmente, e não constitua um pré-requisito para as crianças brincarem e pensarem sobre as palavras. Enfim, parece-nos igualmente gratificante ouvir uma criança dizer que "malabarista" tem cinco "pedaços" ou cinco "sílabas".

Textos poéticos da tradição popular (cantigas, parlendas, trava-línguas, cordéis, adivinhas, lenga-lengas etc.), poemas e canções atuais: por que explorá-los para promover a consciência fonológica?

No cotidiano das turmas de educação infantil, vários dos textos poéticos da tradição oral anteriormente mencionados fazem parte de diversas situações em que as crianças se divertem e brincam na sala de aula e no pátio. O que muitos educadores não pararam ainda para analisar é que aqueles gêneros textuais de domínio púbico constituem excelente material para ajudarmos nossos aprendizes a refletir sobre as palavras da língua, em suas dimensões gráfica e sonora, ao mesmo tempo que brincam com versos e suas palavras.

Em certos países de língua francesa, a exploração das *comptines* (designação equivalente às nossas parlendas, cantigas etc.), antes e durante a alfabetização, é algo já instituído nos currículos nacionais e nos bons materiais didáticos. O mesmo se observa em muitos países de língua inglesa, onde as equivalentes *nursery rhymes* foram redescobertas como bom recurso lúdico para promover a consciência fonológica. Felizmente, nas últimas edições do Programa Nacional do Livro Didático (PNLD), bons livros destinados ao ciclo de alfabetização, sobretudo os concebidos para o primeiro ano, passaram a enriquecer seu repertório de gêneros textuais com cantigas, parlendas, adivinhas e afins.[51]

O mesmo poder de unir ludicidade e reflexão sobre palavras, agora aliado à inovação estética, pode ser encontrado nas poesias infantis produzidas por escritores de nosso país. Além dos pioneiros, como Henriqueta Lisboa, Cecília Meireles e Vinicius de Morais, temos diversos nomes reconhecidos e consagrados a partir dos anos 1980 – como Elias José, Tatiana Belinky, José Paulo Paes, Ruth Rocha, Ana Maria Machado, Sérgio Capparelli e Sylvia Orthof –, além de vários outros poetas e poetisas que, escrevendo para crianças, têm sido divulgados e admirados

---

[51] Infelizmente, não temos encontrado investimento na promoção da consciência fonológica em livros didáticos (cf. PAULA; MORAIS, 2007) e "apostilados" destinados à educação infantil (cf. GOMES; MORAIS, 2015).

nas últimas décadas. Nesse caso, precisamos valorizar os autores de cada estado e de cada cidade do país que, ao "poetarem", nos fazem embarcar no universo de magia e sensibilidade das poesias para crianças.

Um capítulo especial precisa ser aberto para os cordéis, pelo que representam de história e resistência cultural e por constituírem um caso bem nosso de texto poético, já que a maioria deles é construída como narrativa em versos, que contam "causos" ou feitos heroicos, falam de bichos monstruosos etc.

Por fim, no mundo no qual sonoridade e palavra se combinam, a indústria cultural de nossas sociedades também dedica atenção a músicas para crianças, tanto aquelas canções lançadas por bandas e cantores voltados para o público mirim como as que constituem trilhas sonoras de filmes destinados, preferencialmente, a meninos e meninas.

Antes de refletirmos sobre como promover a consciência fonológica a partir de tais textos e de apresentarmos e discutirmos situações de sala de aula em que foram usados, vamos buscar ajudar a compreender melhor o que tais gêneros poéticos da tradição oral têm em comum e o que os diferencia. O Quadro 11 a seguir traz algumas observações sobre esse tema, além de procurar ajudar a entender por que são bons recursos para auxiliarmos nossas crianças a pensarem sobre o interior das palavras e, assim, avançarem em sua compreensão da escrita alfabética.

Quadro 11: Cantigas, parlendas, trava-línguas, cordéis, adivinhas, lenga-lengas...

Os vários gêneros textuais de que estamos tratando têm, na maioria das vezes, algumas características como:
- serem de domínio público e transmitidos entre as gerações principalmente pela modalidade oral da língua, além de apresentarem variações conforme a época e a região do país;
- brincarem com as palavras e/ou serem cantados durante brincadeiras;
- serem de fácil memorização, o que faz com que se espere que os recitemos de cor;
- serem compostos por versos com vocabulário simples;

- conterem muitas rimas, repetições de palavras e aliterações (repetições de determinado fonema ou sílaba oral), o que lhes dá ritmo e a sensação de "jogo com as palavras".

Por outro lado, embora tenham tantos traços parecidos, vale a pena prestarmos atenção em algumas de suas especificidades, para que os exploremos mais adequadamente na escola:

I) Os *trava-línguas*, como seu nome sugere, são marcados por muitas aliterações e repetições de palavras, o que torna sua reprodução fonte de tropeços e brincadeira. Muitas vezes o jogo com palavras vem desacompanhado de qualquer busca de coerência. Alguns trava-línguas são muito curtos:

> O peito do pé do pai do padre Pedro é preto.

Ao passo que outros, embora curtos, envolvem mais de um verso ou frase:

> O rato roeu a roupa
> do rei de Roma.
> E a rainha, de raiva,
> rasgou o resto.

II) As *parlendas*, também com uma clara marca de "brincadeira com palavras", tendem a conter mais rimas e, às vezes, as repetições de palavras visam dar certo encadeamento ao conjunto. Podem também variar quanto ao tamanho, o que para algumas dá um forte sentido de brevidade ou, em outros casos, as faz se aproximarem das lenga-lengas pelo que têm de reaparição das mesmas palavras. Parlendas envolvem diferentes temáticas e finalidades (existem parlendas para ensinar coisas, para decidir quem começa uma brincadeira, para cantar enquanto se brinca etc.). Os dois exemplos a seguir mostram, em contraste, algumas dessas características:

> Cala a boca!
> Cala a boca já morreu,
> quem manda em você sou eu.

> Hoje é domingo,

>pede cachimbo.
>O cachimbo é de ouro,
>bate no touro.
>O touro é valente,
>bate na gente.
>A gente é fraco,
>cai no buraco.
>O buraco é fundo,
>acabou-se o mundo.

III) Numa linha parecida, as *lenga-lengas* se valem muito da repetição, agora não só de palavras, mas de versos inteiros, assumindo, em diversas ocasiões, o espírito próprio dos *contos acumulativos*. Revelam mais uma preocupação em brincar com a linguagem que em verdadeiramente narrar uma sequência de fatos. Eis um exemplo:

>Eram nove irmãs numa casa, uma foi fazer biscoito.
>Deu um tangolomango nela, e das nove ficaram oito.

>Eram oito irmãs numa casa, uma foi amolar canivete.
>Deu um tangolomango nela, e das oito ficaram sete.

>Eram sete irmãs numa casa, uma foi falar inglês.
>Deu um tangolomango nela, e das sete ficaram seis.

>Eram seis irmãs numa casa, uma foi caçar um pinto.
>Deu um tangolomango nela, e das seis ficaram cinco.

>Eram cinco irmãs numa casa, uma foi fazer teatro.
>Deu um tangolomango nela, e das cinco ficaram quatro.

>Eram quatro irmãs numa casa, uma foi falar francês.
>Deu um tangolomango nela, e das quatro ficaram três.

>Eram três irmãs numa casa, uma foi andar nas ruas.
>Deu um tangolomango nela, e das três ficaram duas.

>Eram duas irmãs numa casa, uma foi fazer coisa alguma.
>Deu um tangolomango nela, e das duas ficou só uma.

>Era uma irmã numa casa, e ela foi fazer feijão.
>Deu um tangolomango nela, e acabou a geração.

IV) As *cantigas populares* podem variar bastante. Existem cantigas de ninar, cantigas de roda, cirandas infantis. Também transmitidas de geração para geração, elas tendem a não ser muito longas, contêm muitas rimas e refrãos. Além de serem facilmente memorizadas, propiciam brincadeiras em que os participantes repetem certos gestos (rodopios, cumprimentos, palmas) quando alguns versos são recitados. Numa família com bisavós e bisnetos, certamente todos, em algum momento, já brincaram com uma cantiga como:

> A canoa virou
> pois deixaram virar,
> foi por causa de [fulana/o],
> que não soube remar.
> Se eu fosse um peixinho
> e soubesse nadar,
> eu tirava [fulana/o]
> do fundo do mar.
> Siri pra cá,
> siri pra lá,
> [fulana/o] é bela(o)
> e quer casar.

Muito presentes no dia a dia da educação infantil, elas precisam também constituir para as crianças objeto de leitura, de modo que possam refletir e brincar com as palavras e suas partes menores (sílabas, rimas).

V) As *adivinhas* ou *adivinhações* estão aqui incluídas porque, tal como os outros gêneros já apresentados, contêm, frequentemente, recursos como repetições de palavras, de frases e rimas, como se pode ver nos exemplos a seguir:

> O que é que é surdo e mudo, mas conta tudo? [Livro.]

> O que é? O que é? Tem pernas, mas não anda. Tem braço, mas não abraça? [Sofá, poltrona, às vezes cadeira.]

VI) Por fim, os *cordéis* – sobre os quais já falamos – no conjunto aqui enfocado, são os únicos que sempre têm autoria conhecida.

> Verdadeiras narrativas sob forma de poesia, originados muitas vezes em relatos orais cantados nas feiras e sempre impressos, têm como marca principal as rimas, a métrica cuidada e algumas variações quanto ao número de versos (geralmente, dez, oito ou seis) com que suas estrofes são organizadas do começo ao fim.
>
> Ao lado de alguns folhetos de cordel que, embora feitos para adultos, constituem objeto de sedução para os pequenos por, por exemplo, falarem de assombrações, nos últimos anos encontramos autores que têm produzido folhetos especialmente para crianças.[52]
>
> O clássico folheto denominado *O romance do pavão misterioso*,[53] publicado por José Camelo de Melo pelos idos de 1923, tem 141 estrofes, das quais a primeira é:
>
>> Eu vou contar uma história
>> De um pavão misterioso
>> Que levantou voo na Grécia
>> Com um rapaz corajoso
>> Raptando uma condessa
>> Filha de um conde orgulhoso.
>
> Que dizer? Como o leitor pode ver, nossa tradição oral é muito rica em textos belíssimos, que brincam com as palavras, ensinam conhecimentos práticos, contam histórias e podem nos ajudar a pensar sobre a linguagem enquanto nos divertimos.

Exemplos concretos de situações em que crianças brincam com os textos poéticos da tradição oral e com poemas atuais

Em nossa experiência, temos registrado, há mais de dez anos, ricas situações de sala de aula nas quais professoras com quem trabalhamos

---

[52] É o caso da coletânea Meu cordelzinho de histórias, com oito folhetos criados por Ana Raquel Campos e Abdias Campos, que foi publicada pela Editora Abdias Campos.

[53] Disponível em: <http://www.dominiopublico.gov.br/download/texto/jn000008.pdf>. Note-se que pesquisadores atribuem a autoria a José Camelo de Melo, apesar de ter sido publicado pela primeira vez por outra pessoa.

permitiam que seus alunos avançassem em sua reflexão sobre a língua brincando com poemas, cantigas e gêneros afins (cf. Morais, Leite, 2005; Morais, Silva, 2010; Morais, 2012).

Onde buscar esses textos? Dispomos, nos últimos anos, de alguns bons livros e coletâneas com tais gêneros em nossas livrarias e em nossas escolas públicas. O Programa Nacional de Biblioteca Escolar (PNBE) e o PNLD Obras Complementares, do MEC, levaram às unidades escolares de nossas redes públicas de ensino um conjunto de obras nas quais, além de livros de poesia de autores atuais consagrados, encontramos coletâneas de parlendas, cantigas, trava-línguas e histórias rimadas.[54] Além disso, alguns bons blogs compilam, de forma organizada, muitos daqueles textos e relatam/sugerem atividades com eles.[55]

Como bons exemplos dos livros de que falamos, temos o *Salada, saladinha*, organizado por Maria José Nóbrega e Rosane Pamplona, com uma coletânea específica de parlendas, que foi publicado pela Editora Moderna. Já a obra *O tesouro das cantigas para crianças*, organizada por Ana Maria Machado e publicada pela Nova Fronteira, traz, em dois volumes, um conjunto de cantigas, parlendas etc. Ambos os livros organizam aqueles textos poéticos por temas (por exemplo, "parlendas que se canta quando se pula corda" ou "cantigas para brincar com o corpo"). Sim, citamos explicitamente esses dois casos para

---

[54] No caderno de formação do Ano 02, Unidade 03 do Pacto Nacional pela Alfabetização na Idade Certa (PNAIC), os educadores encontram, nas páginas 40 e 41, uma lista de 72 livros, distribuídos às escolas públicas pelo Programa PNLD Obras Complementares, que são bons para promover a reflexão sobre semelhanças sonoras e/ou gráficas das palavras. No mesmo volume, nas páginas 38 e 39, são listados 51 livros, distribuídos pelo mesmo Programa, que contribuem para a aprendizagem das letras do alfabeto e para a construção de um repertório de palavras estáveis (cf. BRASIL-MEC-SEF, 2012).

[55] O blog *Jogos e materiais para alfabetização* (Disponível em: <http://oficinasdealfabetizacao.blogspot.com>. Acesso em: 20 fev. 2019), elaborado pela professora Liane Castro de Araújo (UFBA), é um exemplo de excelente banco de sugestões e reflexões para os docentes que lidam com o ensino da modalidade escrita da língua numa perspectiva lúdica e construtivista.

ressaltar que vários daqueles textos podem (e devem) ser recitados (parlendas) e cantados (cantigas) ao mesmo tempo que brincamos e fazemos gestos de pura ludicidade.

Apresentaremos, nos quadros 12, 13 e 14, três registros de situações concretas de sala de aula que tivemos o prazer de compartilhar, durante três anos, ao desenvolvermos uma pesquisa em turmas de Grupo V (final da educação infantil) da professora Marieta Chaves, em uma escola da rede pública municipal de Recife. No primeiro caso, a docente explorava com seus alunos uma conhecida cantiga infantil ("A barata diz que tem"). No segundo, optamos por uma situação em que ela trabalhou com uma parlenda ("O rato roeu a roupa do rei de Roma"). Já no terceiro, ela explorou um poema de reconhecido escritor que encanta crianças ("A casa e seu dono", de Elias José).[56]

Explorando cantigas infantis e promovendo a consciência fonológica

Quando conhecemos a professora Marieta, ela já desenvolvia, no dia a dia de sua sala de aula, uma prática de ensino muito rica, que privilegiava a exploração de poemas (de autores atuais) e dos textos da tradição oral, como cantigas e parlendas. Em diversas ocasiões, acompanhamos seu trabalho com cantigas. No Quadro 12, as crianças brincavam e refletiam sobre a cantiga "A barata diz que tem".

---

[56] Nas pesquisas em que atuamos com professores, planejando e desenvolvendo sequências didáticas na área de língua portuguesa, temos usado o registro literal (em áudio) das situações de ensino-aprendizagem como um meio de analisarmos, de modo mais aprofundado, as interações e os produtos realizados em sala de aula. Ao transcrever tais registros, entregamos ao/à docente uma cópia, para que possa revisar/corrigir algum detalhe que julgue necessário. Além do cuidado ético de tornar transparente para o/a professor/a a forma como estamos enxergando sua ação docente e de incorporar o que ele/a sugere como acréscimo/mudança/remoção, disponibilizamos para o/a docente a versão final da transcrição da aula observada, que pode constituir uma fonte adicional e detalhada para que ele/a reflita sobre sua prática.

Quadro 12: Registro de uma situação em que crianças brincam com uma cantiga e refletem sobre palavras

(Na transcrição dos diálogos ocorridos durante essa e nas demais atividades que serão relatadas, a letra "P" indica uma fala da professora, as letras "As" se referem às verbalizações de vários alunos ao mesmo tempo e "A1", "A2" etc. identificam o que alunos disseram individualmente.)

Às 08h, depois de atividades no pátio, quando os alunos já estavam acomodados em seus lugares na sala de aula, Marieta leu, cantando junto com eles, uma música já conhecida da turma: "A barata diz que tem". A letra aparecia distribuída em dois cartazes afixados no quadro, e a docente sempre apontava as palavras de cada verso à medida que iam lendo/cantando:

A barata diz que tem

A barata diz que tem 7 saias de filó
É mentira da barata, ela tem é uma só
Ha, ha, ha, ho, ho, ho
Ela tem é uma só
Ha, ha, ha, ho, ho, ho
Ela tem é uma só
A barata diz que tem um sapato de fivela
É mentira da barata, o sapato é da mãe dela
Ha, ha, ha, ho, ho, ho
O sapato é da mãe dela
Ha, ha, ha, ho, ho, ho
O sapato é da mãe dela
A barata diz que tem um anel de formatura
É mentira da barata, ela tem é casca dura
Ha, ha, ha, ho, ho, ho
Ela tem é casca dura
Ha, ha, ha, ho, ho, ho
Ela tem é casca dura
A barata diz que usa o perfume da Avon
É mentira da barata, ela usa é Detefon

> Ha, ha, ha, ho, ho, ho
> Ela usa é Detefon
> Ha, ha, ha, ho, ho, ho
> Ela usa é Detefon

E um aluno cantou, por conta própria, outra estrofe, que viu num DVD:

> A barata diz que já, já andou de avião
> É mentira da barata, ela vai é de busão
> Ha, ha, ha, ho, ho, ho
> Ela vai é de busão
> Ha, ha, ha, ho, ho, ho
> Ela vai é de busão

Marieta escreveu a nova estrofe no quadro, ao lado do segundo cartaz, e cantou/leu aquela nova parte junto com a turma. Ao final, perguntou:

P: O que é um busão?
A5: É um ônibus.

Prosseguindo, ela explorou o significado de outras palavras e expressões da cantiga que podiam ser menos conhecidas das crianças: "filó", "veludo", "anel de formatura". Duas meninas disseram o que era "veludo" ("um pano, um pano bonito... fofinho" e "de roupa de... princesa... de rei"), e outra explicou o que era o tal "anel de formatura" ("é um anel que ganha quando vira doutor. Meu tio tem um"). Mas coube a Marieta explicar que "filó" era um tecido furadinho, próprio para se fazer mosquiteiro.[57]

Aproveitou, ainda, para perguntar às crianças:
P: Gente, por que esse tipo de música é chamado de "cantiga de roda"?
A1: Porque a gente canta e dança...
A5: Porque dança rodando, feito a gente faz no pátio.

Ela então voltou a ler/cantar com a turma a cantiga da barata, sempre apontando as palavras dos versos que iam sendo lidos. Ao final, perguntou:

---

[57] No dia seguinte, a professora trouxe um sachê de sândalo coberto de filó para mostrar à turma. Cada criança cheirou e explorou o objeto.

P: Quem quer vir aqui me mostrar onde está escrita a palavra "barata"?

Vários alunos gritaram "eu", e Marieta os foi chamando. Cada vez que apontavam, ela sublinhava uma palavra "barata". Ao final propôs:

P: Vamos contar quantas vezes aparece a palavra "barata"?

E saiu apontando, enquanto ela e a turma iam dizendo...

As: 1... 2... 3... 4... 5... 6... 7... 8... 9... 10!

P: Quantas vezes, mesmo?

As: Dez!

P: Quantos pedacinhos tem a palavra "barata", quando eu falo?

As: Três: [ba] [ra] [ta]!

P: E letrinhas? Quantas letrinhas tem a palavra "barata"?

A: Cinco!

As: Seis!

P: Bora contar?

E, com os alunos, saiu apontando as letras e dizendo em voz alta:

P: 1, 2, 3, 4, 5, 6. Agora prestem atenção: como eu escrevo o primeiro pedacinho?

A5: B-A!

P: Venha cá, Juliana. Escreva as duas primeiras letras da palavra "barata".

A aluna foi e as notou no quadro. A professora fez o mesmo com as sílabas /ra/ e /ta/, perguntando ao grupo-classe e chamando um menino e uma menina para irem à frente escrever as letras que faltavam.

P: Agora prestem atenção que a tia vai pedir uma coisa diferente. Eu quero que vocês me digam palavras que começam parecido com "ba-rata". Quem sabe uma palavra que começa com [ba]?

A1: "Baleia".

A2: "Bacia".

A3: "Bota".

P: "Bota" começa com [ba]?

As: Não! É com [bo].

À medida que as crianças iam dizendo as palavras, a docente as ia notando numa lista no quadro, com letras de forma maiúsculas, e as dispunha de modo que todas eram alinhadas do lado esquerdo. Ela também sublinhava a sílaba inicial:

<u>BA</u>RATA
<u>BA</u>LEIA
<u>BA</u>CIA

E lia, a cada vez, a palavra com a turma, pronunciando de forma mais forte a primeira sílaba).
P: Vamos continuar? Eu pedi palavras começando com o [ba] de "barata"...
A7: "Barriga".
A5: "Baleia".
A8: "Abelha" [Provavelmente, a criança estava pensando na vogal /a/ da primeira sílaba de "abelha", que é a mesma de "barata".]
P: "Abelha" começa com [ba]?
As: Nããoǃ

Como as crianças não conseguiam se lembrar de mais palavras, Marieta propôs continuar a brincadeira de outro modo. Ela dizia a cada vez uma palavra e, se esta começasse com [ba], a turma batia palmas. Entre as palavras que pronunciou, estavam "bateria", "balanço", "bagageiro". A turma as identificou e elas foram acrescentadas à lista inicial e lidas do mesmo modo.

No final da manhã, depois de outras atividades que não tinham a ver com a cantiga, a docente distribuiu uma ficha para ser respondida em casa. Após duas linhas (em que estava escrito o nome da escola e a palavra "Nome", seguida de uma lacuna para a criança preencher), aparecia a gravura de uma barata "estilosa", abaixo da qual estava a palavra "barata" com letras de imprensa maiúsculas e se pedia:

"Desenhe duas coisas que têm um nome que começa como:
[desenho de uma barata.]
Escreva debaixo dos desenhos o nome de cada figura, do jeito que você souber".

***

Na manhã seguinte, Marieta afixou, novamente, os cartazes do dia anterior, releu/cantou a cantiga da barata com a turma e propôs uma brincadeira diferente:

P: Hoje a gente vai fazer uma coisa diferente. A gente vai pensar em palavrinhas que terminam parecido com "barata". Eu vou mostrar umas figuras para vocês e vocês vão me ajudar. Se a palavra rimar com "barata", vocês dizem "Siiiiim!" e batem palma. Se não rimar, vocês dizem "Nããããão!". Estão prontos?
As: Sim!

Marieta então começou a tirar de uma caixa cartões de uns 20 por 15 cm, nos quais estavam coladas figuras cujos nomes ela dizia em voz alta:
P: Vamos lá: "gravata"!
As: Siiiiim!
P: Vamos repetir as duas palavras devagarinho. Repitam comigo: [ba] [rata], [gra] [vata]! Ao repetir cada palavra, a docente escreveu uma acima da outra, fazendo com que coincidissem, na vertical, as letras finais que rimavam. Sublinhou, então, com lápis vermelho as letras "ATA" das duas palavras:

BAR<u>ATA</u>
GRAV<u>ATA</u>

P: Agora ouçam a palavra "caneca"! Rima com "barata"?
As: Nããããão!

A professora prosseguiu e, tal como no dia anterior, dizia, no meio de outras, palavras que eram semelhantes a "barata". Só que, nesse segundo dia, elas eram parecidas porque rimavam. As crianças bateram palmas e gritaram "Siiiiim" ao ouvirem ela pronunciar "pirata", "lata", "gata", "batata" e "rata". A cada vez, os vocábulos foram adicionados à lista e lidos com o grupo-classe após as letras finais iguais terem sido ressaltadas.

Depois dessa atividade, a docente aproveitou para introduzir um jogo chamado "Rimanó", que, como veremos na seção iniciada na p. 193, é um dominó com sete grupos de figuras, cujos nomes compartilham sete rimas diferentes. Assim, ela encadeou uma atividade de reflexão sobre rimas com base numa cantiga infantil a um jogo no qual lidariam, mais especificamente, com palavras isoladas que também rimavam.

Ao ler e reler as situações descritas no quadro anterior, podemos analisar certas *regularidades* na prática da docente e, com isso, aprender/detectar certos bons encaminhamentos e princípios possíveis de serem adotados ao desenvolvermos situações de ensino semelhantes. Há mais de dez anos temos defendido que a *tematização da prática do professor*, através da análise de boas situações de ensino e aprendizagem, pode constituir um excelente dispositivo para qualificarmos a formação inicial e a formação continuada de nossos docentes.[58] Analisar registros de aulas reais conduzidas por professores experientes nos ajuda a identificar bons "esquemas da ação docente" (Goigoux, 2007), isto é, ações ou conjuntos de ações/modos de intervir de que os docentes experientes lançam mão, regularmente, com vistas a assegurar a qualidade do trabalho que desenvolvem com seus alunos, ajudando-os a avançarem em suas aprendizagens.[59] Listaremos, agora, alguns dos princípios/encaminhamentos que julgamos importante ressaltar ao analisarmos o registro da prática com a cantiga "A barata diz que tem". Após anunciá-los, faremos um breve comentário sobre cada um deles.

Notemos que a professora optou por:

1) Cantar com os alunos a cantiga "A barata diz que tem" no pátio, em meio a outras canções infantis, antes de explorar a forma escrita do texto.

Ressaltamos que o texto sobre o qual as crianças iam refletir era parte do repertório de brincadeiras que viviam no dia a dia. Desse

---

[58] Os membros que compõem o CEEL da UFPE (do qual também faço parte) têm usado esse dispositivo desde as primeiras obras que elaboraram para a Rede Nacional de Formadores (Disponíveis em: <http://www.portalceel.com.br/publicacoes/>. Acesso em: 22 fev. 2019). Diferentes materiais desenvolvidos para a formação continuada do Pacto Nacional pela Alfabetização na Idade Certa (PNAIC) adotam o mesmo princípio (refletir sobre relatos de boas práticas).

[59] Em Dourado e Morais (2016), analisamos os *esquemas de ação* que uma experiente professora acionava para, no segundo ano do ensino fundamental, realizar um ensino efetivamente diversificado, com tratamentos distintos para alunos que se encontravam em diferentes níveis de aprendizado do sistema alfabético.

modo, brincar, cantar e dançar convivem perfeitamente com refletir sobre palavras em suas formas orais e gráficas. O brincar e as linguagens a ele associadas têm seu lugar garantido no cotidiano dos aprendizes. Estando atenta à brincadeira em si, a professora respeitava a finalidade comunicativa em que se inseria o gênero nas práticas socioculturais.

2) Conversar sobre o texto em si, sobre suas características em relação a outros textos.

A dimensão textual não foi abandonada pela docente, demonstrando que letramento e reflexão sobre palavras podem conviver perfeitamente. No caso dos textos de domínio público, tal como ela fez, cabe refletirmos com as crianças sobre por que aqueles gêneros têm certos nomes (cantiga de roda, trava-língua, por exemplo) e apreciar algumas de suas características (repetições de letras, de palavras parecidas), sem cair no formalismo vazio de cobrar que saibam dizer o que são versos ou estrofes. Ademais, ajudar as crianças a identificarem diferentes gêneros textuais é ajudá-las a avançar em sua inserção no mundo letrado.

3) Trazer um cartaz (com a cantiga) no qual o texto aparecia com grandes letras de imprensa maiúsculas, de modo que todas as crianças da sala pudessem vê-lo e participar da leitura.

O texto de domínio oral, bem conhecido, é apresentado em sua forma escrita num suporte que permite às crianças acompanhar com clareza, participar da leitura progressiva dos versos e identificar onde há palavras ou expressões iguais etc. As letras de imprensa maiúsculas, como já explicado, facilitam a reflexão sobre detalhes das palavras não só no plano gráfico, mas também no sonoro.[60]

---

[60] Em algumas situações, uma boa alternativa é as crianças poderem dispor de fotocópias do mesmo texto para trabalharem em duplas ao explorarem e discutirem palavras deste. Outra alternativa de baixo custo e ótimo impacto é, em lugar de produzir um cartaz, projetar (com um *datashow*) a imagem do mesmo texto, "escaneada" do livro no qual ele foi publicado. Veja que, nesse caso, os recursos de ilustração, disposição gráfica etc. são uma riquíssima fonte adicional não só para motivar as crianças, mas também para serem explorados na apreciação/reconstrução dos sentidos que o texto provoca.

4) Ler/cantar o texto juntamente com as crianças, sempre apontando com o dedo as palavras que se está lendo. Numa primeira vez, ler de forma mais lenta. Fazer a leitura conjunta mais de uma vez.

Antes de pensar em explorar palavras, a professora assumiu a tarefa de ler o texto completo com a turma. O cuidado de apontar à medida que ia lendo ensina (sem precisar verbalizar para os alunos) que em nosso sistema de escrita lemos da esquerda para a direita, de cima para baixo, que se queremos reler uma passagem voltamos a determinado ponto etc. A disposição gráfica em estrofes ajuda a criança a localizar onde, no corpo do texto, aparece tal trecho da cantiga oral e em qual verso aparece determinada palavra.

5) Explorar palavras do texto que podem ser desconhecidas das crianças.

Mesmo cantigas e parlendas simples e conhecidas contêm palavras que as crianças (e os adultos) repetem sem necessariamente refletirem sobre seus significados (por exemplo, "sacada" em "O cravo e a rosa"; "gomo" em "Terezinha de Jesus" etc.). Assumindo, mais uma vez, que a apropriação do texto (como texto) não pode ser abandonada, aproveita-se a situação para promover a ampliação do vocabulário dos alunos.

6) Levar as crianças a identificar uma palavra (ou expressão) que se repete no texto, observando e contando todos os casos em que reaparece.

A identificação de uma mesma palavra ao longo do texto desafia crianças em diferentes níveis de compreensão da escrita alfabética a pensar sobre complexas e variadas informações e buscar explicações para "enigmas" como: I) por que as palavras que repetimos ao falar aparecem com as mesmas letras, dispostas na mesma ordem, quando as encontramos escritas num cartaz ou noutro suporte?; e II) por que as palavras escritas aparecem separadas umas das outras por um espaço em branco? O fato de ressaltarmos as palavras que se repetem (sublinhando, colorindo, circulando) ajuda a localizar aquelas formas gráficas como iguais e a buscar respostas para essas questões.

7) Refletir sobre a quantidade de sílabas orais e de letras de uma palavra em foco e comparar (os números de sílabas e de letras).

Exercitar essas habilidades ajuda não só a refletir sobre o ponto de vista fonológico (as palavras têm diferentes ou idênticas quantidades de "pedaços" que pronunciamos; tais "pedaços" são em menor número que as letras que usamos para escrevê-los), como também a buscar relacionar a quantidade de letras com a quantidade de sílabas orais. Isso é fundamental para crianças que ainda não chegaram a uma hipótese alfabética, mas também para as que chegaram, quando refletem sobre sílabas "complexas" (por exemplo, observando que as três sílabas da palavra "transporte" se escrevem com cinco, três e duas letras; que a sílaba "trans" tem cinco letras e apenas uma vogal).

8) Pedir às crianças para dizer com que letras se escreve uma palavra em foco e solicitar que elas mesmas a reconstruam. Perguntar também sobre letras com que se escreve a sílaba inicial de uma palavra.

A intenção, obviamente, não é fazer um ensino sistemático de correspondências entre letras e sons, tanto que não há foco, por exemplo, em palavras de uma "mesma família silábica" ou algo parecido. As crianças são estimuladas a aprender os nomes das letras, importante conhecimento para refletirem sobre a notação alfabética e, como vimos no Capítulo 1 deste livro, para pensarem sobre os sons das palavras. Como a situação ocorre no coletivo, mesmo os aprendizes que ainda não sabem responder, ao participarem do desafio lançado, podem aprender com quais letras se escreve o começo ou o todo de tal palavra que está em foco.

9) Levar as crianças a evocar outras palavras que começam igual à palavra em foco e registrar essas palavras em formato de lista, de modo que os blocos de letras idênticas fiquem um acima do outro.

O exercício dessa habilidade de consciência fonológica é potencializado quando a professora registra tais palavras, formando uma lista em que as partes iguais (no primeiro dia, as sílabas iniciais de palavras, no segundo dia, a rima [ata]) estão alinhadas, criando uma espécie de "paradigma", que estimula a criança a pensar "por que palavras que são parecidas quando falamos se escrevem com letras iguais na mesma posição". O emprego de letras de imprensa maiúsculas, também nessa hora, ajuda a identificar essas repetições de "blocos de letras idênticos" e observar o interior destes, analisando quais são as letras iguais.

10) Introduzir uma tarefa de identificação de semelhanças sonoras (no caso, da sílaba inicial), porque as crianças estavam com dificuldade em "puxar de suas mentes" mais palavras com determinada característica.

Quando vemos que para os aprendizes fica difícil evocar palavras com determinada característica (na situação que estamos analisando, eram palavras começadas por [ba]), podemos garantir a reflexão fonológica mudando a tarefa cognitiva: pedimos para identificarem palavras que têm a mesma sequência sonora e continuamos tratando o repertório de palavras identificadas tal como fizemos com as que os próprios alunos "puxaram da memória".

11) Pedir para desenharem figuras cujos nomes partilham determinada semelhança fonológica (no caso, começados com determinada sílaba).

Se desenhar pode ser prazeroso, ao produzir essas figuras, as crianças vão pensar, mais uma vez, sobre determinado "pedaço oral" da palavra. Como já mencionamos, a figura permite evocar a forma oral da palavra sem que o menino ou a menina já seja capaz de fazê-lo lendo a notação escrita convencional desta.

12) Pedir para as crianças escreverem, tal como acham que se pode escrever, palavras que estiveram analisando fonologicamente.

No mesmo espírito de não forçar a produção de notações convencionais, a criança vive o desafio de decidir que letras vai usar para notar palavras que soam parecidas. Se a escrita for realmente espontânea, a professora tem mais uma fonte de informação sobre as hipóteses de escrita que seus alunos estão construindo.

13) Pedir à turma para julgar se a palavra produzida por uma criança está adequada e, caso não, deixar os próprios colegas encontrarem solução.

Seguindo certo princípio construtivista já razoavelmente difundido, em lugar de o adulto corrigir as soluções que um aluno produz e que não correspondem ao correto ou convencionalizado, devolve para o grupo-classe a tarefa de encontrar uma melhor solução. Mais uma vez, o espírito é levar ao debate de diferentes modos de compreender as relações entre letras e sons, sem esperar que, com isso, todos os aprendizes já se tornem capazes de reproduzir a escrita convencional em um momento posterior.

14) Propor uma tarefa de casa que já foi praticada em sala, no mesmo dia.

Uma das grandes queixas de professores de crianças principiantes é que seus pais não acompanham, em casa, a realização das tarefas propostas pela escola. Sem desconsiderar a importância da participação da família no dia a dia da vida escolar de seus filhos, ressaltamos que a atividade para casa que a professora passou (desenhar figuras começadas como "barata" e escrever seus nomes como souber) amplia a autonomia da criança para resolvê-la sem maiores ajudas, porque envolve algo que, de fato, já tinha sido praticado na sala de aula.

Outros aspectos poderiam ser ressaltados quando analisamos o modo como a professora desenvolveu a atividade descrita no Quadro 12, explorando a versão escrita da cantiga "A barata diz que tem". Nossa intenção, repetimos, foi apenas pontuar alguns "esquemas de ação" ou encaminhamentos que nos pareceram produtivos e que, em nossa compreensão, merecem ser adotados no cotidiano da escola.

Explorando trava-línguas e promovendo a consciência fonológica

Apresentaremos agora um exemplo de situação praticada pela mesma docente, na qual seus alunos viveram rica proposta de reflexão sobre as formas orais e gráficas das palavras a partir de um trava-língua. O Quadro 13 descreve, detalhadamente, como a atividade foi conduzida.

Quadro 13: Registro de uma situação em que crianças brincam com um trava-língua e refletem sobre palavras

> Nesse dia, 23 de maio, dezesseis alunos estavam presentes. Depois das atividades do início da manhã, Marieta começou a contar, em voz alta, uma história que tinha inventado e que dizia assim:
> **P:** Era uma vez um castelo que tinha um rei. E, todo dia pela manhã, ele ia ver as flores, ver o jardim do castelo. Um dia, ele sentou num canto do jardim e percebeu que a roupa dele estava furada. Ele ficou muito chateado e perguntou aos soldados quem

tinha rasgado sua roupa. Os soldados não souberam responder. Mas, depois de alguns dias, o rei percebeu que sua roupa estava, na verdade, roída!!! E quem será que roeu a roupa dele?
As: O rato!

A professora deu continuidade à história, dizendo:
P: Muito bem! O rato! Daí o rei mandou os soldados prenderem o rato. Mas, ninguém conseguiu pegá-lo.

Após contar essa história, Marieta fez algumas perguntas para a turma, recuperando detalhes da narrativa, desenhou no quadro um rei e um rato e falou:
P: O que aconteceu com o rei?
A1: O rato rasgou a roupa dele.
P: Rasgou ou roeu?
As: Roeu!
P: Roeu! Rasgar é diferente. Rasgar é se eu pegar a minha roupa e fizer isso aqui! [Demonstrou, pegando em sua roupa e fazendo o movimento de rasgar.] O rato fez o quê?
A2: Roeu a roupa do rei.

A docente, então, acrescentou mais um "detalhe" na história:
P: O rei morava em um lugar chamado Roma, onde o Papa mora.

Então, com base na história contada e a partir das respostas dadas pelos alunos, Marieta escreveu no quadro o seguinte trava-língua, com letra de forma:

"O rato roeu a roupa do rei de Roma".

Depois, ela leu sozinha em voz alta, releu com a turma duas vezes (apontando as palavras) e falou:
P: Gente, o nome disso que a gente leu é "trava-língua". Por que vocês acham que se chama "trava-língua"?
A1: Porque fala engraçado.
A2: Porque é difícil de falar.
A3: A língua fica... enrolada... sei lá...

Então, a docente apontou a palavra "rato" e perguntou que nome era aquele. Um aluno respondeu: "rato!".
P: Vamos olhar o trava-língua. Quantas palavras eu tenho com "R"? [Saiu apontando uma a uma.]
A: Cinco!

P: Qual a palavra maior, "rei" ou "rato"?
As: "Rato".
P: Por que a palavra "rato" é maior? Tem quantas letrinhas?
A3: Porque "rato" tem quatro! Quatro letrinhas.
P: Quais são, aqui, as palavras que têm quatro letrinhas?
A10: "Rato".
A11: "Roeu".
A12: "Roma".
P: Muito bem! As palavras "rato", "roeu" e "Roma". Agora, prestem atenção! Quais são as palavras que têm três letrinhas?
A7: "Rei".
P: E quais são as palavras que têm cinco letras?
As: "Roupa".

Posteriormente, Marieta escreveu "RO" no quadro e perguntou:
P: Quais são as palavrinhas desse trava-língua que começam com "R-O"?
A5: "Roeu"!
A3: "Roupa"!
A4: "Roda"!
P: "Roda" também começa com "R-O". Mas aqui eu tenho a palavra "roda"?
A4: Não, tia!

Algumas crianças também disseram "rato" e Marieta questionou:
P: Eu digo "rato" ou "roto"? "Rato" começa com "R-O"?
As: Não!
P: "Rato" começa como?
As: Ra, Ra... Ra!
P: Hummmmm! Muito bem! Agora, eu quero uma palavra que comece com "R-E"!
As: "Rei"! "Rede"!
P: E com "R-A"?

As crianças deram várias respostas. A cada palavra que era lembrada, a docente a registrava no quadro. Escreveu em três colunas diferentes, formando listas daquelas que tinham a mesma sílaba inicial. Ao registrar cada palavra, ela sublinhava as letras iniciais que eram iguais. Feito isso, Marieta leu e a turma repetiu com ela, uma a uma, as palavras:

<u>RE</u>I	<u>RA</u>TO	<u>RO</u>MA
<u>RE</u>DE	<u>RÁ</u>DIO	<u>RO</u>EU
	<u>RA</u>ÍSSA	<u>RO</u>DA
	<u>RA</u>FAEL	

Às 08h26, a docente distribuiu, para cada grupo de quatro alunos, tirinhas com oito das nove palavras do trava-língua e ficou com o "O" (artigo) inicial. Convidou a turma para formar de novo o texto, fazendo, a cada vez, perguntas como: "Quem está com 'rato'?"; "E com a palavra 'roeu'?"; "E quem está com 'do'? Como é que eu escrevo 'do'?". À medida que localizavam as palavras, uma criança de cada grupo ia à frente e a colocava na sequência, num quadro de pregas posto sobre o quadro branco. Ao final, fizeram uma leitura coletiva do trava-língua "O rato roeu a roupa do rei de Roma". Depois, Marieta disse:

P: Prestem atenção, pois agora a gente vai fazer uma tarefa diferente, com o que tia vai colocar no quadro!

E lá escreveu:

R	A	T	O	
R	O	U	P	A
R	E	I		

P: Eu vou circular uma palavra. Que palavra é essa? [E apontou para "Rei".]
A3: "Rei"!

Daí, Marieta continuou perguntando quantas letras as palavras tinham e quantas vezes a gente abria a boca (para contrastar números de letras e de sílabas). Também perguntou, para cada palavra, qual era a letra inicial, com que letras era escrita, se aquela letra aparecia em alguma outra palavra do conjunto. Ela ainda perguntou qual a menor e qual a maior palavra. As crianças participaram do exercício muito ativamente.

Que princípios/encaminhamentos podemos detectar na prática anteriormente descrita e que podem nos servir como boas referências ao vivenciarmos situações semelhantes com nossos alunos? Vários "esquemas" já registrados ao analisarmos a prática do Quadro 12 (com a "cantiga da barata") reaparecem aqui. Ressaltamos, ademais, que a professora optou por:

1) Não perder de vista a perspectiva do letramento e conversar com as crianças sobre o texto trava-língua em si, tratando-o como uma obra que se pode explorar como texto antes de focalizar aspectos voltados à promoção da consciência fonológica.

2) Explorar também nomes próprios que começam de forma parecida com palavras em foco na atividade ("Raíssa", "Rafael").

Se os nomes próprios, bem conhecidos no dia a dia da turma, são palavras especiais para constituírem objeto de reflexão, pensamos que o professor deve sempre trazê-los para o debate sobre palavras nas situações explicitamente voltadas à promoção da consciência fonológica. Se os alunos não o fazem por si próprios de maneira espontânea, parece-nos adequado que o adulto os ajude a se darem conta de que os nomes próprios, como palavras, podem ser analisados para se ver o que têm ou não de parecido com outras palavras (que não são nomes próprios).

3) Utilizar não só colunas, mas também uma "grade" de organização de palavras com semelhanças e diferenças, a fim de maximizar o papel da apresentação gráfica (das palavras) em conjunto com a reflexão sonora.

Por poder explorar palavras com letras iniciais iguais já potencializadas pelo texto, a docente centrou a reflexão fonológica das crianças na comparação e no contraste (de números de letras e de sílabas), se valendo expressamente do modo de organizar, espacialmente, a forma escrita daquelas palavras. Além das três colunas pareadas, contendo palavras começadas por "RE", "RA" e "RO", enfatizamos que, no quadro final, a organização das palavras "rato", "roupa" e "rei" facilitava as análises que se poderia fazer.

4) Exercer seu direito de inovar, ao colocar sua marca de autoria, no modo como desenvolve uma atividade com seus alunos.

A docente inventou uma história e a explorou para apresentar à turma o trava-língua sobre o qual iriam trabalhar. Pensamos que os professores devem sempre ter o direito de pôr suas próprias marcas no que julgam ser o melhor ensino para seus alunos. A clareza dos objetivos e a qualificação da intencionalidade do ato de ensinar combinam perfeitamente com poder fazê-lo de forma variada, não padronizada.

Explorando poemas atuais e promovendo a consciência fonológica

Como anunciamos na seção iniciada na p. 154, ao lado dos textos da tradição oral, poemas voltados ao público infantil também são uma fonte especial para explorarmos as sutilezas gráficas e sonoras com que são construídos, as quais produzem efeitos (através de repetições, rimas, aliterações etc.) próprios do que é poesia. No Quadro 14, descrevemos uma atividade na qual a professora Marieta degustou com seus alunos um conhecido poema de consagrado autor infantil.

Quadro 14: Registro de uma situação em que crianças exploram um poema e refletem sobre palavras

---

No dia 27 de abril, depois da acolhida das crianças e das atividades iniciais de rotina (cantorias, contagem dos meninos e das meninas presentes e verificação dos ausentes, identificação da data, apresentação da agenda de atividades do dia etc.), a professora Marieta colocou, ao lado do quadro branco, um cartaz com o poema "A casa e seu dono", de Elias José. O poema se encontra no livro *Caixa mágica de surpresa*, desse autor, editado pela Paulus em 1984.

A casa e seu dono
Elias José

Essa casa é de caco,
quem mora nela é o macaco.
Essa casa é tão bonita,

quem mora nela é a cabrita.
Essa casa é de cimento,
quem mora nela é o jumento.
Essa casa é de telha,
quem mora nela é a abelha.
Essa casa é de lata,
quem mora nela é a barata.
Essa casa é elegante,
quem mora nela é o elefante.
E descobri, de repente,
que não falei em casa de gente.

Explicou, então, que ia recitar um poema e perguntou se eles conseguiam ler o nome (do poema). Uma menina respondeu "casa". Marieta disse:
P: Muito bem! Ali está a palavrinha "casa", que vocês veem nas tarefas de casa.
E apontando o título disse:
P: O título dessa poesia é "A casa e seu dono". E ela foi escrita por um escritor que se chama Elias José.
E apontou para o nome no cartaz. Em seguida, recitou o poema, apontando com o dedo as palavras à medida em que ia lendo. Ao final de cada par de versos, fazia uma careta ou expressão de surpresa, olhava para as crianças e elas riam, achando engraçado.
Marieta leu uma segunda vez, sempre apontando as palavras à medida que recitava e, ao final, convidou as crianças para ler, repetindo com ela, cada par de versos rimados. Depois, voltou aos dois primeiros versos e os leu, apontando e perguntando à turma:
P: Que palavra parece com "caco"?
As: "Macaco".
P: Qual é a palavra "caco" aqui na poesia?
Um aluno veio à frente e apontou para o primeiro verso inteiro. Diante disso, Marieta perguntou:
P: Isso tudo é uma palavra só?
As: Não!
Outro aluno apontou para a palavra "caco", e Marieta a circulou com o marcador de cor azul.

P: Vocês sabem qual é a palavra "macaco" aqui na poesia?

Um aluno se prontificou a identificar a palavra e o fez corretamente. A professora, então, circulou também a palavra "macaco" com o marcador azul.

Continuando a atividade, Marieta leu o segundo par de versos da poesia e, ao término dessa leitura, perguntou à turma:
P: Que palavra se parece com a palavra "cabrita"?
As: "Bonita".
P: Onde está a palavra "cabrita"?

Uma menina apontou a palavra "bonita". Então, Marieta falou:
P: A palavra "cabrita" começa com o [ka], de "casa". Procure aí na poesia!

A aluna olhou para o texto e circulou a palavra "cabrita" com um marcador vermelho. A professora então perguntou:
P: E que palavra é essa [apontando para "bonita"]?
As: "Bonita"! [Marieta a circulou com a mesma cor vermelha.]

Para dar continuidade à atividade, ela leu o par de versos seguintes, usando o mesmo tipo de procedimentos. A cada vez, duas crianças circulavam, sucessivamente, as palavras do par de rimas com uma nova cor. Quando o menino ou a menina que vinha à frente não localizava a palavra pedida, ela chamava os colegas para ajudarem. Numa ocasião, ela perguntou:
P: Que palavra se parece com a palavra "lata"?
As: "Barata".
P: Onde está a palavra "barata" na poesia?

Um menino que Marieta chamou à frente, ao chegar lá, ficou sem saber o que apontar, e uma colega sua falou:
As: Começa com a letra "B".

Apontando os dois versos do par em foco, Marieta perguntou ao menino onde estava "barata", e ele achou. Já para encontrar a palavra "lata", quatro alunos foram espontaneamente à frente e a indicaram.

Concluído o último par, Marieta leu, novamente, duas vezes, a poesia com a turma. Sobretudo na primeira vez, deixava eles dizerem a palavra que constituía a segunda rima de cada par, mas como os versos tinham o mesmo texto ("Essa casa é…"; "Quem mora nela é…"], as crianças logo recitavam tudo

juntamente com a professora. Ao final da segunda releitura, Marieta resolveu explorar a palavra "macaco". Primeiramente ela perguntou à turma:
P: Quantos pedacinhos tem a palavra "macaco"?
As: Três!
P: Qual é o primeiro pedacinho?
As: M-A.
P: E como se escreve a palavra "macaco"?
As: M-A.
A2: [ka].
A3: [ko].
P: Qual é o primeiro pedacinho da palavra "macaco"?
As: [ma].
P: E o segundo pedacinho da palavra "macaco", qual é?
A2: [ka].
P: E o terceiro pedacinho?
A3: "O".
Diante dessa resposta, Marieta perguntou:
P: A palavra é "macao" ou é "maca-co"?
As: [ko].
P: Quantas letras tem a palavra "macaco"?
As: Seis.

    Às 08h45, Marieta fez outra atividade com a palavra "macaco". A professora entregou em cada mesa as seis letrinhas da palavra. Cada mesa tinha quatro alunos e havia, na sala de aula, cinco mesas. Nesse dia, a turma estava completa (vinte alunos).
    Primeiramente, Marieta escreveu no quadro a palavra "macaco" em letra de imprensa e depois pediu para cada mesa formar a mesma palavra "macaco" com as letras que ela havia distribuído. Logo em seguida, a docente cobriu a sílaba "MA" com a mão na palavra que estava no quadro ("macaco") e pediu para a turma retirar, nas mesas, o "MA" da palavra "macaco", para formar a palavra "caco", e depois perguntou:
P: Como a gente vai formar o "MA"?
As: "M "com "A".
P: Então, quantas letrinhas tiramos da palavra?

As: Duas.
P: Agora tirem o "CO". O que formou?
A4: A palavra "CA".
P: O "CA" é uma palavra?
A2: Não.
P: Sim. Eu digo: "Venha cá". O [ka] é um pedacinho e é uma palavra também. Agora, misturem tudo e formem a palavra "macaco". Algumas mesas sentiram bastante dificuldade diante dessa situação, razão pela qual Marieta falou:
P: A palavra "macaco" está no quadro. Prestem atenção para a palavra e coloquem as letras na ordem que está no quadro.

Uma mesa formou a palavra "macaco" da seguinte forma: "*maao*", e a outra mesa fez assim: "*maco*". Ao passar por elas, Marieta pediu aos alunos para compararem com o que estava escrito no quadro. Ela viu, então, que os outros três grupos conseguiram formar a palavra com a grafia convencional. Continuando a atividade, ela pediu:
P: Vocês sabem o que é uma "maca"?
Como a turma não soube responder, Marieta disse:
P: É uma cama de hospi....
E os alunos completaram dizendo:
As: ...tal.
P: Isso, é uma cama com rodinhas, para transportar os doentes no hospital. Agora eu quero que vocês formem a palavra "maca".

Nesse momento, Marieta se dirigiu ao quadro e cobriu com a palma da sua mão a sílaba "CO" da palavra "macaco".

Depois que os grupos conseguiram formar a palavra "maca", a professora fez algumas perguntas:
P: Qual é o primeiro pedacinho da palavra "maca"?
A1: [to].
P: A palavra começa com [to]?
A2: [mo].
P: A palavra é "maca" ou é "moca"?
A3: [ma].
P: E o "CA" da palavra "maca"? Como a gente escreve?
As: "C" e "A".

Depois disso, Marieta pediu para a turma formar a palavra "macaco" novamente e, nesse momento, ela apontou para a palavra que estava escrita no quadro. Depois que a turma conseguiu formar a palavra "macaco", Marieta falou:
P: A palavra "macaco" começa com que letra?
As: "M".
P: Retirem o "CO" da palavra "macaco". E agora pintem o "MA". Em seguida perguntou:
P: Qual é o outro pedacinho da palavra que ficou?
As: "CA".
P: Que palavra formou?
A1: "*Macua*".
P: Na palavra tem o "U"? É "*macua*"?
A2: "Maca".
P: Agora retire o "MA" da palavra "macaco". Que palavra fica?
As: "Caco".
P: Qual é a primeira letra da palavra "caco"?
As: "C".
P: *E a segunda letra, qual é?*
A1: "O".
As: "A".
P: *E a terceira letra?*
As: "C".
P: *E a última letra, qual é?*
As: "O".

Às 09h, Marieta entregou à turma uma ficha e logo sugeriu que escrevessem seus nomes. Em seguida pediu que olhassem para a palavra "macaco" que estava na folha e falou:
P: Tampe com o dedinho de vocês o "MA" de "macaco". Que palavra ficou?
A1: "Ca".
A2: "Caco".
P: Agora vocês irão pintar a parte que forma a palavra "Caco".

Logo em seguida, Marieta releu o primeiro par de versos e disse:
P: Esse trecho que está no cartaz é o mesmo que está aí, na folha de vocês.

Ela, então, leu o trecho que estava na folha e perguntou:
P: Quem mora nessa casa?
As: O macaco.
P: Agora vocês irão completar esse trecho da poesia com a palavra "macaco".

A ficha anteriormente referida tinha as seguintes propostas:
COMPLETE COM A PALAVRA DO DESENHO:
ESSA CASA É DE CACO
QUEM MORA NELA É O _____ [DESENHO DO MACACO].

PINTE DENTRO DA PALAVRA "MACACO" AS LETRAS QUE FORMAM A PALAVRA "CACO":

| M | A | C | A | C | O |

DESENHE DUAS PALAVRAS QUE COMEÇAM COM "MA" E ESCREVA O NOME DELAS DO SEU JEITO.

Vamos, então, mais uma vez, analisar alguns princípios e procedimentos que detectamos como bons organizadores da prática da docente ao explorar o poema de Elias José com os alunos. Além de "esquemas de ação" já explicitados, ao analisarmos as práticas com os outros dois gêneros (cantiga e trava-língua), notemos que, no registro do Quadro 14, ela optou por:

1) Tratar o poema como texto em si.

Assumindo a perspectiva de letramento, a docente recuperou o nome do autor e leu o texto com deleite. Sempre que as crianças já tenham vivenciado, na escola, situações de leitura de textos de um mesmo autor, podemos explorar esse fato, fazendo com que recordem quais obras dele foram conhecidas pela turma. A exploração da intertextualidade pode também ser feita comparando textos de gêneros ou autores diferentes que tratam de um mesmo tema (um exemplo seria comparar o poema "A casa e seu dono", de Elias José, com "A casa", de Vinicius de Morais, se as crianças conhecessem este último).

2) Fazer uma leitura expressiva. Usar recursos como gestos, expressões faciais, modulações da voz etc.

Para envolver as crianças nos atos de leitura literária, as formas de recitar (poemas, histórias rimadas, parlendas) e de contar (histórias, fábulas, "causos") são um ingrediente fundamental. A experiência do(a) docente em caprichar no uso desses recursos conta, mas é sempre importante preparar a leitura que será feita para a turma.

3) Trabalhar a reconstrução de palavras com letras móveis.

As letras móveis (em plástico, madeira, papel plastificado) constituem um excelente recurso para os aprendizes refletirem sobre a escrita alfabética, porque potencializam o trabalho cognitivo de montar/desmontar/remontar palavras, já que eles não têm que traçar letras, e sim selecioná-las num abecedário ou conjunto oferecido pelo adulto (cf. MORAIS, 2012, p. 139-141). No caso das atividades de promoção da consciência fonológica, se já justificamos que a presença da forma escrita das palavras potencializa a reflexão sobre suas partes sonoras, o fato de o próprio aprendiz selecionar e ordenar letras "prontas", que constituem unidades, "amplifica" sua capacidade de pensar sobre a notação escrita e sua relação com os segmentos sonoros que ela substitui.

4) Descobrir e listar, em grupos diferentes, pares de palavras que rimam.

Como nos poemas infantis as rimas tendem a ser muito frequentes, o dispositivo de organizá-las (categorizá-las) em grupos distintos potencializa a reflexão sobre diferentes "conjuntos de palavras com final parecido". Ressaltamos que a docente teve o cuidado de diferenciar os pares de palavras que rimam, circulando-os com cores diferentes. Mais uma vez, a disposição gráfica das formas escritas das palavras pode ser usada para amplificar a reflexão fonológica.

5) Descobrir palavras dentro de palavras e explorar o significado de palavras que estão dentro de outras e que talvez as crianças não observem.

A reflexão sobre rimas, tal como viabilizada por esse tipo de poema, permitiu propor às crianças o exercício dessa outra habilidade de consciência fonológica especial, que é a detecção de palavras dentro de outras. Consideramos tal situação muito rica do ponto de vista cognitivo, porque implica pensar não só em segmentos sonoros, mas também na própria noção de palavra.

6) Pedir, explicitamente, que os alunos digam/ditem a sequência de letras com que se escreve uma palavra em foco, para que o adulto, como escriba, a registre.

Embora nas seções anteriores (em que foram trabalhados uma cantiga e um trava-língua) já tivéssemos constatado o esquema de a professora notar no quadro palavras, sílabas ou letras ditas pelas crianças, o registro sequencial, uma a uma, das letras de uma palavra à medida que as crianças são solicitadas a dizê-las possibilita uma vivência peculiar. Ao exercitar essa escrita conjunta (em que os alunos ditam cada letra que a professora vai notando), eles vivenciam bem concretamente o que significa escrever palavras. O trabalho sequencial permite se ler o que já se escreveu, pronunciar o que falta escrever, discutir que letra vem primeiro numa sílaba etc. Além de "viver" esse aspecto sequencial de nossa escrita alfabética, os alunos vivenciam, bem claramente, o sentido esquerda-direita do registro escrito, e mesmo aqueles que ainda não compreendem, por exemplo, que a notação escrita substitui a pauta sonora das palavras têm mais uma oportunidade para desvendar esse enigma.

Na seção seguinte, de modo semelhante, vamos apresentar e discutir situações reais, em que a mesma docente, na mesma época, permitiu que seus alunos refletissem, conscientemente, sobre as partes sonoras das palavras, mas empregando, agora, jogos. Sim, jogos especialmente concebidos para promover a consciência fonológica.

Jogos que promovem a consciência fonológica: brincando com palavras fora de textos, as crianças também são ajudadas a avançar em sua apropriação do SEA

No início deste capítulo, ao defendermos um ensino promotor da consciência fonológica que privilegiasse a ludicidade em lugar de treinamentos, justificamos os ganhos em trabalhar com jogos e ressaltamos os cuidados para "não comprarmos gato por lebre" e, despercebidamente, praticarmos um ensino transmissivo, "tradicional", somente porque vinha sob a forma de jogo ou outra atividade lúdica. Queremos, aqui, insistir que os jogos, por si sós, não bastam para um bom ensino. Como já nos advertiu Kishimoto (2003, p. 37-38):

> A utilização do jogo potencializa a exploração e construção do conhecimento, por contar com a motivação interna, típica do lúdico, mas o trabalho pedagógico requer a oferta de estímulos externos e a influência de parceiros bem como a sistematização de conceitos em outras situações que não jogos.

A qualidade da atuação do(a) docente ao usar jogos para promover a consciência fonológica de seus alunos requer, então, um aprofundamento de decisões e encaminhamentos que envolvem, por exemplo:

I) a seleção dos jogos em função da(s) habilidade(s) metafonológica(s) que se deseja praticar e a busca de ajuste destes aos variados níveis de consciência fonológica revelados por seus alunos;
II) a concomitante compreensão de quais jogos se prestam para promover cada habilidade de consciência fonológica;
III) a observação de certos princípios de encaminhamento, sobre os quais discorreremos ainda nesta seção;
IV) um cuidado especial com a *mediação* que o adulto e as crianças do grupo-classe podem assumir *para potencializar a tomada de consciência sobre os aspectos fonológicos* que estão sendo objeto de reflexão.

Quais jogos? Em que se diferenciam?

Antes de aprofundarmos os quatro temas anteriormente listados, cabe, no entanto, esclarecer sobre quais jogos estamos falando.

Como já indicado em seções anteriores, quando nos referimos a "jogos que promovem a consciência fonológica", estamos pensando tanto em alguns jogos de regras que podem já estar disponíveis para os docentes como em outros que eles/elas venham a criar, já que, no campo da didática, são praticamente infinitas as variações que podemos desenvolver quando temos clareza sobre que tipo de funcionamento cognitivo – nesse caso, metalinguístico – queremos propiciar aos nossos aprendizes. Falamos, então, de:

1) Jogos antigos usados por alfabetizadoras há décadas, mesmo quando não se sabia o que era consciência fonológica.

   Na segunda metade da década de 1980, ao começar a assessorar o ciclo de alfabetização da Secretaria de Educação de Recife, conhecemos um jogo que as professoras praticavam, chamado "Lá vai um barquinho carregado de...". Com as meninas e os meninos sentados em roda, a professora "puxava" o jogo, dizendo uma palavra que começava com determinada sílaba. Assim, por exemplo, diante do primeiro mote "Lá vai um barquinho carregado de maçã", cabia a cada criança dizer, em sua vez, uma palavra começada por [ma].

   Outros jogos antigos têm como semelhança a reflexão sobre a dimensão sonora dos significantes das palavras.

2) Jogos hoje disponíveis nas escolas, distribuídos pelo MEC nas redes públicas.

   Nos últimos anos, as redes municipais de ensino receberam do MEC duas caixas de jogos voltados à promoção da consciência fonológica. Estamos nos referindo, especificamente, à caixa Jogos de Alfabetização (BRASIL, 2009), desenvolvida pelo CEEL-UFPE, e à caixa Trilhas de Jogos do Projeto Trilhas (BRASIL, 2011), desenvolvida pelo CEDAC sob a supervisão de Ana Teberosky. Esses dois recursos, que se encontram também disponíveis no site do MEC, propõem aos professores conjuntos de jogos voltados à reflexão sobre as relações entre palavras orais e escritas e suas partes. Vêm acompanhados de manuais do professor, nos quais as atividades são fundamentadas, e, em sua versão impressa, contêm todas as cartelas e os objetos necessários para colocar cada jogo em ação na sala de aula. Ressaltamos que as duas propostas aqui mencionadas foram avaliadas pelo MEC antes de serem distribuídas para nossas escolas públicas, diferentemente de outros materiais que são vendidos por grupos privados a nossas redes de ensino.

3) Jogos outros disponíveis no mercado.

   Em lojas de brinquedos infantis e em vários sites da internet, encontramos jogos identificados como atividades para a promoção da consciência fonológica. Alguns são apresentados em *softwares*, e outros em formato mais tradicional. Em ambos os espaços (lojas, internet), precisamos examinar cuidadosamente se o que está sendo proposto prioriza, de fato, o desenvolvimento de habilidades fonológicas.

Notamos, via de regra, que a maioria desses jogos tende a enfatizar o uso de letras e pressupor que a criança é capaz de reproduzir a escrita convencional de palavras, o que exigiria que os aprendizes já tivessem alcançado uma hipótese alfabética e pudessem usar letras como um indivíduo alfabetizado. Dito de outro modo, são jogos que se prestam mais para os alunos consolidarem correspondências letra-som que para ajudá-los a compreender como o sistema alfabético funciona, analisando as partes orais das palavras e desvendando como são substituídas pelas letras.

Noutras situações, vemos uma não distinção entre jogos de regras e outras atividades lúdicas envolvendo poemas e textos da tradição oral (como parlendas, trava-línguas). No caso dos jogos que lançam mão das tecnologias digitais, ressaltamos que muitos ainda têm uma postura transmissiva ou a mesma expectativa de respostas únicas corretas, nas quais as crianças deveriam já empregar letras com seus valores sonoros convencionais. Além de nem sempre usar as ferramentas digitais como forma de potencializar a reflexão infantil sobre a dimensão sonora das palavras, vários "pacotes" de jogos voltados à consciência fonológica exercitam habilidades fonêmicas (de segmentação de palavras em fonemas ou subtração de fonemas iniciais, por exemplo) que nos parecem complexas e pouco adequadas para os principiantes.

4) Jogos criados por professores para suas turmas.

Em didática tudo pode e deve ser recriado, já afirmamos. Em nossa experiência, temos tido a felicidade de ver a frequência com que docentes empenhadas em ajudar seus alunos a compreender o SEA criam seus próprios jogos, voltados a desenvolver habilidades de consciência fonológica e outros aspectos de domínio da notação escrita (emprego correto das correspondências letra-som, principalmente). Em nosso curso de Pedagogia na UFPE, desde o final dos anos 1990, temos exercitado com os alunos (das disciplinas de Didática da Língua Portuguesa e Alfabetização) a análise e a elaboração de jogos que atendem àqueles propósitos, o que tem nos parecido uma experiência muito rica de aprendizado. Também nos últimos anos, temos ficado contentes em ver o crescente número de professoras que postam, na internet, relatos de suas experiências com jogos que elas próprias criaram.

Alguns formatos de jogos tradicionais – como baralho e dominó – se prestam, especialmente, para criarmos situações lúdicas de reflexão fonológica. Como são jogos de regras com muita história em nossas culturas, já têm formato e convenções com os quais as crianças estão familiarizadas.

Com cartas de um baralho concebido para conter figuras intencionalmente escolhidas, porque têm em seus nomes certos segmentos sonoros, podemos fazer algumas variações de jogos. Além do "Batalha de palavras" (que aparece na caixa "Jogos de Alfabetização", já mencionada), é possível, por exemplo, inspirar-se no tradicional "Jogo do mico", em que uma carta "sobra", e explorar pares de palavras que começam com a mesma sílaba inicial ou que rimam etc. Até o final do jogo, os participantes vão estar buscando se livrar da "carta-mico" (porque não combina com nenhuma outra) para conseguirem ser os vencedores.

Com os princípios do dominó tradicional, podemos bolar jogos em que as crianças buscam, a cada vez, dar sequência à trilha colocando uma pedra em que um dos lados tem, por exemplo, uma figura cujo nome rima com o nome de uma das figuras que estão nas pontas da sequência já construída sobre a mesa. Esse foi o critério que usamos para criar o "Rimanó", um jogo que bolamos há alguns anos especificamente para promover a reflexão sobre palavras que rimam e que ilustraremos em futura seção.

Ante tantas alternativas – e isso já é pura aliteração –, para que possamos exercer essa criatividade docente de modo mais eficiente e escolher melhor que propostas/jogos usar, ganhamos quando compreendemos em que variam e quando podemos distinguir como se diferenciam em suas potencialidades e formatos externos.

E em que variam esses jogos?

Os jogos criados para promover a consciência fonológica podem variar quanto a diversos aspectos. Eles se diferenciam quanto à/ao:

1) Habilidade enfocada.

Alguns jogos, como o "Batalha de palavras" (Brasil, 2009), se prestam para fazer iniciantes começarem a pensar nos significantes orais das palavras, em lugar de pensar sobre as características dos objetos a que elas se referem. Assim, para saber que a palavra "casa" é menor que a palavra "janela", o aprendiz é levado a pensar na sequência sonora de cada palavra (e não nos "objetos" casa e janela) e a exercitar não só as habilidades de separação e contagem das sílabas orais de palavras, mas também de comparação de palavras quanto ao tamanho, contrastando a "quantidade de pedaços orais" que têm. Isso é fundamental para que atinjam ou consolidem uma hipótese silábica de escrita.

Outros jogos levam as crianças a identificar rimas, como os denominados "Trinca mágica" e "Caça-rimas", da mesma caixa Jogos de alfabetização (Brasil, 2009). Na mesma coletânea temos, ainda, o "Palavra dentro de palavra", que, como indica seu nome, desafia as crianças a encontrar palavras no interior de outras. Estão disponíveis, também, o "Dado sonoro" e o "Bingo dos sons iniciais", que, de fato, promovem a habilidade de identificar palavras que compartilham a mesma sílaba inicial.

Na caixa Trilhas (Brasil, 2011), temos alguns jogos idênticos ou com objetivos parecidos. Assim, o jogo "Descubra o intruso" implica identificar palavras que compartilham sílabas iniciais iguais, ao passo que o "Bingo de finais de palavras", como o nome sugere, promove a habilidade de identificar palavras que rimam. Já no "Jogo dos nomes ocultos", a criança deve encontrar palavras que estão "ocultas" no interior de outras.

Como se pode ver, é sempre possível criar variações de jogos, desde que tenhamos consciência da habilidade metafonológica que queremos promover e das operações cognitivas implicadas na resolução do jogo.

2) Operação.

Separar e/ou *contar* segmentos sonoros, *identificar* (semelhanças ou diferenças) e *produzir* (palavras que compartilham semelhanças ou diferenças sonoras) são as principais operações cognitivas envolvidas nos jogos de que estamos falando.

Nos jogos "prontos", tais como os que mencionamos anteriormente, ao falar das habilidades enfocadas, a tendência é as crianças serem chamadas a separar partes sonoras e identificar quando há semelhanças ou diferenças. Chamamos a atenção dos docentes para esse aspecto, porque a operação ou capacidade de *produzir* (*dizer* palavras parecidas, maiores ou menores) é também fundamental e pode e deve ser praticada através de:

i) variações no emprego daqueles mesmos jogos. Por exemplo, depois das crianças estarem acostumadas com o "Batalha de palavras", podemos usar as mesmas cartelas para pedir que, ao puxar determinada figura ("vela", por exemplo), o jogador da vez diga uma outra palavra maior que aquela ou que tenha a mesma quantidade de sílabas;

ii) jogos que já cobram, diretamente, dizer/produzir palavras com determinadas características. O antigo jogo "Lá vai o barquinho carregado de...", da qual tratamos há pouco, é um bom exemplo dessa modalidade. Usando os "bancos de figuras" de que dispõe, o docente pode criar muitos jogos em que as crianças são chamadas a *dizer* (*produzir*) palavras com determinadas características sonoras.

Há um lembrete que sempre nos parece importante retomar: não é o formato externo do jogo que o transforma em "algo diferente" do ponto de vista da operação metafonológica que o aluno está sendo chamado a acionar. Note-se, por exemplo, que um "Jogo do intruso (ou invasor)", no qual a criança deve identificar, entre quatro figuras, aquela que não começa com a mesma sílaba que as demais, é apenas uma variação de outros jogos que promovem a mesma habilidade: a identificação de palavras com mesma sílaba inicial.

3) Complexidade (e ajuste ao nível dos diferentes alunos).

Já discutimos, em seções anteriores deste livro, que certas tarefas de consciência fonológica são mais complexas que outras em função de fatores variados: o tipo de segmento oral envolvido (sílaba, rima, fonema), a posição deste na palavra, a quantidade de operações que o indivíduo precisa realizar para solucionar a tarefa, a quantidade de palavras na língua que contêm determinada característica etc. No caso dos jogos agora tratados, todos esses fatores continuam tornando mais fácil ou difícil as crianças darem conta dos desafios propostos.

Como os jogos são praticados muitas vezes no coletivo ou em grandes grupos, nossa experiência sugere a necessidade de o docente estar alerta, também, para outro aspecto: a diversidade de níveis de consciência fonológica dos aprendizes em sua turma. É preciso observar quais desafios serão muito difíceis ou muito fáceis para determinadas crianças e criar momentos em que possam atuar e participar com demandas mais ajustadas àquilo em que precisam avançar. Isso pode ser resolvido pelo docente basicamente de duas maneiras:

I) criando situações especiais (momentos à parte do coletivo, em que os alunos "que sabem muito" ou "que sabem menos que a maioria" são convidados para jogar – em dupla, por exemplo – com uma proposta ajustada a seu nível);

II) tendo o cuidado de, durante a apresentação e a discussão coletiva das respostas dadas pelas crianças, assegurar que aquelas que têm mais dificuldades sejam chamadas a responder e argumentar nos casos em que o desafio não é tão complexo, o inverso ocorrendo para os aprendizes que estão mais avançados.

4) Presença ou não da forma escrita das palavras.

Em alguns jogos, as palavras sobre as quais as crianças são chamadas a analisar fonologicamente são apenas sugeridas pelas imagens (desenhos, fotografias) que as substituem. Noutros, abaixo da imagem, aparece a forma escrita da palavra. O que essas variações implicam e como podemos decidir sobre colocar ou não a notação escrita das palavras?

Já vimos que a presença da forma escrita, concomitante à reflexão sobre as partes sonoras, potencializa a busca de compreensão de como as letras funcionam ao notar as unidades orais das palavras que pronunciamos. De fato nos casos em que as crianças são desafiadas a dizer/evocar palavras parecidas (por exemplo, com rima ou mesma sílaba inicial), a presença da forma escrita abaixo da figura pode ajudá-las a buscar, em seus léxicos mentais, outras palavras que contenham aquelas sequências de letras.

Contudo, é preciso que a presença das letras (nos nomes das figuras) não se constitua numa pista inadequada, que leve as crianças apenas a fazer discriminação de formas gráficas (letras) idênticas ou diferentes, sem atentar para a dimensão fonológica das palavras. Isso aconteceria, por exemplo, quando tivessem que identificar nomes de figuras que começam com a mesma sílaba e se guiassem apenas pela coincidência das letras iniciais. Nesse caso, o aprendiz estaria buscando "palavras que começam com as mesmas letras", em lugar de pensar sobre suas sílabas orais iniciais.

Em nossa experiência, temos preferido, muitas vezes, usar cartelas em que as figuras aparecem *sem* seus nomes escritos e, durante ou após o jogo, fazer reflexões sobre a forma escrita de alguns daqueles nomes, registrando-os no quadro, por exemplo. O mesmo princípio se aplica às situações em que pedimos às crianças, por exemplo, para desenharem figuras cujos nomes começam parecido com outra palavra (digamos, "bota") e, em seguida, escreverem os nomes das palavras em pauta, tal como acham que podem ser escritos. A presença do nome da palavra-estímulo (no caso, "bota") pode levar o aprendiz a refletir se o nome do que desenhou deve ou não começar com a mesma letra, mas não o obriga a assim fazer, deixando a ele a tarefa de decidir quais letras usar.

Exemplos concretos de situações em que crianças exercitam a consciência fonológica e refletem sobre a notação escrita das palavras a partir de jogos

Como já dissemos na Introdução deste livro, desde meados dos anos 1980 temos compartilhado com professores diversas situações de sala de aula em que convidamos as crianças a brincar com as palavras da língua, em suas formas oral e escrita, a partir de jogos. Em alguns textos publicados mais recentemente, já trouxemos e discutimos alguns exemplos concretos de práticas docentes com jogos que julgamos adequadas e eficientes quando o tema é promover a consciência fonológica e a compreensão de como o SEA funciona (cf. Morais; Leite, 2005; Morais; Silva, 2011; Morais, 2012).

Nos quadros 15 e 16, apresentaremos e discutiremos dois registros de situações concretas de sala de aula, elaborados pela professora que as conduziu, nas quais foram utilizados dois jogos: o "Palavra dentro de palavra" e o "Rimanó".[61] Tal como na seção iniciada na p. 160, na

---

[61] Em Morais e Leite (2005), Morais e Silva (2010) e Morais (2012), relatamos e discutimos situações em que professoras utilizaram três outros jogos já citados: o "Bingo

qual analisamos as práticas com poemas e textos da tradição oral (cantiga, parlenda), buscaremos ressaltar alguns bons encaminhamentos e princípios possíveis de serem adotados ao desenvolvermos situações de ensino semelhantes.[62]

Brincando com o "Palavra dentro de palavra" e promovendo a consciência fonológica

O "Palavra dentro de palavra" é um jogo em que, como o nome sugere, as crianças têm por meta encontrar palavras que aparecem, em sua forma completa, no interior de outras palavras maiores (como "pato" dentro "sapato" ou "pente" dentro de "serpente"). Na forma em que é apresentado na caixa Jogos de alfabetização (BRASIL, 2009), o material com que se joga é composto por dois conjuntos de cartelas contendo figuras: as com nomes grandes aparecem sob fundo azul, e as "palavras contidas", com fundo vermelho. Naquela versão, os pares de palavra são: "mamão"/"mão"; "casa"/"asa"; "lampião"/"pião"; "luva"/"uva"; "sacola"/"cola"; "fivela"/"vela"; "galho"/"alho"; "sapato"/"pato"; "galinha"/"linha"; "tucano"/"cano"; "repolho"/"olho"; e "soldado"/"dado" (vide Figura 7).

O Quadro 15 a seguir traz o relato de uma situação em que a professora Marieta Chaves apresentou o jogo a sua turma (de último

---

dos sons iniciais", o "Caça-rimas" e o "Batalha de palavras", que se encontram na caixa Jogos de Alfabetização (BRASIL, 2009). Para não sermos repetitivos, optamos por apresentar e discutir, neste livro, relatos de práticas envolvendo outros jogos. Ao educador interessado, recomendamos a leitura das referências agora mencionadas.

[62] O registro que o(a) docente faz de sua própria prática tem sido visto por muitos formadores de professores como um recurso especial pelo seu auxílio na reflexão e tematização do fazer cotidiano com os alunos. Em nossa experiência, combinamos com os(as) docentes com quem trabalhamos de fazermos o papel de leitor "colaborador" que, diante de uma primeira versão, sugere pontuais ampliações, esclarecimentos de detalhes etc. Assim, além de dar voz ao/à professor(a) e propiciar que viva a situação de explicitação consciente que a escrita favorece, ajudamos a aprimorar a descrição/análise das práticas por ele(a) desenvolvidas. É lamentável que, nas atuais circunstâncias de trabalho, os professores brasileiros, via de regra, não disponham de tempo nem de outras condições que são requisito para esse tipo de registro escrito e para a reflexão que ele pode desencadear.

ano da educação infantil) pela primeira vez, no final do mês de setembro. Após o relato, faremos os comentários sobre os princípios e encaminhamentos que este revela e que nos parece importante termos em conta ao praticar situações de ensino que visam promover a consciência fonológica.

Figura 7: O jogo Caça-Palavras e algumas de suas peças, tal como aparecem na caixa *Jogos de Alfabetização*
Fonte: BRASIL-MEC, 2009.

Quadro 15: Relato da primeira situação em que crianças jogaram "Palavra dentro de palavra"

> Ontem, depois do recreio, trabalhei com as crianças um jogo que era novo para elas, o "Palavra dentro de palavra". Elas já estão acostumadas com os jogos da caixa do CEEL pois, antes desse novo jogo, já brincamos várias vezes com outros três: primeiro foi o "Batalha de palavras", depois o "Dado sonoro", e, no mês passado, o "Caça-rimas".
> Como faço toda vez que vamos estrear um jogo, comecei mostrando a caixinha onde se encontravam os dois tipos de fichas: as

que traziam as palavras maiores, como "fivela", e as que tinham as palavras que apareciam dentro delas, como "vela". Foi exatamente com esse par que eu disse para eles que a gente ia "brincar de detetive, procurando palavras que estavam escondidas dentro de outras palavras". Lembro que, no início do ano, tínhamos feito um trabalho parecido com os nomes próprios. Por exemplo, descobrindo que "Ana" está dentro de "Mariana" e de "Juliana", que o apelido "Edu" está dentro de "Eduardo" e por aí vai.

Ontem tinham vindo dezesseis alunos, e eu criei então dois grupos de oito. Juntei três mesas no meio da sala e as duas equipes ficaram separadas, de um lado e do outro da mesa. Tive que pedir várias vezes que se acalmassem, porque estavam muito curiosos, muito barulhentos. Então li as instruções que aparecem no "Manual didático" dos jogos: disse a finalidade, a quantidade de jogadores possível etc. A cada parte do texto [*de instruções*] eu conversava com eles, perguntava o que entenderam, explicava, mostrava as fichas.

Antes de começar a jogar, vimos cada figura e combinamos o nome de cada uma, tal como estava no "Manual". Ao final, revisei o nome das 24 figuras, chamando um aluno de cada equipe para dizer o nome da cartela que eu estava mostrando. Novamente, peguei a figura de "fivela", que eu tinha colocado como a primeira do monte de fichas azuis viradas para baixo, e perguntei qual seria a cartela que combinaria, porque era um nome de uma coisa que estava dentro de "fi-ve-la". Alguns gritaram logo: "vela"!

Para fazer um primeiro ensaio, escolhi quatro cartas azuis (com as palavras "grandes" "mamão", "sacola", "galinha" e "repolho"), que coloquei viradas no meio da "mesona", e dei a cada grupo duas cartas vermelhas (contendo as figuras das palavras "escondidas" "mão", "cola", "linha" e "olho"). Ensaiamos e eles entenderam direitinho a regra.

Quando começamos "à vera", os meninos e as meninas estavam muito excitados. Quando um aluno do grupo da vez puxava uma carta do monte de palavras grandes (por exemplo, "lampião") e não tinha a palavra menor, os do outro grupo queriam colocá-la (a palavra "pião"), em lugar de seguir a regra e devolver a cartela maior, virada, para o fundo do monte central, tal como a gente tinha combinado. Prometi jogar, noutro dia, desse jeito que eles queriam, ou seja, mudando a regra.

Cada vez que uma equipe fazia um par (como "soldado"/"dado"), eu pedia para eles justificarem pronunciando as duas palavras "bem explicado". Só então eu marcava o ponto ganho no placar colocado no quadro branco e aproveitava para escrever o par de palavras no quadro. Depois que terminamos o jogo, li os pares de palavras juntamente com os alunos.

O grupo A foi o vencedor, porque conseguiu formar sete pares quando as cartelas azuis se acabaram.

Notei que eles acharam mais difícil encontrar "asa" dentro de "casa" e "olho" dentro de "repolho" que nos pares em que a palavra menor é descoberta retirando somente a primeira sílaba da palavra maior (como "dado" dentro de "sol-dado").

As crianças gostaram tanto que jogamos mais duas rodadas seguidas. Na última, quando acabou, criei uma tarefa de classe. Desenhei e coloquei no quadro três figuras das "palavras grandes" com seus nomes abaixo ("sacola", "soldado" e "fivela"). Dei então uma folha para cada aluno e pedi que desenhassem as três figuras que podíamos encontrar dentro daquelas e que escrevessem o nome delas. Ao final, notei que os alunos mais avançados (alfabéticos e silábico-alfabéticos) acertavam sempre, mas os demais ainda tinham dificuldade de usar a escrita da palavra grande para escrever o nome da menor. Acho que, na próxima vez em que for usar essa tarefa, vou misturar alunos mais avançados com os que ainda não compreenderam o alfabeto.

Vi ainda que os alunos com mais dificuldade participaram menos no jogo, e vou tentar controlar isso da próxima vez. Mesmo que seja o grupo todo quem "grita" que tem o par [*de palavras*], acho que é importante pedir que um aluno que eu chamar seja aquele que vai explicar por que se forma o par, para que os menos avançados tenham o desafio de pensar na resposta do grupo.

O que podemos aprender com o cuidadoso relato da professora Marieta? Listaremos agora formas e princípios de encaminhamento para os quais chamaríamos a atenção do leitor deste livro.

1) Selecionar os jogos, ao longo do ano letivo, considerando o avanço das habilidades de consciência fonológica dos aprendizes.

Logo que inicia seu relato, a professora Marieta nos conta que, àquela altura do ano letivo (setembro), seus alunos já haviam brincado com outros jogos de consciência fonológica. Se analisarmos os jogos que ela mencionou já ter usado, vemos que promoviam habilidades metafonológicas provavelmente menos complexas (que a habilidade de encontrar uma palavra dentro de outra). Esse cuidado com uma progressão intencional no ensino nos parece fundamental.

2) Apresentar os componentes do jogo (cartelas, fichas), combinar como vão chamar cada figura e ler as regras e conversar sobre elas.

Já explicamos a importância de fazer-se acordos sobre como cada figura vai ser chamada por todos os jogadores, já que todos precisam estar focando a mesma palavra oral (por exemplo, "soldado" e não "guarda" ou "polícia", para "descobrirem" nela a palavra "dado"). A professora Marieta também se preocupou em apresentar as cartelas maiores e menores (azuis e vermelhas) e em ver com a turma o que tinham de diferente.

Porém, além disso, a docente teve o cuidado de ler, literalmente, as instruções do jogo tal como apareciam no "Manual" e de conversar com os alunos sobre cada regra, de modo a ficar claro como iriam brincar e o que era preciso para ser ganhador do jogo. A familiarização com um texto instrucional como esse (regras de um manual de jogo) é uma oportunidade especial para as crianças ampliarem seu conhecimento de gêneros textuais próprios do universo infantil e de avançarem na compreensão destes antes de poderem lê-los autonomamente.

3) Fazer jogadas de ensaio coletivo (antes de começar o jogo "à vera") e esclarecer as dúvidas.

Poder "ensaiar" no coletivo foi para os meninos e para as meninas mais uma oportunidade de compreender as regras do jogo, de aprender a segui-las (apesar da ansiedade do "querer começar logo para ganhar"). O ensaio coletivo criou um espaço para esclarecer dúvidas, evitando que alguns aprendizes ficassem alijados da brincadeira simplesmente por não terem compreendido o que fazer e como atuar. Já vimos em outras turmas situações nas quais as crianças não viveram um ensaio coletivo e várias delas se confundiram na hora de jogar apesar de, logo em seguida, demonstrarem ter bom desempenho na habilidade fonológica em pauta.

4) Pedir para explicarem a solução encontrada e para pronunciarem, de forma bem clara, o que há de idêntico nas palavras que "combinam".

Pedir às crianças que justifiquem por que ganharam um ponto, pronunciando, de modo cuidadoso, as sequências semelhantes nas palavras, permite instalar, na sala de aula, duas ampliações no aprendizado que vivenciam. Por um lado, ajuda a desenvolver uma atitude de demonstração de cumprimento das regras do jogo, de "argumentação definitiva" sobre por que uma equipe venceu determinada rodada. Por outro, faz com que a criança amplie sua reflexão fonológica, já que, em lugar de apenas identificar a existência de porções orais compartilhadas pelas palavras, ao pronunciá-las de forma enfática, precisa focar explicitamente aquelas partes de palavras (e palavras completas) orais.

5) Abrir-se para praticar variações do mesmo jogo sugeridas pela turma e intencionalmente criar versões mais fáceis ou difíceis de um mesmo jogo.

Recordemos que em seu relato a professora Marieta registrou: "Quando um aluno do grupo da vez puxava uma carta do monte de palavras grandes (por exemplo, "lampião") e não tinha a palavra menor, os do outro grupo queriam colocá-la (a palavra "pião"), em lugar de seguir a regra e devolver a cartela maior, virada para o fundo do monte central, tal como a gente tinha combinado. Prometi jogar, noutro dia, desse jeito que eles queriam, ou seja, mudando a regra". Essa flexibilidade, no sentido de praticar certas modificações que preservariam o objetivo final do jogo, nos parece muito saudável e respeitosa para com os aprendizes.

Introduzir variações e desdobramentos também nos parece fundamental para que possamos aumentar ou reduzir a dificuldade de um jogo, de modo a ajustá-lo aos níveis dos alunos da turma ou para "repaginar" uma atividade que já se tornou "fácil" para determinados alunos. No caso do jogo "Palavra dentro de palavra", por exemplo, podemos criar versões, em princípio mais complexas ou mais fáceis, porque nelas, para encontrar as palavras menores, é preciso, respectivamente, segmentar um sílaba (por exemplo, partir a sílaba "PO" de "repolho" para localizar "olho") ou apenas retirar a sílaba inicial (por exemplo, subtrair o "s" de "sacola" para achar "cola"). Em certa ocasião, testando uma versão que julgávamos um pouco mais complexa, vimos que, a partir de uma palavra grande, como "camaleão", os alunos mais avançados eram capazes de encontrar não só "cama" e "leão", mas também "cá" e "má".

6) Criar atividade de escrita a partir das palavras analisadas oralmente no jogo que as crianças acabaram de vivenciar.

Embora nas cartelas do jogo as crianças não vissem escritos os nomes das figuras, a docente criou uma situação que poderia ajudá-las a focar, mais detidamente, a forma escrita da palavra menor ("vela"), por disporem da grafia convencional da palavra maior ("fivela") que lhes era oferecida. Mesmo que o aluno não produzisse a resposta convencional correta, vemos que ele teria vivido uma situação que poderia ajudá-lo a refletir sobre um "enigma": por que a grafia da palavra menor era igual a uma grande parte da palavra maior?

7) Estar atento(a), durante o jogo, para as dificuldades das crianças e para a participação de alunos com diferentes níveis de aprendizado.

A natureza lúdica, que é inerente à realização de um jogo como o vivenciado pela professora Marieta com sua turma, não lhe impediu de observar os distintos modos de participar de diferentes indivíduos e lhe indicou a necessidade de criar dispositivos para garantir que aqueles aprendizes menos (e mais) avançados viessem a ter seu lugar próprio na atividade coletiva. O sentido de atividade disputada em grupos, com um objetivo de "ganhar", não precisa subtrair nosso olhar adulto atento, o qual é necessário para evitarmos que os alunos com melhor desempenho na habilidade fonológica em foco sejam os únicos participantes, relegando a uma posição de exclusão ou passividade os demais jogadores de seus grupos.

Ao realizar a atividade de escrita discutida no item anterior, a docente também cogitou que poderia ter como aliada a organização de "duplas produtivas", nas quais alunos com níveis um pouco diferentes resolveriam, conjuntamente, a mesma tarefa.

Brincando com o "Rimanó" e promovendo a consciência fonológica

O "Rimanó" foi um jogo que criamos durante a realização de uma pesquisa desenvolvida entre os anos 2010 e 2012, ou seja, depois de o CEEL-UFPE ter produzido a caixa Jogos de alfabetização e o MEC a ter distribuído para todas as escolas do país. Seguindo a regra de um dominó corrente, no lugar dos algarismos de 0 a 6, trabalhamos com sete rimas: "eira", "ente", "ador, "eiro", "ado", "ana" e "ata". Também como no dominó normal, tínhamos "carroças" (ex: "gata-gata") e "pedras" com combinações entre as palavras que rimavam. Mas, para levar os alunos a refletirem sobre rimas, tínhamos seis palavras que compartilhavam cada final igual. Em sua primeira versão, criamos pedras de dominó combinando figuras cujos nomes compartilhavam as seguintes rimas:

- "eira": "fogueira", "bandeira", "geladeira", "lixeira", "torneira" e "cadeira";
- "ente": "pente", "lente", "presente", "corrente", "detergente" e "dente";
- "ador": "babador", "pegador", "computador", "liquidificador", "ventilador" e "apagador";
- "eiro": "dinheiro", "pedreiro", "banheiro", "brigadeiro", "travesseiro" e "chuveiro";
- "ado": "dado", "cadeado", "soldado", "telhado", "veado" e "teclado";
- "ana": "banana", "baiana", "cabana", "cana", "persiana" e "Havaiana";
- "ata": "gata", "gravata", "pata", "lata", "pirata" e "barata".

O Quadro 16, a seguir traz o relato da primeira situação em que a mesma professora apresentou o "Rimanó" para seus alunos do último ano da educação infantil. Tal como no exemplo anterior, após o relato, teceremos alguns comentários sobre certos princípios e encaminhamentos que julgamos importantes que os docentes levem em conta ao realizar a promoção da consciência fonológica através de jogos.

Quadro 16: Relato da primeira situação em que crianças jogaram "Rimanó"

> Na reunião com a equipe da UFPE, na quinzena passada, resolvemos criar um jogo de dominó de rimas para testar com meus alunos. Conversamos sobre algumas palavras que a gente podia usar no jogo e, no início dessa semana, chegou o "Rimanó". Eu aproveitei, então, uma parte do começo da manhã de ontem, quinta-feira, para brincar com a turma com o novo jogo.
>
> Meus alunos já brincavam com o dominó tradicional, de números de 0 a 6, desde o primeiro semestre. Eles também já tinham brincado várias vezes com o "Caça-rimas" e o "Trinca mágica", da caixa do CEEL. Além disso, naquela semana a gente estava lendo e explorando a poesia "A casa e seu dono", de Elias José, procurando as palavras que rimavam. Por isso, achar rimas com o "Rimanó" foi uma situação bem tranquila e fácil para a maioria da turma.
>
> Como ainda não havia um texto com as regras e os componentes do jogo, comecei apresentando as "pedras" do "Rimanó", para combinar com eles como íamos chamar cada figura. Recordamos as regras do dominó tradicional, lembrando as quantidades de pontos que se ganha quando se bate normalmente, ou quando se bate com "lá e lô" ou "batida cruzada". Para o ensaio, escolhi seis pedras com as figuras voltadas para cima, com nomes que "se encaixavam" em sequência, e as coloquei sobre a grande mesa que montamos no meio da sala. A sequência tinha as seguintes pedras embaralhadas: "gata-gata", "gata-babador", "pegador-fogueira", "bandeira-corrente", "presente-banana", "baiana-teclado". Expliquei que a "carroça de saída" (equivalente à pedra 6-6 no dominó

normal) sempre seria a pedra "gata-gata". Coloquei, então, a pedra "gata-gata" no centro da mesa e perguntei qual seria a pedra seguinte. Eles logo gritaram que era "gata-babador". Quando perguntei a seguinte, não demoraram muito em descobrir que era "pegador-fogueira", e continuaram acertando até esgotar todas. A cada nova pedra colocada eu perguntava "qual é a rima?", e incentivava para eles pronunciarem forte as partes que rimavam ("baba-**dor**", "pega-**dor**" etc.).

Quando terminou o ensaio, dividi a turma em quatro grupos ao redor da mesona (três mesinhas colocadas juntas) e mostrei cada pedra para a turma para combinarmos os nomes dos desenhos. Misturei todas as vinte e oito pedras, com as figuras viradas para baixo. Dividi os alunos em quatro grupos e expliquei que cada grupo ia receber sete "pedras", que ganhava o jogo quem se livrasse das suas "pedras" primeiro e que a equipe que ganhasse ia receber um prêmio. Eles desviraram suas cartas e perguntei qual grupo tinha saído com o par "gata-gata", e um dos alunos do Grupo 2 apresentou a pedra. Demos então prosseguimento e, à medida que iam apresentando as cartelas ("pedras"), eu pedia para pronunciarem forte as rimas e perguntava para o grupo seguinte, por exemplo: "Vocês, do grupo de Ryan, têm alguma que rime com 'ca-**bana**'?". Quando não, eles próprios se antecipavam e diziam "tocou!". Quando sim, gritavam o nome de uma figura contida numa das pedras que formava o par de rimas. Por exemplo, diante de uma "ponta" em que aparecia a figura de uma banana, um aluno que ia jogar dizia "a gente tem 'baiana'!". Eu então estimulava: "Isso! 'Ba-**nana**' rima com..." e deixava eles completarem ("baiana").

Algumas vezes um aluno do grupo da vez dizia uma palavra errada e seus próprios colegas de grupo o corrigiam. Teve poucos casos em que mudavam os nomes das figuras, por exemplo, chamando "lixeira" de "lixo", mas também nessas horas os colegas de grupo ou concorrentes corrigiam. O interessante é que estavam pensando na rima (por exemplo, "fogueira"/"lixeira"), mesmo quando diziam um nome "substituto".

Os alunos do Grupo 3 ganharam. E receberam um pirulito cada um.

Mas, assim como no dominó normal, as outras equipes pediram revanche e jogamos mais duas partidas. Foi bom, porque outros grupos também ganharam.

O jogo terminou às 09h30 e um dos alunos do Grupo 1 ficou aborrecido, dizendo que não ia mais falar com um coleguinha que fez parte do último grupo que ganhou e que estava gozando dele. Conversei com a turma e expliquei que não se ganha sempre um jogo, que perder também faz parte da brincadeira e da vida.

Para refletirem ainda mais sobre as rimas, escolhi quatro figuras do "Rimanó" ("dado", "gata", "pente" e "bandeira"), desenhei no quadro de giz e escrevi seus nomes embaixo. Para cada figura pedi então que dissessem outras que rimavam. À medida que diziam, eu escrevia o nome abaixo do primeiro (por exemplo: "soldado" e "teclado" abaixo de "dado") e, como em outras situações, sublinhei a parte igual com um marcador vermelho para ressaltar as letras iguais, na mesma hora em que a gente pronunciava mais forte as partes que rimavam.

Depois, distribuí os cadernos de desenho para que cada aluno escolhesse uma figura do "Rimanó" para desenhar (no caderno), e depois pintar e desenhar outra figura que rimasse com o nome daquela que escolheu. Para tarefa de casa, recolhi os cadernos e coloquei então, abaixo ou junto do primeiro desenho que fizeram (e que era peça do "Rimanó"), o nome daquela figura com letra de imprensa maiúscula. Devolvi os cadernos com uma tirinha colada, com uma instrução em que eu pedia que, na mesma página, desenhassem mais uma figura com nome que rimasse (com os nomes das duas anteriores) e depois escrevessem os nomes das duas figuras que rimavam com a primeira da forma como achavam que podia ser.

Vi que o "Rimanó" vai ser um jogo legal para as crianças brincarem mais livremente, jogando em duplas ou mesmo individualmente (um aluno disputando com outro). Por isso resolvi colocá-lo logo na estante que tem o cantinho dos jogos.

Como o leitor poderá ter percebido, muitos dos princípios e encaminhamentos que foram ressaltados nas seções anteriores deste capítulo reapareceram quando a professora Marieta apresentou para sua turma o "Rimanó". Vimos que ele adotava procedimentos idênticos àqueles que focalizamos, de modo mais aprofundado, quando da análise das atividades de exploração de poemas, parlendas e trava-línguas, ou com o jogo "Palavra dentro de palavra". Isso nos parece muito natural, porque constituem cuidados que podemos incorporar em nossas práticas sempre que queremos ajudar nossas crianças a refletir sobre as palavras em sua dimensão sonora e gráfica.

Como fazê-lo? Podemos destacar as seguintes atitudes:

- pedindo para ressaltarem, na hora de pronunciar, as partes orais semelhantes;
- registrando, uma vez concluído o jogo, as formas gráficas das palavras parecidas para que as crianças possam refletir sobre a semelhança entre "partes faladas" e "partes escritas";
- introduzindo variações e desdobramentos (por exemplo, dizendo, oralmente, outras palavras que rimam, além dos nomes das figuras do jogo);
- estimulando as crianças a escreverem, tal como sabem, os nomes parecidos das figuras sobre cujas partes orais estão pensando e fazer isso, inclusive, como prolongamento do trabalho realizado em sala (tarefa de casa idêntica ao que foi vivido na sala de aula).

Por isso, nos itens a seguir, vamos priorizar alguns aspectos que tiveram mais a ver diretamente com o novo jogo ou que constituíram derivações que, em nosso trabalho com a professora Marieta, viemos a realizar. Enfatizamos que ela conseguiu:

1) Respeitar a "lógica" de um jogo tradicional (como o dominó), de modo a conduzir as jogadas sem artificializar demais, preservando o sentido de ludicidade.

Embora durante as jogadas ela tenha estimulado os alunos a pronunciar de forma "mais partida" os pares de palavras orais que rimavam, à medida que iam construindo a trilha do dominó, ela não "parou o jogo" para registrar palavras no quadro ou fazer outras coisas que tirassem o sentido lúdico da atividade. As crianças competiam de fato, viam "se tinham tocado ou não", jogavam novas partidas, enfim, disputavam, brincando com as palavras que rimavam.

O fato de a professora ter decidido colocar a caixa do "Rimanó" no cantinho de outros jogos (dominós tradicionais, jogos de memória etc.) também revela esse tratamento "natural" dado ao novo jogo. Isso nos parece um detalhe de "boa escolarização" do tratamento da língua escrita na escola.

2) Colocar alunos para jogar em duplas ou individualmente.

A antecipação dessas alternativas revela uma intenção de desenvolver autonomia nas crianças, de modo que pudessem jogar sem a mediação do adulto. O jogo de linguagem se torna assim uma brincadeira corrente, na qual as crianças, entre elas, vão exercitar e negociar justificativas e explicitações sobre questões metalinguísticas.

3) Variar o repertório de palavras, criando uma segunda versão do "Rimanó"

No mês seguinte, juntamente com a professora Marieta, criamos uma nova versão do jogo, usando agora palavras que rimavam com "pelicano", "gaiola", "panela", "barraca", "espada", "cometa" e "coração". O novo jogo foi também muito explorado e permitiu que as crianças continuassem exercendo a mesma habilidade (identificação de rimas), sem se desmotivar.

Na seção seguinte, discutiremos como a promoção da consciência fonológica pode ajudar nossos aprendizes a avançar no uso convencional das relações entre grafemas e fonemas.

Consciência fonológica, ensino sistemático de correspondências som-grafia e ensino de algumas regularidades da norma ortográfica

No Capítulo 2 deste livro, vimos que, após a chegada a uma hipótese alfabética e do aprendizado do valor sonoro das letras e dígrafos do português, a participação da consciência fonológica nos avanços que as crianças demonstram em seu aprendizado da norma ortográfica tende a ser menos evidente que foi para a apropriação do sistema alfabético em si. No entanto, isso não implica que a reflexão fonológica não tenha um papel central:

1) no domínio inicial de correspondências grafema-fonema e fonema-grafema, de modo que as crianças adquiram fluência e autonomia na leitura e na escrita de palavras nas quais tais relações letra-som aparecem;

2) na superação de certas dificuldades ortográficas, especialmente para aquelas crianças que, diferentemente de seus colegas de turma, continuam trocando letras bem regulares (como "F" por "V") ou letras e dígrafos que são regulados pelo contexto (como "R" e "RR").

Trataremos, agora, desses dois temas.

Consciência fonológica e domínio das correspondências entre letras e sons

Se a chegada a uma hipótese alfabética é fruto da interação entre o desenvolvimento de diferentes habilidades de consciência fonológica e reflexões específicas sobre como o alfabeto funciona, quando se trata de se apropriar das convenções som-grafia de nossa língua, as crianças avançam de modo mais eficaz se as estimulamos a analisar detidamente as sequências sonoras a que determinadas letras correspondem e as letras que precisam buscar para notar tais sequências. Segundo nossa experiência, há dois níveis em que tal reflexão explícita parece ajudar.

Num primeiro âmbito, concebemos que as crianças que já chegaram a uma hipótese silábico-alfabética ou alfabética precisam ser ajudadas a automatizar as convenções som-grafia. Em nossas observações, temos visto que sim, vale a pena realizar atividades focando, de forma contrastada, certas correspondências (por exemplo, "CA", "CO", "CU" para /ka/, /kɔ/, /ku/; "QUE", "QUI" para /ke/ e /ki/) com jogos nos quais, por exemplo, tenham que produzir palavras começadas com aquelas sequências ao mesmo tempo que as vão registrando. A conjugação de atividades de reflexão fonológica com outras atividades lúdicas de leitura e escrita de palavras – como a resolução de um caça-palavras ou o preenchimento de cruzadinhas – em que cada palavra contém as correspondências letra-som que se está querendo sistematizar ajuda a criança a melhor internalizar as convenções em pauta. Nas cruzadinhas contendo palavras com "CA", "CO", "CU", "QUE" e "QUI", acrescentamos também palavras iniciadas por "CE" e "CI", para induzir uma reflexão mais consciente sobre as mudanças de valor sonoro que o "C" assume e para observarem "QU" como alternativa para notar /ke/ e /ki/. Mais uma vez se trata de ressaltar a análise das partes sonoras ao mesmo tempo que se está operando sobre suas formas escritas (lendo ou notando).

Noutra direção, podemos fazer as crianças pensarem especificamente sobre quais grafemas necessitarão para notar uma sequência sonora. Assim, por exemplo, no jogo "Troca letras" da caixa Jogos de alfabetização elaborada pelo CEEL-UFPE (Brasil, 2009), levamos as crianças a se depararem com palavras que têm uma única letra diferente (por exemplo, "gato", "pato", "rato"). Ao responder ao desafio da professora que pergunta, por exemplo, "que letra devo trocar para que a palavra 'pato' vire 'rato'?", cabe ao grupo ou ao aluno escolher a letra e colocá-la no lugar certo. Veja-se que, para isso, o aluno analisa os "todos" das duas palavras, foca o som que muda na posição inicial e reflete sobre a correspondência específica sobre a qual vai operar a transformação (gráfica e sonora). Lembramos que o repertório de cartelas/palavras, isto é, o repertório de correspondências sobre as quais os alunos vão poder refletir, deve ser ampliado, não se atendo às peças já existentes no jogo.

Ainda no âmbito do ensino sistemático das correspondências (grafema-fonema e fonema-grafema), a reflexão fonológica auxilia bastante no domínio de sílabas não canônicas, isto é, que não são constituídas apenas por consoante-vogal (CV). Na mesma caixa de Jogos de alfabetização (Brasil, 2009), há pouco mencionada, o jogo "Mais uma" permite às crianças observarem mudanças que ocorrem quando transformamos, por exemplo, "galo" em "galho", "pote" em "poste" ou "pato" em "prato". A reflexão fonológica embutida na resolução do jogo permite ao aluno voltar a atenção para a forma como a transformação de uma sílaba gráfica CV em outra (CVC ou CCV) equivale à introdução de fonemas na sequência oralizada.

Como assinalamos em obra anterior (Morais, 2012, p. 152-153), bons livros didáticos de que dispomos hoje têm proposto que as crianças se debrucem reflexivamente sobre essas transformações nas estruturas silábicas de palavras cuja leitura estão sistematizando. As evidências de pesquisas realizadas por Oliveira (2017) e Oliveira e Morais (2016) demonstram o quanto o domínio de relações grafema-fonema e fonema-grafema após a criança chegar a uma hipótese alfabética é uma tarefa complexa, especialmente no que diz respeito a palavras contendo sílabas não constituídas apenas por consoante-vogal. Soares (2016) faz um cuidadoso mapeamento das sílabas com as quais aqueles aprendizes que já "alcançaram uma hipótese alfabética CV" terão que se familiarizar para podermos dizer que estão alfabetizados, porque leem e escrevem com mínima autonomia.

Insistimos que os repertórios de palavras dos dois jogos há pouco citados podem e devem ser ampliados pelos professores, de modo a aumentar as possibilidades de as crianças serem desafiadas a pensar e, assim, a resolver mais e mais tarefas de leitura e escrita de palavras, nas quais focam a atenção sobre as diversas convenções fonema-grafema ou grafema-fonema que precisam automatizar.

Consciência fonológica e domínio de regularidades ortográficas

Nos últimos anos temos criado, juntamente com Tarciana Almeida, jogos para o ensino de questões ortográficas de tipo regular. Num primeiro momento, buscamos criar jogos para ajudar crianças que continuavam apresentando dificuldades com a troca de letras regidas por regras "diretas", como "P", "B", "T", "D", "F" e "V" (Almeida; Morais, 2016). Embora, nesses casos, só exista em nossa língua um grafema para notar os fonemas equivalentes (/p/, /b/, /t/ etc.), algumas crianças, mesmo com hipótese alfabética bem consolidada, continuam apresentando trocas, e escrevem, por exemplo, "voto" no lugar de "foto", ou "bode" no lugar de "pode". Ao falar, no dia a dia, aquelas crianças não têm dificuldade de pronunciar tais palavras. A interpretação psicolinguística para tais trocas (cf. NUNES; BRYANT; BUARQUE, 1992), com a qual concordamos, é que elas são fruto de falta de consciência fonológica. Como, na maioria das vezes, os erros na hora de escrever envolvem permutas entre consoantes sonoras e surdas, articuladas no mesmo ponto e do mesmo modo no aparelho fonador, pareceu-nos importante criar situações para que os aprendizes pudessem viver, conscientemente, os contrastes entre aqueles pares mínimos (/p/ e /b/; /t/ e /d/; /f/ e /v/).

Assim, por exemplo, para ajudar os alunos com dificuldade no uso de "P" e "B", criamos quatro jogos, sendo dois deles de classificação de palavras e dois de escrita de palavras. Quando se tratava de classificar (isto é, identificar) palavras com "P" ou "B", os alunos viveram inicialmente os jogos:

1) "Completando a frase", em que recebiam cinco fichas com palavras que completavam frases lidas pela professora. O objetivo era a criança ler e "separar" as fichas recebidas mais rapidamente que seu oponente, colocando nas lacunas de cada frase as palavras corretas (por exemplo, "bata" ou "pata" na frase "O médico veste uma *bata* branca");

2) "Memória", no qual, de início, tinham que classificar palavras em duas colunas quanto à letra inicial (no caso, "P" ou "B") a partir da recordação dos nomes de figuras. Depois, usando a memória, deviam localizar, num tabuleiro, primeiro que seu adversário, as oito cartas cujos nomes começavam com a mesma letra.

Seguindo a lógica já testada anteriormente por Morais (1998, 2009), de fazer os aprendizes com dificuldades ortográficas produzirem (escreverem) palavras que contêm aquelas grafias em que cometem erros só depois de terem vivido situações em que as tinham contrastado/categorizado, em seguida propusemos a eles brincar com:

1) o jogo "Corrida das palavras", no qual recebiam uma cartela com figuras cujos nomes continham o par mínimo /p/ e /b/ a ser trabalhado (por exemplo, "bule", "pato", "pote", "bode", "bico") e uma caixa de letras móveis, com a qual deviam escrever, corretamente e em menos tempo, as palavras da cartela;

2) o jogo "Busca das palavras", no qual, também com um alfabeto de letras móveis, precisavam escrever, evocando de memória, palavras

com o par /p/ e /b/ trabalhado. Quem escrevesse mais palavras corretamente durante um tempo determinado ganhava o jogo.

Os resultados foram muito instigantes, no sentido de mostrar que aqueles alunos de terceiro e quarto anos, ao final, tinham superado as trocas que tinham praticado, durante tanto tempo, depois da chegada a uma hipótese alfabética de escrita (ALMEIDA; MORAIS, 2016). Eles continuavam cometendo erros ortográficos, mas não na escrita daquelas regularidades diretas ("F", "V", "T", "D", "P", "B") sobre as quais tinham sido ajudados a refletir, conscientemente, brincando.

Numa outra pesquisa (ALMEIDA, 2013), seguindo princípios idênticos, testamos o efeito de jogos para auxiliar alunos de quarto ano de uma escola pública que, em seus grupos-classe, se destacavam por serem aqueles que ainda tinham mais dificuldades em notar regularidades contextuais de nossa norma ortográfica (como "G" e "GU"; "C" e "QU"; "R" ou "RR"; "M" ou "N" em final de sílaba). Um grupo de crianças jogava com a mediação da professora, que induzia a verbalização de justificativas, e em outro grupo tal mediação não estava presente. As evidências colhidas demonstraram que:

1) embora os jogos fossem motivadores e mobilizassem as crianças para refletir sobre aquelas questões ortográficas, não eram "miraculosos", e algumas crianças revelaram naturais oscilações e decréscimos no domínio de alguma regra, mesmo depois de terem praticado a reflexão com os jogos;

2) a verbalização induzida pela docente do primeiro grupo pareceu ter efeito importante na aprendizagem de algumas regras (como os usos de "GUE", "GUI" ou "GU");

3) a reflexão fonológica se aplicava bem a algumas regras contextuais, nas quais a mudança gráfica implicava mudança na pronúncia (uso de "G" ou "GU", por exemplo), mas não em outras regras ligadas ao contexto, em que não havia mudança de pronúncia (como o uso de "M" ou "N" em final de sílaba);

4) os jogos em que as crianças tinham que escrever palavras pareceram mais adequados para promover a explicitação verbal das regras ortográficas (comparados aos jogos em que elas só tinham que classificar palavras). O fato de a palavra aparecer "materializada" com

a escrita por eles produzida permitiu uma reflexão maior sobre esta, o que ficou evidente nos jogos em que trabalhavam com letras móveis.

Enfim, embora a reflexão fonológica fosse um ingrediente importante na internalização de algumas regras ortográficas de tipo contextual e a mediação do docente tenha incrementado o poder de certos jogos ao ensinarem determinadas regras, ficava evidente que o aprendizado daquele tipo de ortografia (regularidades contextuais) não dependia apenas de uma promoção da reflexão fonológica "através de jogos".

Como o leitor deve ter observado, nesta seção falamos apenas de casos de nossa norma ortográfica que, em trabalho anterior (cf. MORAIS, 1998), classificamos como *regulares diretos* (usos de "P", "B", "T", "D", "F" e "V") e *regulares contextuais* (como as disputas entre "R" e "RR", "G" ou "GU", "O" ou "U" para notar /u/ etc.).

Nossa experiência tem demonstrado que é nesses tipos de questões regulares que nossas crianças podem se beneficiar se o ensino propuser, explicitamente, a reflexão fonológica, já que a escolha dos grafemas "que disputam" implica mudança na forma de pronunciar as palavras com eles escritas (por exemplo, "barão" e "barrão").

Diferentemente, quando temos *regras ortográficas ligadas à morfologia* (como as que regulam o emprego de "EZA" ou "ESA" em "beleza" e "portuguesa"), o fato de tanto as formas corretamente escritas como as errôneas terem a mesma pronúncia – pense em como se lê "portuguesa" e *"portugueza"* – impede que se possa tomar decisões com base apenas na análise explícita da pronúncia resultante. O mesmo se aplica aos casos irregulares de nossa ortografia: para decidirmos se vamos escrever "conserto" ou "concerto", por exemplo, não há o que apreender a partir da análise da conversão das duas formas escritas em som.

Avaliação da consciência fonológica

Na primeira ocasião em que nos dedicamos a escrever sobre esse tema (MORAIS, 2012, p. 163-173), o fizemos de forma ampla, tratando a avaliação das habilidades de consciência fonológica como *um* dos ingredientes que precisamos diagnosticar no processo de apropriação da escrita alfabética desde o final da educação infantil. Mas deixávamos claro que era preciso fazê-lo ao mesmo tempo que registrávamos uma série de outras medidas dos conhecimentos infantis relativos aos tipos de hipóteses ou níveis de compreensão sobre o SEA e ao domínio das convenções do sistema alfabético: emprego das relações letra-som na leitura e na escrita de palavras, domínio de aspectos gráficos como a direção da escrita (da esquerda para a direita e de cima para baixo), automatismo no uso de letras de imprensa e cursiva, legibilidade dos textos produzidos etc. No presente livro, como nos dedicamos especificamente ao ensino que visa promover a consciência fonológica, poderemos nos aprofundar um pouco mais na avaliação desse conteúdo.

Se, na seção iniciada na p. 126, no Quadro 10, listamos onze habilidades envolvendo diferentes "unidades" sonoras (palavras, sílabas, rimas, fonemas), entendemos que a avaliação da consciência fonológica deve ser realizada sobre tais habilidades e que o diagnóstico de algumas delas deve ocorrer desde o final da educação infantil.

Pensamos que, *no penúltimo ano da educação infantil*, no qual as crianças estão completando 4 anos de idade, podemos observar se começam a revelar algumas habilidades metafonológicas como: I) dizer palavras separando suas sílabas; II) contar quantos "pedaços" uma palavra tem; III) identificar qual a palavra maior entre duas escutadas; e IV) identificar uma palavra que começa com a mesma sílaba que outra. Usando cartelas com figuras e fazendo isso como brincadeiras e desafios semelhantes aos vivenciados no dia a dia da sala de aula, podemos ir registrando quais avanços cada aluno revela nesse campo. Sem cobrarmos que todos tenham de ter desenvolvido tais habilidades plenamente ao final do ano letivo, vamos mapeando os progressos que apresentam ao lado do que demonstram ter elaborado como hipótese de escrita quando escrevem espontaneamente.

No último ano de *educação infantil* e no *primeiro ano do ensino fundamental,* propomos que o mesmo tipo de acompanhamento seja praticado. Além de incluir aquelas quatro habilidades iniciais, sugerimos acompanhar a evolução das crianças nas sete outras habilidades apresentadas no Quadro 10: produzir (dizer) uma palavra maior que outra; produzir (dizer) uma palavra que começa com a mesma sílaba que outra; identificar palavras que rimam; produzir (dizer) uma palavra que rima com outra; identificar palavras que começam com determinado fonema; produzir (dizer) uma palavra que começa com o mesmo fonema que outra; e identificar a presença de uma palavra dentro de outra. Como sempre, parece-nos útil registrar tais mapeamentos de modo organizado, para que constituam documentos que possam, inclusive, ser passados para os docentes que venham a assumir as crianças de cada grupo-classe no ano seguinte.

O acompanhamento ao longo do ano letivo pode registrar o bom desempenho, por exemplo, com um simples sinal (+), sempre que o professor constatar que o aprendiz já domina certa habilidade. Em nossa experiência, temos também registrado com +/- os casos de oscilação, quando ora a criança demonstra resolver corretamente as tarefas de um tipo de habilidade fonológica ora não consegue fazê-lo. Interpretamos que esse dado de oscilação já indica que a habilidade em foco começou a ser elaborada pela criança no conjunto de suas competências metafonológicas.

No caso de meninos e meninas do primeiro ano do ensino fundamental que iniciam o ano letivo ainda com uma hipótese pré-silábica, ou de outros que, durante o ano, revelam pouco progresso em suas hipóteses de escrita – ou, o que é mais grave, chegam ao final do primeiro ano ainda sem ter alcançado uma hipótese silábico-alfabética ou alfabética –, parece-nos fundamental mapear, continuamente, quais habilidades fonológicas ainda precisam desenvolver, a fim de ajudá-los a utilizar esse tipo de conhecimento metalinguístico em seus processos individuais de compreensão do sistema alfabético e de domínio das convenções deste. Recordemos sempre que não consideramos a consciência fonológica como o remédio miraculoso que garante a chegada a uma hipótese alfabética, porque, como já explicado na Introdução deste livro, concordamos com Ferreiro (1990) quando ela discute a complexidade conceitual envolvida na apropriação do alfabeto.

Essa perspectiva e as evidências obtidas ao pesquisarmos aprendizes brasileiros, já revisadas no Capítulo 2, nos fazem questionar a adequação e a necessidade de mensurarmos determinadas habilidades fonêmicas, tal como fazem certas baterias de avaliação da consciência fonológica usadas frequentemente por psicólogos, psicopedagogos e fonoaudiólogos.

Notemos, por exemplo, que a *Prova de consciência fonológica* (CAPOVILLA; CAPOVILLA, 1998) é composta de dez subtestes (síntese silábica, identificação de rima, identificação de aliteração, segmentação silábica, segmentação fonêmica, manipulação silábica, manipulação fonêmica, transposição silábica e transposição fonêmica), mesclando tarefas que envolvem sílabas e fonemas. Por sua vez, o *CONFIAS* (MOOJEN, 2003) inclui dez tarefas ao nível da sílaba e sete tarefas ao nível do fonema.

Em ambos os casos, as crianças têm um escore global final de "consciência fonológica", o qual pode ser tomado como medida para fazer-se predições sobre seu sucesso ou insucesso na alfabetização ou para que sejam emitidos laudos sobre suas habilidades ou "deficiências" como aprendiz da escrita alfabética. Ou, ainda, laudos que sirvam de indicador para quais habilidades metafonológicas precisariam desenvolver. Há aqui três aspectos a considerar, que nos preocupam.

Em primeiro lugar, subjacente ao uso de tais baterias, pode coexistir uma naturalização da visão de escrita alfabética como código e a suposição de que certas habilidades fonêmicas, normalmente resolvidas só por quem já domina as convenções som-grafia, constituiriam pré-requisitos e, portanto, seriam indispensáveis para uma criança vir a se assenhorar da escrita alfabética.

Em segundo lugar, tememos que o emprego de tais baterias de avaliação da consciência fonológica (ou fonêmica?), tal como se apresentam, possa significar a instalação de uma nova medida de prontidão para a alfabetização, agora com atualizados ingredientes de cientificidade e, logo, de legitimação entre os pesquisadores do campo da alfabetização, razão por que os educadores não deveriam questioná-las.

Finalmente, e na esteira da razão anterior, receamos que, tal como acontecia quando empregávamos os antigos testes de prontidão, possa instalar-se a tendência de, após a aplicação das baterias de avaliação, haver uma individualização do problema que leva a culpabilizar os alunos que revelem baixos índices de consciência fonológica, rotulando-os como portadores de dislexias ou outras patologias, sem considerar as oportunidades que a escola lhes ofereceu (ou não) de viver a exploração curiosa das palavras da língua, de pensar nas formas orais e escritas das palavras e nas partes (sonoras e gráficas) que as compõem.

Por isso, preferimos pensar que a avaliação da consciência fonológica se justifica como *uma* das fontes de alimentação para o ensino do sistema alfabético e que os instrumentos usados para medir essa "constelação" de habilidades precisam, obrigatoriamente, excluir aquelas que alguns chamam de "fonêmicas", mas que são resolvidas, tanto por crianças como por adultos, a partir dos conhecimentos dos valores sonoros das letras e da evocação, na mente, da imagem ortográfica das palavras que são chamados a analisar.

EPÍLOGO

Maria é uma criança de classe média que, aos 5 anos e 8 meses, frequentava o último ano da educação infantil numa escola de orientação construtivista, na qual os alunos não vivenciavam, naquela etapa, um ensino sistemático das relações letra-som.

No início de agosto, na segunda semana após a volta às aulas, sua professora propôs aos alunos que fizessem um cartão para o dia dos pais. Ela e sua amiga Fernanda fizeram cartões nos quais desenharam muitos coraçõezinhos e, tal como a professora tinha sugerido, buscaram escrever, da forma como sabiam, algo para seus papais. Travou-se então o seguinte diálogo:

Fernanda: Vou colocar "Papai, você é o meu amor".

Maria: "Amor" tem /a/ e tem /o/. Nessas férias eu pensei muito sobre os sons das letras. "Amor" tem "A" e "O".

*****

Nas quatro partes que compõem este livro, buscamos explicar e defender uma posição peculiar sobre o papel da consciência fonológica no aprendizado da notação alfabética. Revendo algumas questões conceituais e apresentando e discutindo resultados de pesquisas que conduzimos/orientamos ou que foram realizadas por outros pesquisadores, chegamos a formular prescrições bem explícitas sobre quando, como e por que auxiliar nossas crianças a refletirem sobre as "partes orais das palavras" e sua relação com as "partes gráficas" que as substituem quando escrevemos.

Ao concluir, gostaríamos de retomar alguns dos pontos de partida e de chegada que constituíram nossa trajetória entre o começo dos anos 1980 – quando iniciamos estudos sobre consciência fonológica e tentativas de criar um ensino que a promovesse – e os dias atuais, em que o tema, apesar de tão mais difundido, continua sendo objeto de controvérsias em nosso país.

Eis os sete pontos de síntese que nos interessa enfatizar:

1) No cotidiano das crianças pequenas, desde a educação infantil, a reflexão sobre a escrita alfabética precisa estar aliada às práticas de leitura/compreensão e produção de textos.

Temos insistido, há mais de dez anos, sobre um ponto que nos parece inegociável: a concepção de alfabetização adotada pela maioria dos pesquisadores e educadores de nosso país mudou radicalmente, e já temos relativo consenso sobre a necessidade de "alfabetizar letrando". Sabemos que as oportunidades de imersão no mundo da escrita são fundamentais para que as crianças possam, mesmo antes de terem compreendido o princípio alfabético, desenvolver o gosto pelos gêneros textuais escritos, deleitar-se ouvindo e reproduzindo histórias e poemas, avançar em sua apropriação das características estilísticas dos diferentes gêneros escritos e na compreensão da linguagem que neles aparece.

Desse modo, nada justificaria priorizarmos o aprendizado do sistema alfabético e adiarmos o contato e a familiarização com o mundo dos textos escritos. Na luta contra a exclusão social, alfabetizar letrando desde a educação infantil precisa ser um norte pedagógico que se materializa em práticas diárias de leitura e compreensão de textos e práticas, também frequentes, de escrita de gêneros textuais próprios dos universos infantil e escolar. Ao lado destas é que defendemos a realização de situações nas quais as crianças refletem sobre palavras e sobre suas partes orais e escritas.

2) A escrita alfabética é um sistema notacional, e seu aprendizado pressupõe o desenvolvimento de aspectos conceituais muito ligados à evolução de habilidades de consciência fonológica, mas também o conhecimento dos aspectos convencionais do sistema, especialmente as correspondências entre grafemas e fonemas na leitura e na escrita.

Um enfoque construtivista de alfabetização precisa reconhecer o lugar da consciência fonológica no aprendizado do sistema alfabético. Sim, precisamos adotar uma postura psicogenética, que valoriza os aspectos conceituais envolvidos na alfabetização. Sim, precisamos continuar lutando para não reduzir a notação alfabética a um código. Mas devemos ver que o interjogo entre "pensar sobre sons" e "pensar sobre letras" é bastante complexo e pode começar cedo, mesmo antes de uma criança revelar, explicitamente, uma hipótese silábica de escrita.

A perspectiva psicolinguística de tipo desenvolvimental que assumimos nos faz reconhecer que a escrita é uma invenção cultural e que, consequentemente, as oportunidades sociais são determinantes das capacidades de pensar sobre ela. Não podemos falar de crianças em abstrato e não podemos esquecer que as habilidades que elas desenvolvem (ou não) para refletir sobre as palavras orais e escritas dependem, essencialmente, do que vivenciam na escola e em seus lares. Quando vivem em contextos que as estimulam, as crianças começam a pensar sobre as partes sonoras das palavras antes mesmo de construírem uma hipótese silábica. E é justamente por exercitarem tal reflexão *ao mesmo tempo que fazem outras análises sobre como as letras funcionam* que elas vivem mudanças conceituais e passam, por exemplo, a escrever "I O E" para "picolé".

3) A consciência fonológica não é a panaceia dos problemas da alfabetização. Embora necessárias, habilidades de consciência fonológica não são suficientes para uma criança compreender e dominar o sistema alfabético.

Nas últimas décadas, muitos estudiosos, em diferentes países, parecem ter passado a conceber a consciência fonológica como "a" chave explicativa para todo o processo de aprendizado da escrita alfabética. Entendemos que esse tipo de reducionismo estaria ligado à visão de escrita como código e ao enfoque empirista-associacionista que assumem diante do aprendizado da notação alfabética.

Nossos estudos, desde o final dos anos 1980, têm demonstrado que, como cedo nos ensinaram Ferreiro e Teberosky (FERREIRO; TEBEROSKY, 1979; FERREIRO, 1990), diferentes aspectos conceituais estão implicados na compreensão do sistema alfabético. A cada pesquisa, temos nos defrontado com crianças que, ao final do primeiro ano do ensino fundamental, permanecem com hipóteses silábicas ou pré-silábicas de escrita, embora revelem, em tarefas de consciência fonológica, desempenho semelhante ao de seus colegas que já alcançaram uma hipótese alfabética e que conseguem ler e escrever, convencionalmente, palavras de nossa língua.

Enfim, temos visto que o trabalho cognitivo requerido para alguém compreender como o alfabeto funciona não se limita às habilidades de analisar as partes orais das palavras. Compreender a ordem sequencial das letras e as relações termo a termo entre partes sonoras e partes gráficas, estabelecer relações entre todos orais e todos escritos, compreender as letras como classes de objetos substitutos com valor idêntico, apesar de variações de formato (P, p, $\mathcal{P}$, $\mathcal{p}$, P, p) são tarefas cognitivas que ultrapassam, em muito, as habilidades de identificar se uma palavra é maior que outra ou de identificar palavras orais que rimam ou que começam de forma parecida. Tudo isso Ferreiro (1990) nos ensinou há décadas!

4) Algumas habilidades fonêmicas que vêm sendo tratadas por estudiosos e autores de cartilhas fônicas como requisitos para a alfabetização não são dominadas por aprendizes que já escrevem e leem convencionalmente e, portanto, não devem ser exigidas no ensino ou na avaliação de nossos alfabetizandos.

Mesmo para crianças que já compreenderam como nossa escrita funciona e que leem e escrevem palavras segundo uma hipótese alfabética, é impossível, ou muito difícil, segmentar palavras em cada um de seus fonemas, contar tais fonemas ou produzir novas palavras a partir da adição ou da subtração de fonemas no início de palavras que um adulto lhes fala. Quando acertam, demonstram estar se baseando na forma gráfica das palavras, e não nas sequências sonoras que escutam.

Essas evidências, também recorrentes em diferentes pesquisas que desenvolvemos e orientamos, fazem-nos ser taxativos quanto a dois tipos de exigência. Em primeiro lugar, parece-nos urgente questionar a ênfase dada por autores de cartilhas fônicas ou de testes de avaliação da consciência fonológica a certas habilidades fonêmicas que, como vimos, não são reveladas nem por crianças e adultos que já estão alfabetizados. Em segundo lugar, parece-nos adequado que quem pesquisa consciência fonológica não tome "consciência de letras e de seus valores sonoros" como sinônimo de "consciência fonêmica", já que, do ponto de vista cognitivo, são representações de formatos distintos (visual, no caso das unidades gráficas, e sonoro, no caso dos segmentos orais). Se, em diferentes momentos do processo de alfabetização, aquelas representações aparecem imbricadas, o fato de pensarmos em letras para examinar sons não deveria nos permitir cair no reducionismo de afirmar que o aprendiz está trabalhando apenas com habilidades de consciência fonológica.

5) O ensino que visa desenvolver a consciência fonológica pode e deve ter um sentido lúdico e de promoção da curiosidade metalinguística de nossas crianças, respeitando a evolução de suas capacidades de pensar sobre as partes orais de palavras e permitindo que o contato com a escrita das mesmas palavras favoreça a reflexão metalinguística.

Brincar é constitutivo da condição de criança, independentemente da época, da origem sociocultural ou do local de nascimento. Brincar com palavras, desde a infância, é muito frequente na maioria das culturas que conhecemos. Por isso, no lugar de "treinamentos" insípidos ou enfadonhos, julgamos mais adequado criarmos situações lúdicas em que, prazerosamente, as crianças exerçam a curiosidade sobre palavras. Para isso, é preciso também respeitar o processo evolutivo e reconhecer, por exemplo, que, se uma criança ainda não pensa no tamanho (quantidade de sílabas) das palavras, precisa ser ajudada a refletir sobre esse aspecto através de um jogo como o "Batalha de palavras", em lugar de cobrarmos que já seja capaz de identificar palavras que começam com o mesmo fonema.

Nas diferentes situações de exploração de jogos e de textos poéticos (trava-línguas, cantigas, poemas) que trouxemos para discussão, sempre defendemos um tratamento mais livre para a exploração de palavras da língua. Ao mesmo tempo que sugeríamos promover uma análise consciente das semelhanças ou diferenças das partes orais das palavras, propúnhamos que a notação escrita daquelas palavras acompanhasse, sempre que possível, o trabalho de análise oral. Como já foi demonstrado por diferentes pesquisas, vimos que, mesmo antes de saber ler convencionalmente, as crianças se beneficiam com a estabilidade da escrita, de modo a poder pensar mais detidamente, sobre as partes das palavras que pronunciam e poder avançar na decifração de um enigma: por que palavras que são parecidas quando falamos tendem a compartilhar certas letras, na mesma sequência, quando as escrevemos?

6) Respeitando um ideal construtivista, entendemos que os professores têm conhecimentos prévios adquiridos antes e durante o exercício da docência, e que eles têm saberes sobre o ofício de alfabetizar que não podem ser reduzidos a teorias psicolinguísticas.

Vivemos um movimento de crescente desqualificação da profissão docente. As políticas públicas que visam reduzir os investimentos na educação tendem a tratar os professores como meros executores de sequências de exercícios e aulas padronizados, que aparecem em "apostilados", "sistemas de ensino", "cartilhas fônicas", "programas de aceleração" e outras mercadorias que se apresentam como a salvação para a dificuldade crônica de nossas escolas públicas ante a tarefa de alfabetizar todas as crianças.

Se aqueles "pacotes", ao padronizarem tudo que se ensina e se avalia, ignoram totalmente a diversidade de conhecimentos e as necessidades dos aprendizes, também desrespeitam por completo os saberes e a autonomia dos professores. Por isso, no lugar de "programas prontos", parece-nos mais adequado apostar na formação continuada e pensar que cada docente, como autor de suas práticas de ensino, vai escolher quais atividades julga ser mais adequadas para ajudar seus alunos a avançarem na apropriação da escrita alfabética, decidindo, por exemplo, quais habilidades de consciência fonológica vai querer promover nas crianças e definindo/recriando os jogos e as tarefas que serão usados, de modo a ajustar-se aos diferentes perfis de aprendizes de escrita que têm em suas turmas concretas.

As escolhas implicadas nesse exercício diário de ensinar não podem ser resolvidas apenas com base nos conhecimentos de teorias psicológicas ou linguísticas que buscam explicar como as crianças avançam no aprendizado da escrita alfabética. Saberes de ordem pedagógica geral, que nada têm a ver com psicologia cognitiva ou fonologia, são também essenciais para que os aprendizes sejam respeitados e para que a ação docente seja eficaz.

7) Os ritmos com que as crianças avançam no domínio da notação alfabética variam de acordo com o que podem (ou não) vivenciar como reflexão sobre esta. As prescrições que formulamos, quando aplicadas a coletivos (instituições escolares, redes de ensino), precisam ser revistas e se ajustar aos progressos que meninos e meninas

vão revelando à medida que nossas práticas de ensino se tornam mais estáveis, a fim de garantir o êxito de todos os aprendizes.

Ressaltamos que a escrita é uma invenção social recente na história da espécie humana. Recordamos que, até segunda evidência, os estudos da neurociência demonstram que não dispomos, em nosso genoma, de genes especializados para aprender a ler e a escrever. Assim, as oportunidades sociais de conviver com a escrita e sobre ela refletir são o que mais define os ritmos de aprendizagem vividos pelas crianças em seu processo de alfabetização.

Concordando com essa premissa, em algumas turmas de final de educação infantil, junto com as/os docentes, temos planejado e desenvolvido jogos e atividades outras em que as crianças brincam com as palavras da língua refletindo sobre suas partes orais e escritas. E temos constatado que muitos dos aprendizes daquelas turmas desenvolvem hipóteses alfabéticas ou silábicas de escrita antes mesmo de ingressar no ensino fundamental. Não estão alfabetizados, mas, certamente, ao entraram no ciclo de alfabetização, terão mais chances de sucesso que seus pares que não viveram aquele tipo de reflexão.

As prescrições que fizemos nesta parte do livro levam em conta o atual cenário da escola pública brasileira, em que, via de regra, ainda não encontramos um investimento na promoção da consciência fonológica (e da reflexão sobre a escrita de palavras) no final da educação infantil, ou mesmo no primeiro ano do ciclo de alfabetização. Quando um coletivo de educadores (numa escola ou numa rede de ensino) decide adotar certas metas coletivas e começar a promover a reflexão sobre as palavras orais e escritas da língua, precisa, portanto, estar alerta para ajustar suas expectativas aos avanços que as crianças começam a demonstrar e que não eram observados antes, porque elas não tinham vivido as mesmas oportunidades na escola.

*****

> Aos 3 anos e 10 meses, João, um menino de classe média, aluno de uma escola de educação infantil que não promovia atividades de consciência fonológica entre os aprendizes de sua turma, se vira para a tia e diz:

– Tia Gigi, "cor" combina com "cocô", não é?

Um mês depois, ele repete o comentário para o pai, que concorda com João e lhe responde:

– É, filho! "Cor" rima com "cocô". – E depois pergunta: – E "xixi", rima com o quê?

João pensa e lhe responde:

– Com "chinês"!

Mesmo antes de completar 4 anos, João demonstra uma fantástica curiosidade pelos sons das palavras e se diverte buscando palavras que "combinam" com outras, embora não saiba exatamente o que significa "rimar". Infelizmente, muitas crianças mais velhas que João saem da educação infantil sem terem tido oportunidades de brincar com textos e palavras.

Oportunidades... Para praticar um currículo eficiente, necessitamos ter clareza sobre o que oportunizar a nossos alunos. No caso do aprendizado da escrita, defendemos que brincar com palavras e poder refletir sobre elas precisa se constituir num direito de aprendizagem de todas as crianças.

Para quê? Para termos um país menos desigual. Para que mais e mais cidadãos possam assenhorar-se do mundo dos textos escritos e das práticas que giram em torno deles. E lutar mais por seus direitos. E viver experiências próprias do mundo letrado que, infelizmente, muitos ainda não puderam experimentar.

Para concluir, propomos a releitura daquele belo poema "O tempo", de Mário Quintana:

A vida é o dever que nós trouxemos para fazer em casa.
Quando se vê, já são seis horas!
Quando se vê, já é sexta-feira!
Quando se vê, já é natal...
Quando se vê, já terminou o ano...
Quando se vê, perdemos o amor da nossa vida.
Quando se vê, passaram 50 anos!
Agora é tarde demais para ser reprovado...

REFERÊNCIAS

ADAMS, M. J. et al. *Consciência fonológica em crianças pequenas*. Porto Alegre: Artmed, 2006.

ALARCÃO, I. A escola reflexiva. In: ALARCÃO, I. (Org.). *Escola reflexiva e nova racionalidade*. Porto Alegre: Artmed, p. 15-30, 2001.

ALMEIDA, T. P. S. *A relação entre a mediação docente e o desempenho ortográfico de alunos participantes de jogos de ortografia*. Recife: UFPE, 2013. Dissertação (Mestrado em Educação) – Programa de Pós-Graduação em Educação, Universidade Federal de Pernambuco, Recife, 2013.

ALMEIDA, T. P. S.; MORAIS, A. G. Jogos ortográficos como recursos pedagógicos para promover aprendizagem das regularidades diretas. In: SILVA, L. N.; MONTEIRO, R.; PEREIRA, V. M. (Org.). *Reflexões sobre fazeres em alfabetização*. Recife: Ed. da UFPE, 2016. p. 115-133.

AQUINO, S. B. de. *O trabalho com consciência fonológica na Educação Infantil e processo de apropriação da escrita pelas crianças*. Dissertação (Mestrado em Educação) – Programa de Pós-Graduação em Educação, Universidade Federal de Pernambuco, Recife, 2007.

ARAGÃO, S. S. A. *Habilidades de consciência fonêmica reveladas por crianças inseridas em turmas onde o método fônico era aplicado*. Dissertação (Mestrado em Educação) – Programa de Pós-Graduação em Educação, Universidade Federal de Pernambuco, Recife, 2014.

ARAGÃO, S. S. A.; MORAIS, A. G. Crianças com hipótese alfabética, ensinadas pelo método fônico, não conseguem resolver tarefas de consciência fonêmica. In: Congreso Latinoamericano para el Desarrollo de la Lectura y la Escritura, 12, 2013, Puebla, México. *Anales...* Puebla: Red de Cultura Escrita y Comunidades Discursivas, 2013, v. 1. p. 1-11.

ARAGÃO, S. S. A.; MORAIS, A. G. La conciencia fonémica de alumnos brasileños que se han alfabetizado con un método fónico. *Libro de Resúmenes del VI Foro Iberoamericano de Literacidad y Aprendizaje*. Asociación Española de Alfabetización, Madrid. 2017, p. 37-38.

ARAÚJO, L. C. Jogos e materiais pedagógicos na alfabetização e a dimensão material da ação docente. In: Congresso Brasileiro de Alfabetização (CONBALF), 3, 2017, Vitória. *Anais...* Vitória: UFES, 2017. p. 390-399.

AZEVEDO, S. S.; MORAIS, A. G. *Relação entre a compreensão da escrita alfabética e o conhecimento das letras entre alfabetizandos adultos*. Trabalho de Conclusão de Curso (Graduação em Pedagogia) – Centro de Educação, Recife: Universidade Federal de Pernambuco, 2008.

BARRERA, S. D.; MALUF, M. R. Consciência metalinguística e alfabetização: um estudo com crianças da primeira série do Ensino Fundamental. *Psicologia: Reflexão e Crítica*, v. 16, n. 3. p. 491-502, 2003.

BEZERRA, V. M. *Reflexão metalinguística e aquisição de leitura em crianças de baixa renda*. Recife: UFPE, 1981. Dissertação (Mestrado em Psicologia Cognitiva) – Programa de Pós-Graduação em Psicologia Cognitiva, Universidade Federal de Pernambuco, Recife, 1981.

BISOL, L. A nasalidade, um velho tema. *DELTA*, São Paulo, v. 14, p. 24-46, 1998.

BLANCHE-BENVENISTE, C. A escrita, irredutível a um código. In: FERREIRO, E. (Org.). *Relações de (in)dependência entre oralidade e escrita*. Porto Alegre: Artmed, p.13-26, 2003.

BORGWALDT, S. R.; HELLWIG, F. M.; DE GROOT, A. M. B. Onset Entropy Matters: Letter-to-phoneme Mappings in Seven Languages. *Reading and Writing: An Interdisciplinary Journal*, v. 18, n. 3. p. 211-229, 2005.

BRADLEY, L; BRYANT, P. E. Categorizing Sounds and Learning to Read: A Causal Connection. *Nature*, 301, p. 419-421, 1983.

BRANDÃO, A. C. P.; LEAL, T. F. Alfabetizar e letrar na Educação Infantil: o que isso significa? In: BRANDÃO, A. C. P.; ROSA, E. C. S. (Orgs.). *Ler e escrever na Educação Infantil: discutindo práticas pedagógicas*. Belo Horizonte: Autêntica, p. 13-31, 2010.

BRASIL. Ministério da Educação (MEC). *Programa de formação de professores alfabetizadores: guia do formador*. Brasília: MEC, 2001.

BRASIL. Ministério da Educação (MEC). *Jogos de alfabetização*. Brasília: MEC, 2009.

BRASIL. Ministério da Educação (MEC). *Caderno de Jogos – Projeto Trilhas*. São Paulo: MEC, 2011.

BRASIL. Ministério da Educação (MEC). *Elementos conceituais e metodológicos para definição dos direitos de aprendizagem e desenvolvimento do ciclo de alfabetização (1º, 2º e 3º anos) do ensino fundamental*. Brasília: MEC, 2012.

BRASIL. Ministério da Educação (MEC). *Pacto nacional pela alfabetização na idade certa: a aprendizagem do sistema de escrita alfabética – ano 1: unidade 2*. Brasília: MEC, SEB, p. 38-39, 2012.

BROWN, G. D. A.; CHATER, N. Connectionist Models of Children's Reading. In NUNES, T.; BRYANT, P. (Orgs.). *Handbook of Children's Literacy*. Springer, Dordrecht, 2004.

BRYANT, P.; BRADLEY, L. *Problemas de leitura na criança*. Porto Alegre: Artes Médicas, 1987.

CABRAL, A. C. S. *Educação Infantil: um estudo das relações entre diferentes práticas de ensino e dos conhecimentos infantis sobre a linguagem escrita e sua notação*. Tese (Doutorado em Educação) – Programa de Pós-Graduação em Educação, Universidade Federal de Pernambuco, Recife, 2013.

CÂMARA JR., M. *Estrutura da língua portuguesa*. Petrópolis: Vozes, 1970.

CAMPOS, A. *Meu cordelzinho de histórias*. Recife: Ed. A. Campos, 2014.

CAPOVILLA, A. G. S.; CAPOVILLA, F. C. Prova de Consciência Fonológica: Desenvolvimento de dez habilidades da pré-escola à segunda série. *Temas sobre desenvolvimento*, 7(37), 14-20, 1998.

CARDOSO-MARTINS, C. A consciência fonológica e a aprendizagem da leitura e da escrita. *Cadernos de Pesquisa*, São Paulo, n. 76, p. 41-49, 1991.

CARDOSO-MARTINS, C. Sensitivity to Rhymes, Syllables, and Phonemes in Literacy Acquisition in Portuguese. *Reading Research Quarterly*, v. 30, p. 808-828, 1995.

CARDOSO-MARTINS, C. Existe um estágio silábico no desenvolvimento da escrita em português? Evidência de três estudos longitudinais. In: MALUF, R.; CARDOSO-MARTINS, C. *Alfabetização no século XXI: como se aprende a ler e a escrever*. Porto Alegre: Penso, 2013.

CARRAHER, T. N. A psicoterapia dos problemas cognitivos: um novo objetivo da psicologia clínica. In: *Psicologia Clínica e Psicoterapia*. Belo Horizonte: Interlivros, 2(1): 17-32, 1977, p. 82-123.

CARRAHER, T. N.; REGO, L. L. B. O realismo nominal como obstáculo na aprendizagem da leitura. *Cadernos de Pesquisa*, São Paulo, n. 39, p. 3-10, 1981.

CHRAIM, A. M. *Relações implicacionais entre desenvolvimento da consciência fonológica e instrução alfabética na educação de adultos inseridos em entornos sociais grafocêntricos*. Dissertação (Mestrado em Linguística) – Programa de Pós-Graduação em Linguística, Florianópolis: Universidade Federal de Santa Catarina, 2012.

COLL, C.; MARTÍ, E. Aprendizagem e desenvolvimento: a concepção genético-cognitiva da aprendizagem. In: COLL, C.; PALACIOS, J.; MARCHESI, A. (Orgs.). *Desenvolvimento psicológico e educação*. Porto Alegre: Artmed, 2004.

CORREA, J. Aquisição do sistema de escrita por crianças. In: CORREA, J.; SPINILLO, A. G; LEITÃO, S. S. (Org.). *Desenvolvimento da linguagem: escrita e textualidade*. Rio de Janeiro: Nau Editora: FAPERJ, 2001, v. 1, p. 19-70.

DEBYSER, F. Les jeux du langage et du plaisir. In: CARE, J-M; DEBYSER, F. *Jeu, langage et créativité*. Paris: Hachette, p. 1-12, 1991.

DEFIOR, S. Phonological Awareness and Learning to Read: A Cross-Linguistic Perspective. In: NUNES, T.; BRYANT, P. (Org.). *Handbook of Children's Literacy*. Dordrecht: Kluwer Academic Publishers, 2004. p. 631-650.

DOURADO, V. C. A.; MORAIS, A. G. Prática da alfabetização e o atendimento a alunos com dificuldades de aprendizagem da leitura e da escrita. In: Encontro de Pesquisa Educacional De Pernambuco, 6., 2016, Recife. *Anais…* Recife: Ed. da Fundaj, 2016. v. 1. p. 1-18.

EHRI, L. C. Phases of Development in Learning to Read Words. In: OAKHILL, J.; BEARD, R. (Eds.). *Reading Development and the Teaching of Reading*. Oxford: Blackwell, 1999. p. 79-108.

EHRI, L. C. Aquisição da habilidade de leitura de palavras e sua influência na pronúncia e na aprendizagem do vocabulário. In: MALUF, M. R.; CARDOSO-MARTINS, C. *Alfabetização no século XXI: como se aprende a ler e a escrever*. Porto Alegre: Artmed, p. 49-81, 2013.

FERREIRO, E. *Reflexões sobre alfabetização*. São Paulo: Cortez; Autores Associados, 1985.

FERREIRO, E. A escrita… antes das letras. In: SINCLAIR, H. (Org.). *A produção de notações na criança: linguagem, número, ritmos e melodia*. Tradução de Maria Lúcia F. Moro. São Paulo: Cortez; Autores Associados, 1990. p. 19-70.

FERREIRO, E. Escrita e oralidade: unidades, níveis de análise e consciência metalinguística. In: FERREIRO, E. (Org.). *Relações de (in)dependência entre oralidade e escrita*. Porto Alegre: Artmed, p. 139-172, 2003.

FERREIRO, E. Las unidades de lo oral y las unidades de lo escrito. *Archivos de Ciencias de la Educación*, v. 1, n. 1, p. 1-31, 2007. Disponível em: <www.fuentesmemoria.fahce.unlp.edu.ar/art_revistas/pr.694/pr.694.pdf>. Acesso em: nov. 2011.

FERREIRO, E.; TEBEROSKY, A. *Los sistemas de escritura en el desarrollo del niño*. Cidade do México: Siglo XXI Editores, 1979.

FERREIRO, E. et al. *Análisis de las perturbaciones en el proceso de aprendizaje de la lecto-escritura. Fascículo 2: Evolución de la escritura durante el primer año escolar*. Cidade do México: Dirección General de Educación Especial, 1982.

FRANCE. Ministère de l'Éducation Nationale. *Programme de l'école maternelle*. 2015. Disponível em: <http://www.education.gouv.fr/cid87300/rentree-2015-le-nouveau-programme-de-l-ecole-maternelle.html>. Acesso em: 4 mai. 2015.

FREITAS, G. C. M. de. Consciência fonológica: rimas e aliterações no português brasileiro. *Letras de Hoje*, v. 38, n. 2, p. 155-170, 2003.

FREITAS, G. C. M. de. *Consciência fonológica e aquisição da escrita: um estudo longitudinal*. Tese (Doutorado em Linguística e Letras) – Programa de Pós-Graduação em Linguística e Letras, Pontifícia Universidade Católica, Porto Alegre, 2004a.

FREITAS, G. C. M de. Sobre a consciência fonológica. In: LAMPRECHT, R. (Org.). *Aquisição fonológica do português*. Porto Alegre: Artmed, 2004b.

FRITH, U. Beneath the Surface of Developmental Dyslexia. In: PATTERSON, K. E.; MARSHALL, J. C.; COLTHEART, M. (Eds.). *Surface Dyslexia: Neuropsychological and Cognitive Studies of Phonological Reading*. Londres: Hillsdale; Mahwah, Nova Jersey: Lawrence Erlbaum, 1985. p. 301-330.

GOIGOUX, R. Un modèle d'analyse de l'activité des enseignants. *Éducation et Didactique*, vol 1 – n. 3, p. 47-69, Décembre 2007.

GOIGOUX, R.; CÈBE, S.; PAOUR, J-L. *Phono GS et début de CP: pour développer les compétences phonologiques*. Paris: Hatier, 2004.

GOMBERT, J. E. *Metalinguistic Development*. Chicago: University of Chicago Press, 1992.

GOMES, C. M.; MORAIS, A. G. Apostilados escolares de língua portuguesa na Educação Infantil: *Sistema de Ensino Aprende Brasil* e a construção das competências leitoras e de produção textual. In: Congresso Brasileiro De Alfabetização, 2, 2015, Recife. *Anais...* Recife, 2015.

GOSWAMI, U.; BRYANT, P. *Phonological Skills and Learning to Read*. New York: Psychology Press, 1990.

GOUGH, P.; LARSON, K.; YOPP, H. A estrutura da consciência fonológica. In: CARDOSO-MARTINS, C. (Org.) *Consciência fonológica e alfabetização*. Petrópolis: Vozes, 1995.

HARRIS, R. Écriture et notación. In: ORALITY VERSUS LITTERACY: CONCEPTS, METHODS AND DATA, 1992, Siena. *Proceedings...* Siena: European Science Foundation, 1992.

HORTA, I. V.; ALVES-MARTINS, M. Invented Spelling Programmes and the Access to the Alphabetic Principle in Kindergarten. *L1 Educational Studies in Language and Literature*, v. 11, n. 1-23, 2011.

IRA, International Reading Association. *Phonemic Awareness and Teaching of Reading: A Position Statement from the Board of Directors of the International Reading Association*. 1998. Disponível em: <https://www.literacyworldwide.org/docs/default-source/where-we-stand/phonemic-awareness-position-statement.pdf?sfvrsn=944ea18e_6>. Acesso em: mar. 2019.

KARMILOFF-SMITH, A. *Beyond Modularity: A Developmental Perspective on Cognitive Science*. Cambridge: MIT Press, 1992.

KARMILOFF-SMITH, A. Auto-organização e mudança cognitiva. *Substratum*, v. 3, n. 1, p. 23-55, 1996.

KIMURA, Y.; BRYANT, P. Reading and Writing in English and Japanese: A Cross-cultural Study of Young Children. *British Journal of Developmental Psychology*, v. 1, n. .2, p. 143-154, 1983.

KISHIMOTO, T. M. *O jogo e a Educação Infantil*. São Paulo: Pioneira, 2003.

JOSÉ, E. *Caixa mágica de surpresa*. São Paulo: Paulus, 1984.

LEITE, T. M. R.; MORAIS, A. G. O conhecimento do nome das letras e sua relação com a apropriação do sistema de escrita alfabética. *Atos de pesquisa em Educação*, Blumenau, v. 6, n. 1, p. 6-24, 2011.

LEITE, T. M. R.; MORAIS, A. G. A importância de habilidades metafonológicas na aprendizagem da escrita alfabética: implicações para a aprendizagem escolar. In: ARRUDA, A. L. B. de; GOUVEIA, K. R. (Orgs.). *Pesquisas em políticas e práticas educativas: questões e desafios*. Recife: Ed. da UFPE, v. 1. p. 157-172, 2012a.

LEITE, T. S.; MORAIS, A. G. O ensino do Sistema de Escrita Alfabética: por que vale a pena promover algumas habilidades de consciência fonológica? In: BRASIL-MEC-SEB. *Pacto nacional pela alfabetização na idade certa: a aprendizagem do sistema de escrita alfabética – ano 1: unidade 3*. Brasília: MEC, SEB, p. 19-26, 2012b.

LIBERMAN, I. et al. Explicit Syllable and Phoneme Segmentation in the Young Child. *Journal of Experimental Child Psychology*, v. 18, n. 2, p. 201-212, 1974.

MACHADO, A. M. *O tesouro das cantigas para crianças*. Rio de Janeiro: Nova Fronteira, 2008.

MALUF, M. R.; BARRERA, S. D. Consciência fonológica e linguagem escrita em pré-escolares. *Psicologia: Teoria e Pesquisa*, Porto Alegre, v. 10, n. 1, p. 125-145, 1997.

MALUF, M. R.; ZANELLA, M. S. Alfabetização e metalinguagem: revendo contribuições brasileiras. In: Seminário Internacional De Alfabetização, 2011, São Paulo. *Apresentações*... São Paulo: PUC, 2011.

MALUF, M. R.; ZANELLA, M. S.; PAGNEZ, K. Habilidades metalinguísticas e linguagem escrita nas pesquisas brasileiras. *Boletim de Psicologia*, v. 56, n. 124, p. 67-92, 2006.

MANDLER, J. Representation. In: MUSSEN, P. (Ed.). *Handbook of Child Psychology*. Nova York: John Willey & Sons, 1983. v. 3. p. 420-494.

MARQUES, L. F. *Estruturas silábicas do português do Brasil: uma análise tipológica*. São Paulo: USP, 2008. Dissertação (Mestrado em Semiótica e Linguística Geral) – Programa de Pós-Graduação em Semiótica e Linguística Geral, Faculdade de Filosofia, Letras e Ciências Humanas, Universidade de São Paulo, São Paulo, 2008.

MARSH, G. et al. A Cognitive-Developmental Theory of Reading Acquisition. *Reading Research: Advances in Theory and Practice*, v. 3, p. 199-221, 1981.

MATZENAUER, C. L. B. Bases para o entendimento da aquisição fonológica. In: LAMPRECHT, R. R. (Org.). *Aquisição fonológica do português*. Porto Alegre: Artmed, 2004. p. 33-58.

MATEUS, M. H.; ANDRADE, E. *The Phonology of Portuguese*. Lisboa: Ed. da Universidade de Lisboa, 2000.

MONTEIRO, S. M.; SOARES, M. B. Processos cognitivos na leitura inicial: relação entre estratégias de reconhecimento de palavras e alfabetização. *Educação e Pesquisa*, v. 40, n. 2. p. 449-466, 2014.

MOOJEN, S. (Org.). *CONFIAS – Consciência Fonológica: Instrumento de Avaliação Sequencial*. São Paulo: Casa do Psicólogo, 2003.

MORAIS, A. G. *O emprego de estratégias visuais e fonológicas na leitura e escrita em português*. Recife: UFPE, 1986. Dissertação (Mestrado em Psicologia Cognitiva) – Programa de Pós-Graduação em Psicologia Cognitiva, Centro de Filosofia e Ciências Humanas, Universidade Federal de Pernambuco, Recife, 1986.

MORAIS, A. G. *Representaciones infantiles sobre la ortografía del portugués*. Barcelona, Universidad de Barcelona. (Tese de doutorado não publicada), 1995.

MORAIS, A. G. *Ortografia: ensinar e aprender*. São Paulo: Ática, 1998.

MORAIS, A. G. A apropriação do sistema de notação alfabética e o desenvolvimento de habilidades de reflexão fonológica. *Letras de Hoje*, v. 39, n. 3, p. 175-192, 2004.

MORAIS, A. G. Se a escrita alfabética é um sistema notacional (e não um código), que implicações isso tem para a alfabetização? In: MORAIS, A. G.; ALBUQUERQUE, E. B. C.; LEAL, T. F. (Orgs.). *Alfabetização: apropriação do sistema de escrita alfabética*. Belo Horizonte: Autêntica, 2005. p. 29-46.

MORAIS, A. G. Discursos recentes sobre alfabetização no Brasil: por que é preciso ir além da discussão sobre velhos métodos? In: SILVA, A. M. M.; MELO, M. M. O. (Orgs.). *Educação, questões pedagógicas e processos formativos: compromisso com a inclusão social*. Recife: Bagaço, 2006a. v. 1. p. 439-454.

MORAIS, A. G. Consciência fonológica e metodologias de alfabetização. *Presença pedagógica*, Belo Horizonte, v. 11, n. 70, p. 58-67, 2006b.

MORAIS, A. G. Prevenção de dificuldades de aprendizagem através de um ensino que promove a tomada de consciência de princípios regulares de nossa ortografia. In: BARBOSA, T. *et al.* (Orgs.). *Temas em dislexia*. São Paulo: Artes Médicas, 2009. v. 1. p. 17-32.

MORAIS, A. G. A pesquisa psicolinguística de tipo construtivista e a formação de alfabetizadores no Brasil: contribuições e questões atuais. In: FRADE, I. C. (Org.). *Convergências e tensões no campo da formação e do trabalho docente: alfabetização e letramento, arte-educação, educação infantil, ensino da língua portuguesa, ensino de línguas estrangeiras*. Belo Horizonte: Autêntica, 2010a. p. 21-38.

MORAIS, A. G. A consciência fonológica de alfabetizandos jovens e adultos e sua relação com o aprendizado da escrita alfabética. In: LEAL, T. F.; ALBUQUERQUE, E. B. C.; MORAIS, A. G. (Orgs.). *Alfabetizar letrando na EJA: fundamentos teóricos e propostas didáticas*. Belo Horizonte: Autêntica, 2010b. p. 49-69.

MORAIS, A. G. *Sistema de Escrita Alfabética*. São Paulo: Melhoramentos, 2012.

MORAIS, A. G. O desenvolvimento da consciência fonológica e a apropriação da escrita alfabética entre crianças brasileiras. *Revista Brasileira de Alfabetização*, n. 1, p. 1-18, 2015a.

MORAIS, A. G. Base Nacional Comum Curricular: que direitos de aprendizagem defendemos para as crianças na Educação Infantil? *Revista Brasileira de Alfabetização*, n. 2, p. 1-13, 2015b.

MORAIS, A. G. Relações entre psicologia e educação escolar: contribuições e limites das grandes teorias cognitivas de domínio geral e a defesa de uma psicologia vinculada a didáticas específicas. In: CHIARO, S.; MONTEIRO, C. E. (Orgs.). *Formação de professores: múltiplos olhares*. Recife: Ed. da UFPE, 2015c. p. 235-226.

MORAIS, A. G.; ALBUQUERQUE, E. B. C.; BRANDÃO, A. C. P. A. Refletindo sobre a língua escrita e sobre sua notação no final da Educação Infantil. *Revista Brasileira de Estudos Pedagógicos*, v. 97, p. 519-533, 2016.

MORAIS, A. G.; LEITE, T. S. Como promover o desenvolvimento das habilidades de reflexão fonológica dos alfabetizandos? In: MORAIS, A. G.; ALBUQUERQUE, E. B. C.; LEAL, T. F. *Alfabetização: apropriação do sistema de escrita alfabética*. Belo Horizonte: Autêntica, 2005. p. 71- 88.

MORAIS, A. G.; LEITE, T. S. A escrita alfabética: por que ela é um sistema notacional e não um código? Como as crianças dela se apropriam. In: BRASIL-MEC-SEB. *Pacto nacional pela alfabetização na idade certa: a aprendizagem do sistema de escrita alfabética* – ano 1: unidade 3. Brasília: MEC, SEB, p. 6-19, 2012.

MORAIS, A. G.; LIMA, N. C. Análise fonológica e compreensão da escrita alfabética: um estudo com crianças da escola pública. In: Simpósio Latino-Americano de Psicologia Do Desenvolvimento (ISSBD), 1989, Recife. *Anais...* Recife, 1989. p. 51-54.

MORAIS, A. G.; SILVA, A. Consciência fonológica na Educação Infantil: desenvolvimento de habilidades metalinguísticas e aprendizado da escrita alfabética. In: BRANDÃO, A. C. P.; ROSA, E. C. S. (Orgs.). *Ler e escrever na Educação Infantil: discutindo práticas pedagógicas*. Belo Horizonte: Autêntica, 2010. v. 1. p. 73-91.

MORAIS, J. *A arte de ler*. São Paulo: Ed. da Unesp, 1996.

MORAIS, J. et al. Does Awareness of Speech as Sequence of Phones Arise Spontaneously? *Cognition*, v. 7, n. 4, p. 323-331, 1979.

MORAIS, J. et al. The Relationships Between Segmental Analysis and Alphabetic Literacy: An Interactive View. *Cahiers de Psychologie Cognitive*, v. 7, n. 5, p. 415-438, 1987.

MOUSINHO, R.; CORREA, J. Habilidades linguístico-cognitivas em leitores e não leitores. *Pró-Fono Revista de Atualização Científica*, v. 21, n. 2. p. 113-118, 2009.

NÓBREGA, M. J.; PAMPLONA, R. *Salada, saladinha*. São Paulo: Moderna, 2005.

NUNES, T.; BUARQUE, L.; BRYANT, P. *Dificuldades na aprendizagem da leitura: Teoria e prática* (v. 47). São Paulo: Cortez/Autores Associados, 1992.

OLIVEIRA, E. L. *Evolução dos conhecimentos de crianças sobre relações entre grafemas e fonemas na leitura e na escrita, logo após alcançarem uma hipótese alfabética*. 2017. Dissertação (Mestrado em educação) – Universidade Federal de Pernambuco. 2017.

OLIVEIRA, E. L.; MORAIS, A. G. Análise dos conhecimentos ortográficos de crianças com uma hipótese alfabética. In: Encontro de Pesquisa Educacional de Pernambuco (EPEPE), 6, 2016, Petrolina. *Anais...* Recife: Ed. da Fundaj, 2016. v. 1. p. 1-13.

OLIVEIRA, J. B. A.; CASTRO, J. C. J. *Aprender a ler*. Brasília: Instituto Alfa e Beto, 2010.

PAULA, M. F.; MORAIS, A. G. *Os livros didáticos produzidos na área de linguagem voltados à educação infantil*. Trabalho de Conclusão de Curso (Graduação em Pedagogia) – Centro de Educação, Recife: Universidade Federal de Pernambuco, 2007.

PESSOA, A. C. R. G. *Relação entre habilidades de reflexão metalinguística e o domínio da ortografia em crianças*. Tese (Doutorado em Educação) – Programa de Pós-Graduação em Educação, Universidade Federal de Pernambuco, Recife, 2007.

PESSOA, A. C. R. G.; MORAIS, A. G. Relações entre habilidades metafonológicas, explicitação verbal e desempenho ortográfico. *Cadernos de Educação*, n. 35, p. 109-138, 2010.

PIAGET, J.; GRECO, P. *Aprendizagem e conhecimento*. Rio de Janeiro: Freitas Bastos, 1975.

PORTUGAL. Ministério da Educação. Direção Geral da Educação. *Orientações Curriculares para a Educação Pré-Escolar*. República Portuguesa, 2016.

POZO, J. I. *Aprendizes e mestres: a nova cultura da aprendizagem*. Porto Alegre: Artmed, 2002.

READ, C. *et al*. The Ability to Manipulate Speech Sounds Depends on Knowing Alphabetic Writing. *Cognition*, v. 24, n. 1-2, p. 31-44, 1982.

RECIFE, Prefeitura Municipal. *A língua aqui não termina, a língua aqui principia: o texto nas séries iniciais do 1º Grau – um sonho a perseguir*. Secretaria de Educação e Esportes. Recife, 1988.

REGO, L. L. B; BUARQUE, L. L. Consciência sintática, consciênciafonológica e aquisição de regras ortográficas. *Psicologia: Reflexão e Crítica*. v. 10, n. 1, 1997.

SCHEURMANN, E. *O Papalagui*. Porto: Antígona, 2003.

SCHÖN, D. *Educando o profissional reflexivo: um novo design para o ensino e a aprendizagem*. Porto Alegre: Artmed, 2000.

SELKIRK, E. The Syllable. In: HULST, H.; SMITH, N. *The Structure of Phonological Representations*. Dordrecht: Foris, 1982, p. 337-383.

SOARES, M. B. *Alfabetização: a questão dos métodos*. São Paulo: Contexto, 2016.

SOUZA, L.; SILVA, S.; RIBEIRO, F. *Jogos de consciência fonológica na Educação Infantil: análise das verbalizações de crianças ao usá-los*. Recife: UFPE, 2014. Trabalho de Conclusão de Curso (Graduação em Pedagogia) – Centro de Educação, Universidade Federal de Pernambuco, Recife, 2014.

STANOVICH, K. E. Matthew Effects in Reading: Some Consequences of Individual Differences in the Acquisition of Literacy. *Reading Research Quarterly*, v. 21, n. 4, p. 360-407, 1986.

TEBEROSKY, A. As infiltrações da escrita nos estudos psicolinguísticos. In: FERREIRO, E. (Org.). *Relações de (in)dependência entre oralidade e escrita*. Porto Alegre: Artmed, 2003.

TEBEROSKY, A. Jocs de llenguatge i poemes amb jocs, 2010. Documento de formação disponível em: <http://www.aprendretextos.com.>. Acesso em: 12 dez. 2015.

TEBEROSKY, A. *et al.* Segmentation phonologique et acquisition de l'écriture en castillan, catalan et hebreu. *Études de Lingüistique Appliquée*, n. 91, p. 48-59, 1993.

TOLCHINSKY, L.; KARMILOFF-SMITH, A. Children's Understanding of Notations as Domains of Knowledge versus Referential-communicative Tools. *Cognitive Development*, v. 7, n. 3, p. 287-300, 1992.

TOLCHINSKY, L.; TEBEROSKY, A. Al pie de la letra. *Infancia y Aprendizaje*, v. 59-60, p. 101-130, 1992.

TUNMER, W. E.; PRATT, C.; HERRIMAN, M. L. (Eds.). *Metalinguistic Awareness in Children: Theory, Research, and Implications.* Berlim: Springer-Verlag, 1984.

VAN BON, W. H. J.; DUIGHUISEN, H. C. M. Sometimes spelling is easier than phonemic segmentation. *Scandinavian Journal of Psychology*, v. 36, n. 1, p. 82-94, 1995.

VERNON, S. A. Escritura y conciencia fonológica en niños hispano-parlantes. *Infancia y Aprendizaje*, v. 21, n. 1, p. 105-120, 1998.

VERNON, S. ¿Qué tanto es un pedacito? El análisis que los niños hacen de las partes de la palabra. In: VERNON, S.; PELLICER, A. *Aprender y enseñar la lengua escrita en el aula*. México: SM, 2004.

VERNON, S. A.; FERREIRO, E. Writing Development: A Neglected Variable in the Consideration of Phonological Awareness. *Harvard Educational Review*, v. 69, n. 4, p. 395-416, 1999.

VEVER, D. Jeux sur les mots, jeux avec les mots (Jouer avec la substance des mots). In: CARE, J.-M.; DEBYSER, F. *Jeu, langage et créativité*. Paris: Hachette, 1991, p. 28-32.

VIANA, F. L.; RIBEIRO, I. (Coords.). *Falar, ler e escrever: propostas integradoras para jardim de infância*. Lisboa: Santillana, 2014.

YAVAS, F. Habilidades metalinguísticas na criança: uma visão geral. *Cadernos de Estudos Linguísticos,* Campinas, v. 14, p. 39-51, 1989.

Este livro foi composto com tipografia Minion Pro e impresso
em papel Off-White 70 g/m² na Formato Artes Gráficas.